21世纪
高职高专
规划教材

公共基础课系列

法律基础与实务

（第4版）

王　玲　富士泽　主编

清华大学出版社
北　京

内 容 简 介

本书在第3版的基础上对教材体系及内容进行了修订,在介绍法律基本理论知识的基础上,系统阐述了社会经济生活中常用的法律知识。具体包括:宪法、民法、经济法、劳动法、行政法、刑法、诉讼法等内容。

本书内容新颖,体例科学,适合高职高专各专业学生使用,同时也可作为法律爱好者的参考用书。

图书在版编目(CIP)数据

法律基础与实务/王玲,富士泽主编. —4 版. —北京:清华大学出版社,2022.1(2024.8重印)

21 世纪高职高专规划教材. 公共基础课系列

ISBN 978-7-302-54488-3

Ⅰ. ①法… Ⅱ. ①王… ②富… Ⅲ. ①法律-中国-高等职业教育-教材 Ⅳ. ①D92

中国版本图书馆 CIP 数据核字(2019)第 264273 号

责任编辑:刘士平
封面设计:傅瑞学
责任校对:李 梅
责任印制:杨 艳

出版发行:清华大学出版社
  网 址:https://www.tup.com.cn,https://www.wqxuetang.com
  地 址:北京清华大学学研大厦 A 座   邮 编:100084
  社 总 机:010-83470000   邮 购:010-62786544
  投稿与读者服务:010-62776969,c-service@tup.tsinghua.edu.cn
  质量反馈:010-62772015,zhiliang@tup.tsinghua.edu.cn
  课件下载:https://www.tup.com.cn,010-83470410
印 装 者:大厂回族自治县彩虹印刷有限公司
经 销:全国新华书店
开 本:185mm×260mm 印 张:13.75   字 数:328 千字
版 次:2009 年 3 月第 1 版 2022 年 2 月第 4 版 印 次:2024 年 8 月第 4 次印刷
定 价:39.00 元

产品编号:086556-01

本书编委会

主　编　　王　玲　富士泽

副主编　　赵　毅

参　编　　于晓珉　宫　宇　胡　婷

FOREWORD 前　言

　　《法律基础与实务》一书自 2009 年出版第 1 版以来以其鲜明的特色受到社会各界的广泛认可,先后有多所高校采用本书作为教材,迄今已经三次再版。鉴于近几年我国出台、修订了一些法律,本书进行再次修订,以求更加完善。

　　在教学过程中,我们的许多学生及讲授本门课程的教师对本书提出了很多中肯的意见,兄弟院校的教师和热心读者在使用本书的过程中也提出了许多宝贵的建议,教材修订过程中,我们采纳了这些意见和建议,在保留前三版特色的同时,对内容进行了较大范围的修订,具体体现在以下方面。

　　(1) 更新了教材内容。近几年,我国相继出台了《中华人民共和国民法典》,修订了《中华人民共和国商标法》《中华人民共和国产品质量法》等法律,本次教材修订中吸收了这些新立法的内容及法学理论。

　　(2) 教材的编写体例更为灵活,特别注重实践技能的培养。通过各章学习目标、引导案例、知识练习与技能训练等安排,帮助学生加深对各章重点和难点的理解。与前三版相比,第 4 版增加了大量的案例,每章节在介绍法律理论时,都通过一些通俗易懂的小案例分析阐释理论知识,激发学生的学习兴趣,提高学生分析、解决问题的能力。

　　(3) 教材配有 PPT 教案及课后习题答案,方便教师授课使用。

　　本书由辽宁经济职业技术学院的王玲、沈阳燃气有限公司的富士泽担任主编,中国外运东北有限公司的赵毅担任副主编,辽宁经济职业技术学院的于晓珉、宫宇、胡婷参加编写。具体分工如下:宫宇编写第 1 章(法学基础理论);胡婷编写第 2 章(宪法);王玲编写第 3 章(民法)、第 4 章(经济法)、第 7 章(刑法);于晓珉编写第 5 章(劳动法);富士泽编写第 6 章(行政法);赵毅编写第 8 章(诉讼法)。

　　本书主要供高职高专各专业(非法律专业)学生作为教材使用,也可作为法律工作者的参考用书。

　　值此第 4 版出版之际,对为本书前三版编写作出贡献的人员表示衷心的感谢。本书在修订过程中参考了一些同类著作,特向其作者表示诚挚的谢意。

　　由于编者水平有限,书中不足之处在所难免,敬请广大读者批评、指正。

编　者

2021 年 9 月

目 录

第1章

法学基础理论

 学习目标

1. 掌握法的概念与特征,理解法的作用。
2. 掌握法的渊源和效力。
3. 掌握法规范、法体系和法部门的概念及相互关系。
4. 熟悉法律关系的构成要素。
5. 掌握法律责任的构成要件、法律责任的形式。

 引导案例

前些年见死不救的事例时有发生。2010 年 7 月,在广州市白云区石井白云湖,两名男孩结伴游泳时溺亡。据调查,两名男孩遇险时曾有七八名附近五金厂的男工人路过湖边,但始终未给予帮助,以致错过了最佳救援时机。2010 年 12 月,类似的悲剧再次发生。福州六一北路与湖东路交叉路口附近,一位八旬老伯摔倒在人行道上,围观的五六人,没人出手施救。就在两名女子试图将老人搀扶起来时,旁人的一句"善意提醒",又让她们缩回了手。老人孤独地躺在冰冷的马路上,直到生命的终结。

上述两个案例中路过的工人以及围观的路人均不构成违法。按照我国现有法律的规定,只有符合以下条件的见死不救才会涉嫌违法甚至构成犯罪。

(1) 行为人负有实施特定积极行为的法律性质的义务。这种义务的来源主要有:①法律、法规明文规定的义务;②职务或者业务要求的义务;③法律行为引起的义务;④先前行为引起的义务。

(2) 行为人能够履行特定义务。

(3) 行为人不履行特定义务,造成或者可能造成危害结果。如果行为人的行为不符合以上要件,就不会被认定为违法,而仅仅是违反社会公认道德的行为,可能会受到社会舆论的谴责。

见死不救的行为如果符合法定条件,后果严重的也会构成犯罪。2007 年 8 月 10 日,甘肃省凉州区村民刘某与其妻王某在家中因琐事发生争吵,气愤不已的王某遂口服农药自杀。刘某没有当场阻止,亦没有送她去医院救治。后王某被他人送到医院后,因抢救不及时死亡。法院认为,根据法律规定,夫妻之间具有相互扶养的义务,且刘某具有施救能力,刘某放任了王某中毒死亡结果的发生,其行为已构成故意杀人罪,最后以故意杀人罪判处刘某有期徒刑 5 年。

以上事件涉及的问题实际上是如何正确适用法律以及法律与道德等其他社会规范的关系问题。在我们的社会生活中,有些事情纳入法的调整范围,有些则交由道德等其他社会规则调整,在适用这些社会规则时应明确其调整范围。

1.1　法　的　概　念

法是国家制定或认可的,依靠国家强制力保障实施的、反映统治阶级意志的行为规范的总和。

1.1.1　法的本质与特征

1. 法的本质

法是统治阶级意志的体现。在阶级社会中,统治阶级和被统治阶级的利益是根本对立的,因此,法不可能是各个阶级的共同意志的体现,而只能是在经济上、政治上占支配地位的阶级——统治阶级的意志的体现。

法是统治阶级整体意志的体现。法所反映的意志是统治阶级的阶级意志,即统治阶级的共同意志,而不是统治阶级中个人意志的体现,也不应是统治阶级中个别或部分人(阶层、集团)的意志的体现。

法是统治阶级的基本意志的体现,而不是它的全部意志的体现。它只规定和调整有关统治阶级基本利益的社会基本制度和主要社会关系。

法所体现的统治阶级意志的内容,是由该阶级所处的社会物质生活条件决定的。

2. 法的特征

根据法的概念,法具有以下三个特征。

(1) 法是由国家制定或认可并具有普遍约束力的规范。制定和认可是国家创制法律的两种形式。“制定”是指国家有立法权的机关在权限范围内,按照法定的程序制定出具有不同效力的规范性文件,如宪法、法律、行政法规等;“认可”是指国家对某些社会上已经形成的而又符合统治阶级意志和利益的行为规范,如风俗习惯、社会道德、宗教信条等加以确认,使它具有法律效力。

(2) 法是规定人们的权利、义务的规范。法律对人们行为的调整主要是通过权利义务的设定和运行来实现的。权利是指国家通过法律规定,对人们可以作出某种行为的许可和保障。义务是指国家通过法律规定,对人们必须作出某种行为的约束。法以规定权利和义务的方式影响人们的行为动机,指引人们的行为,把社会关系调整到统治阶级的根本利益所容许的模式之中。

(3) 法是以国家强制力保证实施的社会规范。任何一种社会规范都有一定的强制力,但是,不同社会规范的强制性在性质、范围、程度和方式等方面都是不完全相同的。例如,道德靠社会舆论和人们的内心信念保证实施。法律的强制力不同于其他社会规范之处就在于它是一种国家强制力,而不是一般的社会强制,法的实现要以一定的国家权力为后盾,是通过国家特定专门机关(包括军队、警察、法庭、监狱等)来实施的。

1.1.2　法的作用

法的作用是指法对人们的行为和社会生活的影响。法的作用是多方面的,但主要的可以概括为两种:一种是法的规范作用,即法作为特殊的行为规则本身所具有的作用;另一种是法的社会作用,即法服务于一定的社会政治目的,在政治生活、经济生活和社会文化生活中的作用。

1. 法的规范作用

(1) 指引作用。法的指引作用是指法律通过规定人们在法律上的权利和义务以及违反这些规定的制裁来指引人们的行为。具体来说,法为人们的行为提供了两种模式:一种是授权性的可以选择的指引,允许人们在法律规定的范围内自由决定自己的行为;另一种是义务性的不可以选择的指引,要求人们必须按照法律的规定从事一定的行为,如果违反法律的规定,就要承担不利的后果。

(2) 评价作用。法的评价作用是指法律作为一种行为标准,具有判断、衡量他人行为合法与否的评判作用。即法通过设定一定的标准来判断人们的行为是否合法以及违法的性质和程度。

(3) 预测作用。法的预测作用表现在:人们可以根据法律规范的规定事先估计到当事人双方将如何行为及行为的法律后果,从而对自己的行为作出合理的安排。

(4) 强制作用。法的强制作用在于法能够运用国家强制力制裁、惩罚和预防违法犯罪行为。

(5) 教育作用。法的教育作用是指法作为特殊的行为规范,在国家强制力的保证下,对人们今后的行为发生直接或间接的影响作用。法的教育作用主要体现在两个方面:一方面,通过对违法行为的制裁,既可以教育违法者本人,同时又对那些企图违法的人起到威慑和警示作用,使其引以为戒;另一方面,通过对合法行为及其法律后果的确认和保护,对人们的行为起着示范与鼓励的作用。

 案例讨论1-1

甲受到舍友乙的侮辱,便想趁乙半夜熟睡之际杀死乙,甲将此想法告诉了丙,丙听完甲的叙述后说,根据刑法的规定,这样会构成故意杀人罪,最高判处死刑。甲听后,遂放弃了杀人的想法。

问题: 该事例说明法的哪些作用?

2. 法的社会作用

(1) 法在调整政治关系中的作用。法在调整政治关系中的作用也相应地体现为以下几个方面:第一,调整统治阶级与被统治阶级之间的关系,镇压被统治阶级的反抗;第二,调整统治阶级内部的关系,规定和确认统治阶级内部各阶层、各集团成员之间的关系,确定他们各自的行为界限，建立个人意志服从整个阶级意志的服从关系；第三，调整统治阶级与其同盟阶级之间的关系，照顾和调整彼此之间的利益。

（2）法在调整经济关系中的作用。法在调整经济关系方面的作用主要表现在：第一，创立、确认和维护有利于统治阶级的经济基础；第二，确立交换和分配的规则；第三，解决各种经济纠纷。法对经济关系的调整作用可能会产生两种不同的结果：一是起到进步的作用；二是起到消极甚至是反动的作用。衡量的主要标志是看它对社会生产力的发展是起到促进作用，还是起到阻碍作用。因此，法只有为先进的生产关系服务，才能促进生产力的发展。

（3）法在调整社会公共事务中的作用。在阶级对立的社会，统治阶级在运用法确认和调整阶级关系，维护其政治和经济统治的同时，还必须运用法来管理全社会的公共事务，执行一定的社会公共职能。社会公共事务是指由一定的社会性质所决定的具有全社会意义的事务。例如，交通运输、卫生管理、自然资源的合理开发利用以及环境保护等。

1.2　法的渊源和效力

1.2.1　法的渊源

法的渊源通常是指法的表现形式，即由不同国家机关制定或认可的，具有不同法律效力和法律地位的各种类别的规范性法律文件的总称。

我国法的渊源主要有以下几种。

（1）宪法。宪法是我国的根本法，它集中反映各种政治力量的实际对比关系，规定国家的根本任务和根本制度，即社会制度、国家制度的原则和国家政权的组织以及公民的基本权利义务等内容。宪法具有最高法律效力，是制定其他法律的依据，一切法律、法规都不得与宪法相抵触。

（2）法律。法律是国家最高权力机关及其常设机构，即全国人民代表大会和全国人大常委会制定、颁布的规范性文件，其效力仅次于宪法。

（3）行政法规和部门规章。行政法规是国家最高行政机关——国务院制定、颁布的规范性文件，其地位次于宪法和法律。部门规章是指国务院各部、各委员会、中国人民银行、审计署和具有行政管理职能的直属机构根据法律和国务院的行政法规、决定、命令，在本部门的职权范围内依法制定的规章。部门规章的效力低于宪法、法律和行政法规。

（4）地方性法规。地方性法规是指省、自治区、直辖市以及省、自治区人民政府所在地的市和经国务院批准的较大的市的人民代表大会及其常委会，在其法定权限内制定的法律规范性文件。

（5）民族自治地方的自治条例和单行条例。我国是单一制国家，同时又在中央统一领导下在各少数民族聚居区实行民族区域自治。根据宪法的规定，民族自治地方的人民代表大会有权根据当地民族的政治、经济和文化的特点，制定自治条例和单行条例。自治条例通常规定有关本地区实行的区域自治的基本组织原则、机构设置、自治机关的职权、工作制度及其他重大问题。自治条例是民族自治地方实行民族区域自治的综合性的基本依据和活动准则。单行条例是民族自治地方的人民代表大会根据区域自治的特点和实际需要制定的单项法规。

（6）特别行政区基本法和特别行政区法律。特别行政区基本法是由全国人民代表大会制定的有关特别行政区的基本法律。目前，全国人民代表大会已经制定了《中华人民共和国香港特别行政区基本法》和《中华人民共和国澳门特别行政区基本法》。特别行政区法律是指根据宪法和特别行政区基本法，在特别行政区内施行的法律。

（7）国际条约。国际条约是两个或两个以上国家就政治、经济、贸易、军事、法律、文化等方面的问题确定其相互权利义务关系的协议。我国缔结或加入的国际条约也是法的渊源之一。

1.2.2　法的效力

法的效力是指法的生效范围或适用范围，即法在什么地点、什么时间和对什么人适用，包括法的空间效力、法的时间效力、法对人的效力。

1. 法的空间效力

法的空间效力是指法律在哪些地域有效力。一般来说，一国法律适用于该国主权范围所及的全部领域，包括领土、领水及其底土和领空，以及作为领土延伸的本国驻外使馆、在外船舶及飞行器。但由于法律的内容和制定机关不同，法的空间效力范围也不同，具体来说，我国法律的空间效力分为三种情况。

（1）在全国范围内生效。凡中央国家机关制定的规范性文件，一般在全国范围内有效。例如，由全国人民代表大会及其常务委员会制定的法律、国务院制定的行政法规，除有特殊规定者外，一般在全国有效。

（2）在局部地区生效。一般指地方制定的规范性法律文件，在该地区内有效。例如，地方性法规、民族自治地方的自治条例和单行条例等在制定机关管辖的行政区域内生效。

（3）在域外生效。它指法律在其制定国管辖区域范围外具有效力。这一般体现在民事、婚姻家庭、贸易等方面的法律、法规中。

2. 法的时间效力

法的时间效力是指法何时生效，何时终止生效及法律对其颁布实施前的事件和行为是否具有溯及力的问题。

（1）法律开始生效的时间。法律的生效时间主要有三种：自法律公布之日起生效；由该法律规定具体生效时间；规定法律公布后符合一定条件时生效。

（2）法律终止效力的时间。包括以下几种情况：新法公布实行后，根据新法优于旧法的原则，旧法自然失效；新法取代旧法，同时在新法中明文规定旧法废止；法律因完成其历史任务而失效；法律本身规定的终止生效的时间届至；有权国家机关发布决议或命令，宣布废止某项法律或法规。

（3）法的溯及力。法的溯及力也称法律溯及既往的效力，是指法律对其生效以前的事件和行为是否适用。如果适用，就具有溯及力；如果不适用，就没有溯及力。

一般来说，法律一般只能适用于生效后发生的事实和关系，不适用于生效前的事实和关系，即法律不溯既往。因此，大多数的法律是没有溯及力的，当然，这也不是绝对的，有些法律也具有一定的溯及力。

3. 法对人的效力

法对人的效力是指法对谁有效力，适用于哪些人。在世界各国的法律实践中先后采用过四种对人的效力的原则，即：属人主义原则；属地主义原则；保护主义原则；以属地主义为主，与属人主义、保护主义相结合的原则。根据我国法律，对人的效力包括对中国公民的效力和对外国人、无国籍人的效力两个方面。

（1）属人主义。即法律只适用于本国公民，不论其身在国内还是国外，非本国公民即使身在该国领域内也不适用。

（2）属地主义。即法律适用于该国管辖地区内的所有人，不论是否是本国公民，都受法律约束和法律保护，本国公民不在本国，则不受本国法律的约束和保护。

（3）保护主义。即以维护本国利益作为是否适用本国法律的依据，任何侵害了本国利益的人，不论其国籍和所在地域，都要受该国法律的追究。

（4）以属地主义为主，与属人主义、保护主义相结合。即既要维护本国利益，坚持本国主权，又要尊重他国主权，照顾法律适用中的实际可能性。

我国采用的是第四种原则。根据我国法律，法对人的效力包括以下两个方面。

（1）对中国公民的效力。中国公民在中国领域内一律适用中国法律。在中国境外的中国公民，也应遵守中国法律并受中国法律保护。

（2）对外国人和无国籍人的效力。外国人和无国籍人在中国领域内，除法律另有规定的外，适用中国法律，这是国家主权原则的必然要求。

1.3　法律规范、法律部门与法律体系

法是国家制定或认可的，并由国家强制力保证实施的行为规范的总和。法的最小构成单位称为法律规范，调整同类社会关系的法律规范构成一国的法律部门，不同的法律部门形成一个有机的整体就是法律体系。

1.3.1　法律规范

1. 法律规范的概念

法律规范是指由国家制定或认可，并由国家强制力保证实施的行为规则，法律规范是法的基本构成单位。法律规范具有以下几个特征。

（1）法律规范是由国家制定、认可的，由国家强制力保证实施的行为规范。

（2）法律规范规定了社会关系参与者法律上的权利和义务。

（3）法律规范是普遍适用并能反复适用的。

（4）法律规范具有严密的逻辑结构。

（5）法律规范是法的基本构成单位。

2. 法律规范的结构

法律规范的结构是指每一个法律规范由哪些要素构成。一般包括假定、处理和法律后

果三个要素。

（1）假定。假定又称为条件或适用条件，是指法律规范中所规定的有关适用该法律规范的条件的部分。

（2）处理。处理也称为行为模式，即法律关于允许做什么、禁止做什么和必须做什么的规定。法律的最直接的目的就是指引人们的行为，因此指示即行为模式是法律规范中最基本的要素，是核心部分。

（3）法律后果。法律后果是法律规范中对于遵守或违反规则的行为将产生何种法律后果的规定。法律后果可分为肯定性后果和否定性后果两种形式。

3. 法律规范的分类

根据不同的分类标准，法律规范也可以分为以下不同的种类。

（1）按照法律规范"处理"部分内容的不同性质可以分为授权性规范、义务性规范和禁止性规范。授权性规范是指规定人们有权自己作出某种行为，或要求他人作出某种行为的法律规范；义务性规范是指要求人们必须作出一定行为，即承担一定积极作为义务的法律规范；禁止性规范是指禁止人们作出一定行为，即承担一定消极不作为义务的法律规范。

（2）按照法律规范的强制性程度不同，可以分为强行性规范和任意性规范。强行性规范也称为命令性规范，是指对于权利和义务的规定十分明确，不允许人们以任何方式加以变更或违反的法律规范。任意性规范也叫允许性规范，是指允许人们在法定范围内自行确定其权利和义务的法律规范，只有在他们未确定时，才为他们规定一定的权利和义务。

1.3.2 法律部门

1. 法律部门的概念

法律部门又称为部门法，是调整同一类社会关系的法律规范的总和，是法律体系的基本单位。例如，调整平等主体之间的人身关系和财产关系的法律规范构成民法部门，调整犯罪和刑罚的法律规范构成刑法部门。

2. 划分法律部门的标准

划分法律部门的主要标准是法规范的调整对象，即法律规范所调整的不同社会关系，除此之外，法律的调整方法也是划分法部门的依据。

3. 我国的法律部门

按照法部门的划分标准，我国的法律部门主要包括以下方面。

（1）宪法。宪法是我国法律体系中的主导部门，是我国的根本大法。主要规定我国社会制度、国家制度、公民基本权利和义务、国家机关的组织和活动的基本原则等根本性问题，调整社会关系最主要、最基本的方面，具有最高的法律效力，是制定其他法律的立法基础。

（2）民法。民法是调整平等主体的公民之间、法人之间、公民与法人之间财产关系和人身关系的法律规范的总和。主要规定自然人制度、法人制度、法律行为制度、代理制度、时效制度、物权制度、债权制度、人身权制度、知识产权制度、婚姻家庭制度、民事责任制度等市场经济所必需的法律制度。民法是一切市场经济国家特别是发达国家制定最早、最完备、最为基本的法律。

（3）经济法。经济法是一个比较新兴的法律部门，经济法是调整国家干预经济活动过程中发生的经济关系的法律规范的总称。经济法大体包括两个部分的内容：一是创造平等竞争环境、维护市场秩序的法律，包括反垄断法、反不正当竞争法、产品质量法、消费者权益保护法等；二是国家宏观调控方面的法律，包括预算法、税法、审计法、会计法、银行法等。

（4）行政法。行政法是调整国家行政管理活动产生的社会关系的法律规范的总和。它包括行政法总则、行政主体法、行政处罚法、行政复议法、行政诉讼法以及专门行政法。

（5）劳动法。劳动法是调整劳动关系以及由此产生的其他关系的法律规范的总称。主要规定劳动合同的订立和解除程序、集体合同的签订和执行办法、工作时间和劳动报酬、安全卫生、劳动纪律及奖惩办法、劳动保险制度、工会和职工民主管理、女职工和未成年工的保护、劳动争议处理等内容。

（6）刑法。刑法是调整犯罪和刑罚的法律规范的总称。刑法调整的社会关系范围非常广泛，不局限于某一特定类型的社会关系，所有危害社会的犯罪行为都由刑法调整。

（7）诉讼法。诉讼法指的是规定诉讼程序的法律的总称，是打官司时所应遵循的行为规范。诉讼法是典型的法律程序法，其任务是从程序方面保证实体法的实施。根据诉讼案件的性质，诉讼法可以分为刑事诉讼法、民事诉讼法和行政诉讼法。

1.3.3　法律体系

法律体系是指由一个国家的全部现行规律规范分类组合为不同的法律部门而形成的有机联系的统一整体。法律体系具有以下特点。

（1）法律体系是部门法构成的体系，部门法是构成法律体系的基本单位。

（2）法律体系是由一国国内法构成的体系，而不是由几个国家的法律构成。

（3）法律体系是由一国现行法构成的体系，反映一国法律的现实情况，不包括已经废止不再有效的法律，一般也不包括尚未制定或者已经制定但尚未生效的法律。

1.4　法　律　关　系

1.4.1　法律关系的概念

法律关系是法律规范在调整人们行为过程中形成的法律上的权利和义务关系。它是基于法律规范而形成的特殊的社会关系。法律关系具有以下特征。

（1）法律关系是一种思想社会关系，属于上层建筑的范畴。

（2）法律关系是以相应的法律规范为前提而产生的社会关系。如果没有某种法律规范的存在，就不会产生相应的法律关系。

（3）法律关系是以法定权利和义务为内容的社会关系。法律规范通过规定人们的权利义务来确认、保护和发展一定的社会关系，法律关系的内容就是主体的权利义务。

（4）法律关系是由国家强制力保障的社会关系。

1.4.2 法律关系的构成要素

法律关系的构成要素包括法律关系的主体、客体和内容三个方面。

1. 法律关系的主体

法律关系的主体是法律关系的参加者,即在法律关系中一定权利的享有者和一定义务的承担者。法律关系主体的范围十分广泛。在我国,归纳起来主要有三种:自然人;国家机关、企业事业单位、社会团体和其他组织;国家。

2. 法律关系的客体

法律关系的客体是指法律关系主体的权利和义务所指向的对象。法律关系的客体非常广泛,主要包括:①物,即法律关系主体支配的,在生产上和生活上所需要的各种物质资料;②非物质财富,也称为智力成果,是法律规定的人们脑力劳动创造的精神财富,如在著作权、商标权、专利权等法律关系中,其客体都是非物质财富;③行为,在一些法律关系中,主体权利义务指向的对象既不是物,也不是非物质财富,而是行为。例如,在运输合同中,双方当事人权利义务指向的对象就是运输行为。

3. 法律关系的内容

法律关系的内容就是主体之间的权利和义务,离开了权利和义务,法律关系就不可能存在。权利是国家通过法律规定,对法律关系主体作出或不作出某种行为或要求他人作出或不作出某种行为的许可和保障。义务是指法律规定的对法律关系主体必须作出一定行为或不得作出一定行为的约束。

1.4.3 法律关系的产生、变更和消灭

法律关系的产生是指法律关系的主体之间形成了一定的权利和义务关系。法律关系的变更是指法律关系的三个要素,即主体、客体和内容发生变化。法律关系的消灭是指法律关系主体之间的权利义务不复存在。

法律关系的产生、变更和消灭须具备一定的条件,其中最主要的条件有两个:一是法律事实;二是法律规范。

法律事实是指符合法律规定的,能够引起法律关系产生、变更和消灭的客观情况或现象。法律事实是多种多样的,按照是否以当事人的意志为转移,法律事实可以分为法律事件和法律行为。法律规范是指法律规定的,不以人的意志为转移,能够引起法律关系产生、变更和消灭的客观事实或现象。

 案例讨论1-2

李某与某科技公司签订了为期8年的劳动合同,双方约定,合同订立后,科技公司向李某免费提供住房一套,如果李某能在该公司工作满8年,房子产权归李某所有,否则房屋由科技公司收回。李某工作两年后,公司派其去国外学习培训半年,并签订培训合同,约定李某培训结束后为公司服务3年,其间李某不得以任何原因提出离职或调动,否则就退回培训

费用。李某培训回来后工作1年就要求辞职,公司表示同意,但要求李某返还房屋并退还培训费用。但李某并没有将住房退还,双方产生争议。

问题:本案中存在哪几种法律关系? 应如何解决?

1.5 法律责任

1.5.1 法律责任的概念与种类

法律责任是指公民、法人或其他组织实施违法行为而受到的相应法律制裁。法律责任从性质上说可分为三种:民事法律责任、行政法律责任和刑事法律责任。

1. 民事法律责任

民事法律责任是指由于民事违法行为所应承担的法律责任,民事责任主要表现为一种财产上的责任。承担民事责任的主体主要是公民和法人。承担民事法律责任的方式主要包括停止侵害,排除妨碍,消除危险,返还财产,恢复原状,修理、重作、更换,赔偿损失,支付违约金,消除影响、恢复名誉,赔礼道歉。

2. 行政法律责任

行政法律责任是由行政违法行为所引起的否定性的法律后果。它主要是一种管理或职务上的责任,行政责任的主体比较广泛,除了以国家机关和国家公务人员为主外,还包括普通公民或其他组织、团体。行政责任的形式有两种:一种是行政处分;另一种是行政处罚。行政处分的形式主要有警告、记过、记大过、降级、撤职、开除;行政处罚的种类有警告、罚款、没收违法所得、没收非法财物、责令停产停业、暂扣或者吊销许可证、暂扣或者吊销执照、行政拘留等。

3. 刑事法律责任

刑事法律责任是行为人因实施刑法规定的犯罪行为所产生的法律责任。刑事责任是所有法律责任中最为严重、制裁最为严厉的一种责任,而且刑事责任是严格的个人责任,并主要是人身责任,责任主体主要是公民,但也可以是法人。刑事处罚的种类包括管制、拘役、有期徒刑、无期徒刑和死刑这五种主刑,还包括剥夺政治权利、罚金和没收财产三种附加刑。附加刑可以单独适用,也可以与主刑合并适用。

1.5.2 法律责任的构成要件

法律责任的构成要件就是指构成法律责任所必备的客观要件和主观要件的总和。一般情况下,法律责任的构成要件包括以下几个方面。

(1) 有违法行为。在一般情况下,法律责任是由违法行为引起的,如果某项行为虽然也带来一定的社会危害性,但没有违反法律的规定,就不应承担法律责任。例如,正当防卫、紧急避险行为。

(2) 行为后果的社会危害性。如果某种行为虽然违反了法律规定,但并没有造成法律规定的后果或者后果非常轻微,也不需要承担法律责任。

（3）违法行为与危害结果之间的因果关系。因果关系是指违法行为与损害事实二者之间存在必然的联系。如果某种损害结果与某人的违法行为之间不存在必然的联系,则该行为人就不必对该项后果承担责任。

（4）行为人主观方面的过错。过错是指行为人实施违法行为时的主观心理态度,它包括两种情况：一种是故意;另一种是过失。一般认为,过错是行为人承担法律责任的一个重要条件,如果某项行为虽然在客观上造成了一定的损害后果,但不是出于行为人主观方面的故意或过失,而是由于不可抗力原因造成的,行为人不需承担法律责任。

当然,行为人主观方面的过错并不是所有法律责任的必备要件,在一些特殊情况下,尤其是在民事法律中,在一些特殊侵权案件中,例如,高空、高度危险作业、产品质量责任、环境污染责任案件中,追究行为人的法律责任并不要求其主观上有过错,而是适用无过错责任原则。

 知识练习与技能训练

一、概念与知识

1. 基本概念

法律　法的渊源　法的效力　法律规范　法律部门　法律体系　法律关系　法律责任

2. 问答题

（1）法的特征有哪些?

（2）我国法的渊源有哪些?

（3）简述法的效力。

（4）法律关系的构成要素有哪些?

（5）简述法律责任的种类及追究法律责任的条件。

二、分析与应用

1. 案例分析题

某中学初中二年级学生李某因经常旷课、迟到、早退,一向和班主任张某关系不好。一天放学后,张某见李某的文具丢在课桌上,就为李某收拾文具,无意中发现李某书包里的一封情书,就拿走了情书。第二天,张某批评李某又迟到,李某顶了几句嘴。张某在气愤之余,质问情书一事。李某不肯承认,张某就当众宣读了情书的内容。李某又羞又气,跑上教学楼顶楼,从四楼跳了下去。经抢救,李某在医院住院 5 个月后出院,左脚落下终身残疾。

问题：谁应对李某受伤的后果承担法律责任? 为什么?

2. 实训题

甲酒后驾车将人行道上的路人乙撞伤致残,被交管部门吊销驾驶执照,并被移送司法机关追究刑事责任;乙有 80 岁老母丙需要赡养。分析该案涉及几方面社会关系? 分别有哪些法律调整?

实训要求：请结合生活实际,正确区分不同的社会关系,准确适用不同的法律。

第 2 章

宪 法

 学习目标

1. 掌握宪法的概念和特征。
2. 掌握我国的国家制度。
3. 熟悉我国公民的基本权利和基本义务。
4. 掌握我国的国家机构。

 引导案例

齐玉苓与被告之一陈晓琪都是山东省滕州市第八中学学生。在 1990 年的中专考试中，齐玉苓被山东省济宁市商业学校录取，陈晓琪预考被淘汰，但在陈父原村党支部书记陈克政的一手策划下，陈晓琪从滕州市八中领取了济宁市商业学校给齐玉苓的录取通知书，冒名顶替入学就读。几年后，齐玉苓遭遇下岗，失业在家，不得不靠卖早点、快餐维持生计，而冒用齐玉苓姓名的陈晓琪毕业后分配至当地中国银行工作，两人的命运迥然不同。

1999 年 1 月 29 日，得知真相的齐玉苓以侵害其姓名权和受教育权为由，将陈晓琪、陈克政、济宁市商业学校、滕州市第八中学和滕州市教委告上法庭，要求停止侵害、赔礼道歉并赔偿经济损失 16 万元和精神损失 40 万元。

1999 年 5 月，枣庄市中级人民法院对齐玉苓诉陈晓琪等被告一案作出一审判决。一审判决后，没有认定齐玉苓的受教育权被侵犯，齐玉苓又上诉至山东省高级人民法院。而这起特殊的案件着实让法官感到为难，陈晓琪等人侵犯了齐玉苓受教育的权利，应该承担民事责任，但是苦于找不到具体的法律规定，所以决定向最高人民法院请示。2001 年 6 月 28 日最高人民法院作出了法释〔2001〕25 号批复，明确指出以侵犯姓名权的手段侵犯他人依据宪法规定享有的受教育权，应承担相应的民事责任。山东省高级人民法院据此对这场冒名顶替上学案作出了终审判决：判令陈晓琪停止对齐玉苓姓名权的侵犯，济宁市商业学校、滕州市教委、滕州市第八中学承担连带赔偿责任与陈晓琪父女共同赔偿齐玉苓精神损失费 5 万元、赔偿齐玉苓因受教育权被侵犯所造成的经济损失 4.8 万余元。

齐玉苓诉陈晓琪等侵犯姓名权、受教育权一案第一次打开了法院以宪法为直接判决依据的大门，实现了宪法与公民的"直接对话"，被称作"宪法司法化第一案"。

2.1　宪法概述

2.1.1　宪法的概念与特征

1. 宪法的概念

宪法是规定国家根本制度和根本任务,集中表现各种政治力量对比关系、保障公民权利的国家根本法。

2. 宪法的特征

1) 宪法是国家的根本法

(1) 在内容上,宪法规定国家生活中最根本最重要的方面。例如,国家的性质、国家的政权组织形式和国家的结构形式、国家的基本国策、国家的基本权利和义务、国家机构的组织及其职权等,都在宪法中作出了明确规定。

(2) 在效力上,宪法在法律体系中具有最高法律效力,任何法律法规都不能与宪法抵触。

(3) 在程序上,宪法的制定和修改都比其他法律更为严格,宪法一般要求国家最高权力机关或依法成立的特定机关按特定程序制定或修改。

2) 宪法是公民权利的保障书

宪法是公民权利的保障书具体体现在：①宪法是民主政治的法律化;②宪法是对民主政治的保障;③宪法具有鲜明的阶级性,集中体现各种政治力量的实际对比关系;④宪法规范国家权力,保障公民的基本权利。

2.1.2　新中国宪法的产生与发展

1. 宪法的产生

1949 年 9 月 29 日,中国人民政治协商会议第一届全体会议通过的《中国人民政治协商会议共同纲领》是起临时宪法作用的一部重要文件。

2. 宪法的发展

新中国成立后,我国先后颁布了四部宪法。1954 年颁布了第一部宪法;1975 年颁布了第二部宪法;1978 年颁布了第三部宪法;1982 年颁布了第四部宪法。我国现行宪法即1982 年颁布的《中华人民共和国宪法》(以下简称《宪法》),现行宪法继承并发展了 1954 年宪法的基本原则,摈弃了 1975 年和 1978 年宪法中"左"的思想和内容,是一部比较完善并且具有中国特色的社会主义宪法。

3. 宪法的完善

为适应社会生活的变化和社会主义现代化建设的需要,我国于 1988 年、1993 年、1999 年、2004 年和 2018 年,五次通过了宪法修正案,对宪法进行了修正。

2.2 我国的国家制度

国家制度是一个国家的统治阶级通过宪法、法律规定的有关国家性质和国家形式方面的制度的总称。我国的国家制度主要包括人民民主专政制度、人民代表大会制度、中国共产党领导的多党合作和政治协商制度、民族区域自治制度、基层群众自治制度和基本经济制度。

2.2.1 人民民主专政制度

人民民主专政是我国的国体。国体即国家性质，是国家的阶级本质，是指社会各阶级在国家生活中的地位和作用。我国《宪法》第1条规定："中华人民共和国是工人阶级领导的、以工农联盟为基础的人民民主专政的社会主义国家。"人民民主专政是无产阶级在中国具体历史条件下的表现形式。

人民民主专政中的民主与专政是辩证统一的关系，两者紧密相连、相辅相成、缺一不可。其内容包括：强调工人阶级是领导阶级，农民始终是工人阶级最可靠的同盟军，工农联盟表现了人民民主专政国体的充分的民主性和广泛的代表性；强调对人民实行民主和对敌人实行专政的辩证统一，在人民内部实行民主是实现对敌人专政的前提和基础，而对敌人实行专政又是人民民主专政的有力的保障。

爱国统一战线是人民民主专政的重要保障。我国《宪法》规定："社会主义的建设事业必须依靠工人、农民和知识分子，团结一切可以团结的力量。在长期的革命和建设过程中，已经结成由中国共产党领导的，有各民主党派和各人民团体参加的，包括全体社会主义劳动者、社会主义事业的建设者、拥护社会主义的爱国者和致力于中华民族伟大复兴的爱国者的广泛的爱国统一战线，这个统一战线将继续巩固和发展。中国人民政治协商会议是有广泛代表性的统一战线组织，过去发挥了重要的历史作用，今后在国家政治生活、社会生活和对外友好活动中，在进行社会主义现代化建设、维护国家的统一和团结的斗争中，将进一步发挥它的重要作用。中国共产党领导的多党合作和政治协商制度将长期存在和发展。"这个统一战线具体包括两个范围的联盟：一是我国大陆范围内，由全体社会主义劳动者、社会主义事业的建设者、拥护社会主义的爱国者所组成的政治联盟；二是广泛地团结台湾同胞、香港特别行政区同胞、澳门特别行政区同胞和海外侨胞，以拥护祖国统一为基础的政治联盟。目前我国爱国统一战线的任务是：为社会主义现代化建设服务，为实现祖国统一大业服务，为维护世界和平服务。

2.2.2 人民代表大会制度

人民代表大会制度是我国的根本政治制度，是我国人民民主专政政权的组织形式。政权组织形式又称政体，是指掌握国家权力的阶级实现国家权力的政治体制，是形成和表现国家意志的方式。国体决定政体，政体体现国体。依照我国宪法，人民行使国家权力的机关是全国人民代表大会和地方各级人民代表大会。国家机构实行民主集中制原则，通过民主选举组成全国人民代表大会和地方各级人民代表大会，并以人民代表大会为基础，建立全部国家机构,对人民负责,受人民监督,以实现人民当家做主的制度。

2.2.3 中国共产党领导的多党合作和政治协商制度

中国共产党领导的多党合作和政治协商制度是我国的一项基本政治制度,是具有中国特色的政党制度。中国社会主义政党制度的特点是共产党领导、多党合作,共产党执政、多党派参政。我国《宪法》明确规定:"中国共产党领导的多党合作和政治协商制度将长期存在和发展。"

这一制度的基本内容包括以下几个方面:第一,中国共产党是执政党,各民主党派是参政党,中国共产党和各民主党派是亲密战友。中国共产党是执政党,其执政的实质是代表工人阶级及广大人民掌握人民民主专政的国家政权。各民主党派是参政党,具有法律规定的参政权。其参政的基本点是:参加国家政权,参与国家大政方针和国家领导人选的协商,参与国家事务的管理,参与国家方针、政策、法律、法规的制定和执行。第二,中国共产党和各民主党派合作的首要前提和根本保证是坚持中国共产党的领导和坚持四项基本原则。第三,中国共产党与各民主党派合作的基本方针是:长期共存,互相监督,肝胆相照,荣辱与共。第四,中国共产党和各民主党派以宪法和法律为根本活动准则。

中国人民政治协商会议(简称"人民政协"或"政协")是中国共产党领导的多党合作和政治协商的重要机构,是中国人民爱国统一战线组织,是我国政治生活中社会主义民主的重要形式。人民政协的性质决定了它与国家机关的职能是不同的。人民政协围绕团结和民主两大主题履行政治协商、民主监督和参政议政的职能。

2.2.4 民族区域自治制度

民族区域自治制度是指在国家统一领导下,各少数民族聚居的地方实行区域自治,设立自治机关,行使自治权的制度。民族区域自治制度是我国的基本政治制度之一,是建设中国特色社会主义政治的重要内容。民族区域自治制度就是在统一的祖国大家庭里,在国家的统一领导下,以少数民族聚居的地区为基础,建立相应的自治机关,设立自治机关,行使自治权,自主地管理本民族、本地区的内部事务,行使当家做主的权利。

2.2.5 基层群众自治制度

中国的基层群众自治制度是在新中国成立后的民主实践中逐步形成的,并首先发育于城市。党的十七大将基层群众自治制度与人民代表大会制度、中国共产党领导的多党合作和政治协商制度、民族区域自治制度一起,纳入了中国特色政治制度范畴。

基层群众自治制度是城乡基层群众在党的领导下,依法直接行使民主权利,管理基层公共事务和公益事业,实行自我管理、自我服务、自我教育、自我监督的一项重要政治制度。基层群众自治是基层民主的主要实现形式,是人民当家做主最有效、最广泛的途径,其目的就是要把城乡社区建设成为管理有序、服务完善、文明祥和的社会生活共同体。我国已经建立了农村村民委员会、城市居民委员会等基层群众自治组织。

2.2.6 基本经济制度

基本经济制度是指国家通过宪法和法律调整以生产资料所有制为核心的各种基本经济关系的规则、原则和政策的总和。我国《宪法》规定："中华人民共和国的社会主义经济制度的基础是生产资料的社会主义公有制，即全民所有制和劳动群众集体所有制。社会主义公有制消灭人剥削人的制度，实行各尽所能、按劳分配的原则。"同时还规定："国家在社会主义初级阶段，坚持公有制为主体、多种所有制经济共同发展的基本经济制度，坚持按劳分配为主体、多种分配方式并存的分配制度。"

社会主义公有制是我国经济制度的基础。全民所有制和劳动群众集体所有制是我国社会主义公有制的两种基本形式。全民所有制经济即国有经济，是国民经济中的主导力量，控制着国家的经济命脉，决定着国民经济的社会主义性质。我国宪法规定：国家保障国有经济的巩固和发展。国家保护城乡集体经济组织的合法权利和利益，鼓励、指导和帮助集体经济的发展。个体、私营等各种形式的非公有制经济是社会主义市场经济的重要组成部分，对充分调动社会各方面的积极性、加快生产力发展具有重要作用。国家保护个体经济、私营经济和非公有制经济的合法权利和利益。国家鼓励、支持和引导非公有制经济的发展，并对非公有制经济依法实行监督和管理。坚持平等保护物权，形成各种所有制经济平等竞争、相互促进的新格局。

2.3 我国公民的基本权利和义务

公民是指具有一个国家国籍，并根据该国宪法和法律规定，享受权利和承担义务的自然人。我国《宪法》规定：凡具有中华人民共和国国籍的人都是中华人民共和国公民。任何公民都享有宪法和法律规定的权利，同时必须履行宪法和法律规定的义务。

2.3.1 我国公民的基本权利

1. 平等权

平等权是指公民在法律面前一律平等。任何公民在享有宪法与法律规定的权利，履行宪法和法律规定的义务的时候，都是平等的，都不得有超越宪法和法律的特权。

2. 政治权利和自由

政治权利和自由是指公民作为国家政治生活主体依法享有的参加国家政治生活的权利和自由。具体包括：第一，公民享有选举权和被选举权。《宪法》第34条规定："中华人民共和国年满十八周岁的公民，不分民族、种族、性别、职业、家庭出身、宗教信仰、教育程度、财产状况、居住期限，都有选举权和被选举权；但是依照法律被剥夺政治权利的人除外。"第二，公民有言论、出版、集会、结社、示威的自由。

 **案例讨论2-1**

2007年3月16日第十届全国人民代表大会第五次会议通过了《关于第十一届全国人民代表大会代表名额和选举问题的决定》,该决定第9条规定:"第十一届全国人民代表大会代表中,来自一线的工人和农民代表人数应高于上一届。在农民工比较集中的省、直辖市,应有农民工代表。"由此掀开了农民工当选各级人大代表的大幕:2007年1月14日,广东省人大常委会宣布,2008年1月召开的广东省第十一届人民代表大会,将有6名农民工代表,这是农民工第一次当选广东省省级人大代表。2007年1月24日,上海市人大常委会宣布有3位农民工当选上海市人大代表。2007年1月10日重庆市有51名农民工当选为市人大代表,占全市870名市人大代表名额的5.86%。2008年2月28日,全国人大常委会确认,朱雪芹、康厚明和胡小燕3位农民工当选第十一届全国人大代表的代表,这是农民工首次出现在中国最高国家权力机关。2019年,十三届全国人大代表中农民工代表增加到45位。

问题:请查阅资料,了解我国人大代表的产生方式,结合本案评析农民工当选全国人大代表的宪政价值及其局限性。

3. 宗教信仰自由

宗教信仰自由是指公民有信教或不信教的自由,有信仰这种宗教或那种宗教的自由,在同一宗教中,有信仰这个教派的自由,也有信仰那个教派的自由;有过去不信教而现在信教的自由,也有过去信教而现在不信教的自由。我国宪法规定:中华人民共和国公民有宗教信仰自由。任何国家机关、社会团体和个人不得强制公民信仰宗教或者不信仰宗教,不得歧视信仰宗教的公民和不信仰宗教的公民。国家保护正常的宗教活动。任何人不得利用宗教进行破坏社会秩序、损害公民身体健康、妨碍国家教育制度的活动。

4. 人身自由权

人身自由包括狭义和广义两个方面。狭义的人身自由主要是指公民的身体不受非法侵犯;广义的人身自由还包括与狭义人身自由相关联的人格尊严、住宅不受侵犯、通信自由和通信秘密受法律保护等与公民个人生活有关的权利和自由。按照广义的理解,人身自由权包括以下几个方面:第一,任何公民,非经人民检察院批准或者决定,或者经人民法院决定,并由公安机关执行,不受逮捕。禁止非法拘禁和以其他方法非法剥夺或者限制公民的人身自由。禁止非法搜查公民的身体。第二,公民的人格尊严不受侵犯。禁止用任何方法对公民进行侮辱、诽谤和诬告陷害。第三,公民的住宅不受侵犯。禁止非法搜查或者非法侵入公民的住宅。第四,公民的通信自由和通信秘密受法律的保护。

5. 批评、建议、申诉、控告、检举权和取得国家赔偿权

我国《宪法》规定,公民对任何国家机关及其工作人员,有提出批评和建议的权利;对于任何国家机关及工作人员的违法失职行为,有向有关国家机关提出申诉、控告或者检举的权利,但不得捏造或者扭曲事实进行诬告陷害。对于公民的申诉、控告或者检举,任何人不得压制和打击报复。由于国家机关和国家工作人员侵犯公民权利而受到损失的人,有依照法律规定取得赔偿的权利。

6．社会经济权

社会经济权是指公民享有的经济生活和物质利益方面的权利，是公民实现其他权利的前提条件和物质基础。社会经济权主要包括以下内容。

（1）财产权。指公民对其合法财产享有的不受非法侵犯的权利。公民的合法的私有财产不受侵犯。国家依照法律规定保护公民的私有财产权和继承权。

（2）劳动权。指具有劳动能力的公民有从事劳动并取得相应报酬的权利。同时，劳动权利又是一切有劳动能力的公民的光荣职责。《宪法》规定，中华人民共和国公民有劳动的权利和义务。

（3）休息权。是指劳动者为保护身体健康和提高劳动效率，根据国家有关法律与制度享有的休息和修养的权利。《宪法》规定，中华人民共和国劳动者有休息的权利。国家发展劳动者休息和休养的设施，规定职工的工作时间和休假制度。

（4）物质帮助权。是指公民因特定原因不能通过其他正当途径获得必要的物质生活手段时，从国家和社会获得生活保障、享受社会福利的一种权利。《宪法》规定，公民在年老、疾病或者丧失劳动能力的情况下，有从国家和社会获得物质帮助的权利。

 案例讨论2-2

某省一县城有一处著名的旅游胜地。为了创收，该县人大作出了一项地方性法规，规定：凡是通过该县著名旅游胜地的车辆，一律征收过路费。有一天，北京市的一位商人杨某开自己的私家车去该省某一大城市，恰好路过该县城，在通行过程中遭到该县有关人员的拦截，声称：此山是我开，此树是我栽，想要从此过，留下买路钱。同时声称有本县人大的规定为凭。杨某拒绝交付"过路费"，遭到该人员的扣押。

问题：

（1）该县侵犯了杨某的何种宪法权利？其宪法依据是什么？

（2）县人大是否有权制定征收过路费的地方性法规？为什么？

（3）杨某应当如何维护自己的权利？

7．文化教育权

文化教育权包括受教育权以及进行科学研究、文学艺术创作和其他文化活动的自由。我国《宪法》规定，中华人民共和国公民有受教育的权利和义务，有进行科学研究、文学艺术创作和其他文化活动的自由。

8．特定主体权利

我国宪法除了对公民应普遍享有的权利和自由作出明确规定外，还对特定主体的权利进行了规定，这些特定主体包括妇女、离退休人员、军烈属、母亲、儿童、老人、青少年、华侨等。

2.3.2　我国公民的基本义务

公民的基本义务也称为宪法义务，是指宪法规定的公民必须遵守和应尽的根本责任。

根据宪法的规定,我国公民的基本义务包括如下内容。

1. 维护国家统一和民族团结

《宪法》第52条规定:"中华人民共和国公民有维护国家统一和全国各民族团结的义务。"维护国家统一是指维护国家的主权独立和领土完整。任何人都不能以任何方式分裂国家、接受外国势力支配、割让领土、服从外国势力或要求外国干涉中国内政,必须坚决反对外来侵略或危害国家政权统一的行为。维护民族团结的义务是指每个公民都有责任维护各民族间的平等、团结和互助关系,同一切破坏民族团结和制造民族分裂的言行作斗争。全国各族人民都把维护民族团结作为自己的崇高责任,任何人都不得以任何形式制造民族矛盾和民族冲突。

2. 遵守宪法和法律

《宪法》第53条规定:"中华人民共和国公民必须遵守宪法和法律,保守国家秘密,爱护公共财产,遵守劳动纪律,遵守公共秩序,尊重社会公德。"维护宪法和法律的尊严是每个公民对国家和社会应尽的神圣职责。国家秘密关系到国家的安全和利益,因而严守国家秘密是关系到国家安危的大事。公共财产是巩固国家政权、使国家日益繁荣富强的物质基础,因而所有公民都必须爱惜和维护国家和集体的财产。公民遵守劳动纪律,对于保证社会化大生产的正常进行,提高劳动效率,保护劳动者的生产安全具有重要意义。公共秩序和社会公德也是保证人民正常生活和工作,谋求社会正常运行的重要条件,因此遵守公共秩序和尊重社会公德是公民的基本义务。

3. 维护祖国的安全、荣誉和利益

国家的安全是每一位以中国为祖国的公民生产生活、安居乐业的必要条件;国家的荣誉也就是国家和民族的尊严;国家的利益则是相对于外国国家利益的国家整体利益。我国《宪法》第54条规定:"中华人民共和国公民有维护祖国的安全、荣誉和利益的义务,不得有危害祖国的安全、荣誉和利益的行为。"

4. 保卫祖国、依法服兵役和参加民兵组织

我国《宪法》规定:"保卫祖国、抵抗侵略是中华人民共和国每一个公民的神圣职责。依照法律服兵役和参加民兵组织是中华人民共和国公民的光荣义务。"国家的主权独立、领土完整是我国现代化建设和其他事业能够顺利进行的关键,它不仅关系到祖国的前途和命运,而且关系到人民生活的安定和幸福。因此,保卫祖国、依法服兵役和参加民兵组织是每一个公民的崇高职责。

根据义务兵役法的规定,我国公民不分民族、种族、职业、家庭出身、宗教信仰和教育程度,都有服兵役的义务,但依法被剥夺政治权利的人除外。

 案例讨论2-3

2020年9月1日,杨某经广西壮族自治区河池市天峨县征兵办公室批准入伍,到武警云南总队服役。杨某入伍后极度不适应部队生活,对部队的纪律约束和正常教育、训练、管理存在强烈的抵触情绪,多次主动申请离开部队。经部队、县乡武装部干部及其亲属反复教育引导,仍拒绝继续留队服役。2020年12月4日,杨某因拒服兵役,被部队作除名处理。依据相关法规,天峨县人民政府经研究决定,多部门联合对杨某进行惩戒。

惩戒措施包括:将杨某纳入履行国防义务严重失信主体名单,由法院、公安、中国人民银行、市场监管等职能部门实施联合惩戒。不得将其录用为国家公务员或参照公务员法管理的工作人员,全县所有政府机关、社会团体、企事业和学校不得对其招聘和录用。外地招聘和录用时,县里实施政治考核的单位要在意见栏写明"拒服兵役",并督促用人单位按照《中华人民共和国兵役法》执行。天峨县公安局在杨某个人户籍信息系统"兵役状况"栏注明"拒服兵役"永久字样,两年内不得办理出国(境)相关手续。教育部门两年内不得为杨某办理入学和升学手续。市场监督管理部门三年内不得为杨某办理工商营业执照。此外,依照天峨县2019年义务兵优待金16 503元的两倍,对杨某处以罚款,共计33 006元。

问题: 分析公民违反服兵役义务的法律责任。

5. 依法纳税

我国宪法规定:"中华人民共和国公民有依法纳税的义务。"税收是国家筹措资金的重要方式和国民收入的重要来源。公民履行纳税义务在性质上属于公民对国家社会主义现代化建设的支援。为保证公民纳税义务的履行,国家颁布了一系列的税收法规。因此,每个公民都应自觉遵守和执行各种税收法规,对偷税漏税行为,国家将依法追究其法律责任。

6. 其他基本义务

除了上述所列义务外,宪法规定:夫妻双方有实行计划生育的义务;父母有抚养教育未成年子女的义务,成年子女有赡养扶助父母的义务;此外,公民还有前面论及的劳动的义务和受教育的义务,等等。

 案例讨论2-4

某企业为了多盈利,从偏远山区以较低的工资雇用了很多初中还没毕业的孩子,这些孩子每天早上6点起床,中午只休息半个小时,下午6点下班,有时晚上还要加班。很多孩子无法忍受这种长时间的劳动,请求回家,但工厂方面不允许他们走。该厂实行全封闭式管理,吃、住、工作都在厂里,即使打电话旁边也有人看守,孩子根本逃不脱。后来,学校发现有很多孩子辍学,就和家长联系。校方称,受教育是公民应尽的义务,你们有责任让你们的孩子接受初中教育,家长甲说,受教育是我们自己的事情,你们学校管不着;家长乙说,国家法律有规定,受教育是一种权利,我们可以放弃。学校没办法说服家长,通过调查得知,这些学生都到外地某企业打工,于是联系到该工厂。学校说,学生还没有完成九年制义务教育,你们没有权利招收他们就业,这是违法的。但该厂理直气壮地说,我们已经和家长签合同了,双方同意,我们给钱,他们出力,有什么错?

问题: 家长甲、家长乙、该厂负责人说的话是否正确?为什么?孩子们的哪些权利受到了侵害?可以通过哪些方式救济自己的权利?

2.4 我国的国家机构

国家机构是一定社会的统治阶级为实现其统治职能而建立起来的进行国家管理和执行统治职能的国家机关的总和。根据我国宪法规定,我国国家机构包括全国人民代表大会、中华人民共和国主席、中华人民共和国国务院、中华人民共和国中央军事委员会、地方各级人民代表大会和地方各级人民政府、民族自治地方的自治机关、人民法院和人民检察院。

2.4.1 全国人民代表大会

我国《宪法》规定:"中华人民共和国全国人民代表大会是最高国家权力机关。它的常设机关是全国人民代表大会常务委员会。"全国人民代表大会和全国人民代表大会常务委员会的职权主要包括:国家立法权,选举、决定和罢免国家机构领导人,决定国家重大事项,监督其他国家机关的工作等。

2.4.2 中华人民共和国主席

中华人民共和国主席是我国国家机构的重要组成部分,代表中华人民共和国进行国事活动。中华人民共和国主席、副主席由全国人民代表大会选举产生。根据全国人民代表大会的决定和全国人民代表大会常务委员会的决定,行使公布法律、任免国务院组成人员等重要职权。

2.4.3 中华人民共和国国务院

中华人民共和国国务院即中央人民政府,是国家最高权力机关的执行机关,是最高国家行政机关。国务院统一领导国务院各部委的工作,统一领导地方各级国家行政机关的工作。国务院实行总理负责制,对全国人大及其常务委员会负责并报告工作。

2.4.4 中华人民共和国中央军事委员会

我国《宪法》第93条规定:"中华人民共和国中央军事委员会领导全国武装力量。"中央军事委员会是全国武装力量的最高领导机关。中央军事委员会实行主席负责制,由主席向全国人大和全国人大常务委员会负责。

2.4.5 地方各级人民代表大会和地方各级人民政府

根据《宪法》的规定,省、自治区、直辖市、自治州、县、市、自治县、市辖区、乡、民族乡、镇设立人民代表大会。地方各级人大是地方国家权力机关,由通过直接选举或间接选举产生的人大代表组成。县以上地方各级人大常委会是本级人大的常设机关,对本级人大负责并报告工作。地方各级人民政府是地方各级权力机关的执行机关,是地方各级国家行政机关,它由同级人民代表大会选举产生,既对同级人民代表大会及其常委会负责并报告工作,同时也对上一级国家行政机关负责并报告工作。地方各级人民政府实行首长负责制。

此外,我国《宪法》还规定:城市和农村按居民居住地区设立的居民委员会或者村民委员会是基层群众性自治组织。居民委员会、村民委员会设人民调解、治安保卫、公共卫生等委员会,办理本居住地区的公共事务和公益事业,调解民间纠纷,协助维护社会治安,并且向人民政府反映群众的意见、要求和提出建议。

2.4.6　民族自治地方的自治机关

民族自治地方的自治机关是自治区、自治州、自治县的人民代表大会的人民政府,行使宪法规定的地方国家机关的职权,同时依照宪法、民族区域自治法和其他法律规定的权限行使自治权,根据本地方实际情况贯彻执行国家的法律、政策。

民族自治地方的人民代表大会有权依照当地民族的政治、经济和文化的特点,制定自治条例和单行条例。自治区的自治条例和单行条例,报全国人民代表大会常务委员会批准后生效。自治州、自治县的自治条例和单行条例,报省或者自治区的人民代表大会常务委员会批准后生效,并报全国人民代表大会常务委员会备案。

民族自治地方的自治机关有管理地方财政的自治权。民族自治地方的自治机关在国家计划的指导下,自主地安排和管理地方性的经济建设事业。

2.4.7　人民法院和人民检察院

我国《宪法》规定:“中华人民共和国人民法院是国家的审判机关。”我国人民法院的组织体系包括:最高人民法院、地方各级人民法院和专门人民法院。地方各级人民法院分为高级人民法院、中级人民法院和基层人民法院;专门人民法院包括军事法院、海事法院、铁路运输法院。

我国《宪法》规定:“中华人民共和国人民检察院是国家的法律监督机关。”中华人民共和国设立最高人民检察院、地方各级人民检察院和军事检察院等专门人民检察院。

2.5　我国的国旗、国歌、国徽、首都

我国《宪法》规定:“中华人民共和国国旗是五星红旗。”“中华人民共和国国歌是《义勇军进行曲》。”“中华人民共和国国徽,中间是五星照耀下的天安门,周围是谷穗和齿轮。”“中华人民共和国首都是北京。”

 知识练习与技能训练

一、概念与知识

1.基本概念

宪法　人民代表大会制度　民族区域自治制度　宗教信仰自由　物质帮助权
国家机构

2．问答题

（1）宪法的特征有哪些？

（2）我国的国家制度包括哪些？

（3）我国公民的基本权利和基本义务有哪些？

（4）我国的国家机构包括哪些？

二、分析与应用

1．案例分析题

吴某应聘某机场地面服务人员一职。经过两次面试考核后，机场通知吴某符合公司的入职要求，但在入职体检中，体检结果为乙肝小三阳，肝功能正常。机场以吴某体检不合格，不能领取健康证为由，决定不予录用。吴某咨询了其他医院，均称此种情况可以办理健康证，不会传染，不会影响正常工作。

为维护自己的权益，吴某一纸诉状将某机场诉至法院，诉称某机场要求检查乙肝五项并索取该体检信息的行为侵犯了他的隐私权，而以乙肝携带为由拒绝录用则侵犯了自己的平等就业权。要求法院判令某机场赔偿自己精神损害抚慰金 4 万元，赔偿自己体检费、交通费、住宿费、误工费等经济损失共 1988 元。并判令某机场向他公开赔礼道歉。人民法院受理了此案。

问题：本案中吴某的权利是否受到侵犯？请结合社会现象，评析现实生活中还有哪些侵犯公民平等权的情况。

2．实训题

开展一次"假如我是人大代表"活动。

实训要求：假设你是一位人大代表，针对当前本市存在的老百姓普遍关注的现实问题提出议案，写出议题，提出议题理由并拟定议题解决方案。

第3章

民　　法

 学习目标

1. 掌握民法的基础知识,包括:民法的概念、基本原则;民事主体的相关知识;民事法律行为制度;代理制度;民事权利;民事责任;诉讼时效。

2. 掌握合同法律制度的主要内容,包括:合同的订立;合同的效力;合同的履行;合同的变更、转让与终止;合同责任。

3. 掌握著作权法、商标法、专利法的主要内容。

4. 掌握婚姻家庭法律制度的主要内容。

 引导案例

张某 2004 年 10 月出生,爱好写作,他以自己的成长经历为素材创作了一部纪传体的小说,名为《成长》。2020 年 5 月 10 日,甲出版社与张某签订了出版合同,同意出版该小说,合同约定出版社支付张某稿酬 3 万元,分两次支付,签订合同当日支付 1 万元,其余 2 万元在小说出版一个月后支付。当日,张某领取了 1 万元稿酬后,与几个要好的同学去酒店吃饭庆祝,回家途中,发生交通事故,张某和其中一名同学因伤势过重抢救无效死亡。张某的父亲要求肇事司机李某赔偿,李某认为自己是正常行驶,并未违章,事故发生的主要原因是张某不遵守交通规则,横穿马路,因此拒绝赔偿。2020 年 6 月 1 日,《成长》一书正式出版销售,7 月 5 日,张某的父亲向出版社索要剩余的稿酬,出版社以张某已经死亡,他的父亲无权索要稿酬为理由拒绝支付,于是,张某的父亲分别向法院起诉了出版社和司机李某,要求出版社支付剩余的 2 万元稿酬,要求李某赔偿损失。

本案涉及合同、民事主体的行为能力、著作权、继承、民事侵权等多项民法知识的运用。

首先,张某和出版社签订的出版合同问题:张某属于限制民事行为能力人,他所签订的合同属于效力待定的合同,生效与否,取决于张某的法定代理人的态度,张某之父向出版社索要报酬,应视为对该合同的追认,该出版合同即为有效合同,双方都应依法履行,根据该合同,张某享有获得报酬的权利,在他死亡后,其著作权中的财产权依法由其继承人继承,因此,出版社应支付剩余的稿酬给张某之父。

其次,关于李某交通肇事导致张某死亡的赔偿问题:根据法律规定,高速运输工具造成人身损害属于一种特殊侵权,适用无过错责任原则,即不以加害人的过失为责任成立的要件,只要造成人身损害,即成立民事损害赔偿责任。《道路交通安全法》也规定机动车与行人之间的民事赔偿,适用的是无过错责任原则,辅之以行人的过错原则为例外。同时,根据相关法律规定,张某死亡后,他的近亲属可以要求侵权行为人给予赔偿,因此,张某的父亲有权要求司机李某赔偿损失,当然,由于张某本人违反交通规则,存在过失,可以减轻李某的赔偿责任。

3.1　民法概述

3.1.1　民法的概念

民法是调整平等主体的自然人之间、法人之间、自然人和法人之间的财产关系和人身关系的法律规范的总称。

民法的调整范围是平等主体之间的财产关系和人身关系。财产关系是指人们在产品的生产、分配、交换和消费过程中形成的具有经济内容的关系。我国民法只调整一定范围内的财产关系,即发生在平等主体之间的财产关系。平等主体之间的财产关系,包括财产所有关系和财产流转关系。人身关系是指没有财产内容但有人身属性的社会关系,包括人格关系和身份关系两大类。人格关系是指因民事主体的生命、健康、姓名、肖像等方面的利益而发生的社会关系。身份关系是指基于民事主体的一定身份而产生的亲属、监护等社会关系。

2020 年 5 月 28 日第十三届全国人民代表大会第三次会议通过了《中华人民共和国民法典》(以下简称《民法典》),《民法典》对民事主体、民事权利、民事法律行为、民事责任、物权、合同、婚姻家庭等制度都作出了具体规定。《民法典》自 2021 年 1 月 1 日起施行,原有的《中华人民共和国婚姻法》《中华人民共和国继承法》《中华人民共和国民法通则》《中华人民共和国收养法》《中华人民共和国担保法》《中华人民共和国合同法》《中华人民共和国物权法》《中华人民共和国侵权责任法》《中华人民共和国民法总则》同时废止。

3.1.2　民法的基本原则

民法的基本原则是指贯穿于整个民事立法,对各项民事法律制度具有指导作用的基本准则。我国民法的基本原则主要包括以下内容。

1. 民事主体地位平等原则

民事主体地位平等原则主要体现在以下方面:第一,公民的民事权利能力一律平等。任何公民,不论其民族、种族、性别、年龄、宗教信仰、职业以及文化程度是否存在差异,都平等地享有民事权利、承担民事义务。第二,不同的民事主体参与同一民事关系,适用同一法律,具有平等的地位。第三,民事主体在民事法律关系中必须平等协商,任何一方不得将其意志强加于另一方。

2. 等价有偿原则

等价有偿原则是指民事主体在从事财产转移、提供劳务等民事活动中,应遵循价值规律的基本要求,实行等价交换。

3. 自愿和公平原则

自愿是指民事主体在从事民事活动时,应当根据自己的真实意愿设立、变更和终止民事法律关系,任何一方不得强迫对方从事一定的行为。

公平是指民事主体在从事民事活动时应本着公平的观念正确行使权利和履行义务,在民事活动中兼顾他人利益和社会公共利益。

4. 诚实信用原则

诚实信用原则是指民事主体在从事民事活动时应该诚实、守信,不得隐瞒事实或进行欺诈,不得损害他人权利。

5. 合法原则

合法原则要求民事主体在从事民事活动时,必须遵守法律法规,不得违反国家法律和社会公共利益。

3.2 民事主体

民事主体是指能够参加民事法律关系,享有民事权利、承担民事义务的人。这里的"人"包括自然人和法人。

作为民事法律关系主体的自然人和法人,必须具有民事权利能力和民事行为能力。民事权利能力是指法律确认的,民事主体参加民事活动,享有民事权利、承担民事义务的资格。民事行为能力是指民事主体以自己的行为参加民事活动,享有民事权利、承担民事义务的能力。

3.2.1 自然人

自然人也称为公民,是指基于自然规律产生的人。凡具有我国国籍的自然人都是我国公民。

1. 自然人的民事权利能力

我国《民法典》第13条规定:"自然人从出生时起到死亡时止,具有民事权利能力,依法享有民事权利,承担民事义务"。自然人的民事权利能力一律平等。自然人的出生时间和死亡时间,以出生证明、死亡证明记载的时间为准;没有出生证明、死亡证明的,以户籍登记或者其他有效身份登记记载的时间为准。有其他证据足以推翻以上记载时间的,以该证据证明的时间为准。为保护胎儿的利益,《民法典》第16条又规定:"涉及遗产继承、接受赠与等胎儿利益保护的,胎儿视为具有民事权利能力。但是,胎儿娩出时为死体的,其民事权利能力自始不存在"。第1155条还规定:"遗产分割时,应当保留胎儿的继承份额。胎儿娩出时是死体的,保留的份额按照法定继承办理。"

自然人的民事权利能力因自然人的死亡而终止。民法上所称死亡,包括自然人死亡和宣告死亡。自然死亡即自然人生理机能的绝对终止、生命的终止。宣告死亡是人民法院按照一定的法律条件,通过一定的法律程序,对失踪自然人推定死亡的制度。根据《民法典》的规定,自然人下落不明满4年,因意外事件下落不明满2年,经利害关系人申请,人民法院可以依法宣告其死亡。因意外事件下落不明,经有关机关证明该自然人不可能生存的,申请宣告死亡不受 2 年时间的限制。自然人被宣告死亡后,其民事权利能力终止,其财产成为遗产,继承开始;其婚姻关系终止。如果被宣告死亡的人重新出现,经本人或者利害关系人申请,人民法院应当撤销死亡宣告。死亡宣告被撤销的,婚姻关系自撤销死亡宣告之日起自行恢复,但是其配偶再婚或者向婚姻登记机关书面声明不愿意恢复的除外。被宣告死亡的人在被宣告死亡期间,其子女被他人依法收养的,在死亡宣告被撤销后,不得以未经本人同意为由主张收养关系无效。被撤销死亡宣告的人有权请求依照继承法取得其财产的民事主体返还财产。无法返还的,应当给予适当补偿。利害关系人隐瞒真实情况,致使他人被宣告死亡取得其财产的,除应当返还财产外,还应当对由此造成的损失承担赔偿责任。

 案例讨论3-1

张某是某事业单位职员。2013 年 6 月因公出国,从此以后失去音讯,到 2018 年 6 月,下落不明已达到 5 年,该单位准备向人民法院宣告死亡,以便将其除名。张某的父母认为不能直接宣告张某死亡,而应该先申请宣告失踪,否则就不让申请。张某的妻子小李不同意张某父母的看法,不经张某父母的同意直接向人民法院申请宣告张某死亡。人民法院受理了张某妻子的申请,于 2019 年 8 月 30 日宣告张某死亡,其财产分配给小李和张某的父母,小李不久之后嫁给赵某,不幸刚结婚几天,赵某因车祸死亡。

2021 年 1 月,张某突然回家。原来他出差到国外,被人骗走财物,又得了一场大病,经不起别人的怂恿,用随身携带的公款与别人合伙做起了生意,不想头笔买卖就赔了,不敢回家,遂到边境地区流浪了几年。张某回来后得知一切,大吃一惊,要与小李复婚,小李不同意,后又要小李和他父母归还他的财产,小李和他父母也都不同意。

问题:

(1) 张某所在单位有权申请宣告张某死亡吗? 为什么?

(2) 张某的父母认为应该先申请宣告张某失踪,然后才能宣告张某死亡,有道理吗?

(3) 张某的妻子小李不经张某父母的同意,直接向法院申请宣告张某死亡,合法吗?

(4) 张某是否有权要求与小李恢复夫妻关系?

(5) 张某是否有权要求小李返还财产? 是否有权要求其父母归还财产?

2. 自然人的民事行为能力

自然人的民事行为能力与其辨别、控制事务的能力有关。我国《民法典》根据自然人的年龄、智力状态的不同,将公民的民事行为能力分成以下三种。

(1) 完全民事行为能力。其是指自然人以自己的行为取得民事权利、承担民事义务的能力。根据《民法典》的规定,18 周岁以上的自然人为完全民事行为能力人,具有完全民事行为能力。除此之外,已满 16 周岁不满 18 周岁的自然人,以自己的劳动收入为主要生活来源的,视为完全民事行为能力人。

(2) 限制民事行为能力人。其是指只具有部分民事行为能力的人。根据《民法典》规定,8 周岁以上的未成年人,或者不能完全辨认自己行为的精神病人,是限制民事行为能力人,可以进行与其年龄、智力相适应的民事活动,其他民事活动由其法定代理人代理,或者征得他的法定代理人同意后进行。

（3）无民事行为能力人。其是指不具有独立从事民事活动能力的人。根据《民法典》规定,不满8周岁的未成年人或者不能辨认自己行为的精神病人,是无民事行为能力人,由他的法定代理人代理民事活动。

 案例讨论3-2

　　张晓丽17岁,一天她到某公司以4000元购买了一台计算机,她父母认为她尚未成年,没有征得家长同意,不能进行大数额的买卖,要求该公司退款,而张晓丽提出她做临时工,可以自食其力,不愿退货。

　　问题：张晓丽的买卖行为是否有效？如果张晓丽是一名在校中学生,其父母的退款要求是否合法？

3.2.2　法人

1. 法人的概念与构成条件

　　法人是指具有民事权利能力和民事行为能力,依法独立享有民事权利,承担民事义务的组织。我国《民法典》将法人分为营利法人、非营利法人和特别法人。以取得利润并分配给股东等出资人为目的成立的法人,为营利法人。营利法人包括有限责任公司、股份有限公司和其他企业法人等。为公益目的或者其他非营利目的成立,不向出资人、设立人或者会员分配所取得利润的法人,为非营利法人。非营利法人包括事业单位、社会团体、基金会、社会服务机构等。机关法人、农村集体经济组织法人、城镇农村的合作经济组织法人、基层群众性自治组织法人,为特别法人。

　　成立法人应当符合以下条件：第一,依法成立;第二,有必要的财产或经费;第三,有自己的名称、组织机构和场所;第四,能够独立承担民事责任。

2. 法人的民事权利能力和民事行为能力

　　法人依法成立后即具有民事权利能力和民事行为能力。法人的民事权利能力和民事行为能力同时产生,同时终止,都始于法人成立,终于法人消灭,并且二者在范围上也是一致的,都取决于其经营范围。法人的民事行为能力由其机关或工作人员实现。

3.3　民事法律行为

3.3.1　民事法律行为的概念和特征

　　民事法律行为是指公民或者法人设立、变更、终止民事权利和民事义务的合法行为。民事法律行为具有以下特征。

　　（1）民事法律行为以行为人的意思表示为要素。即行为人在主观上具有设立、变更或终止民事法律关系的意图,通过一定的方式将其表现为外部,使他人知晓。

　　（2）民事法律行为是以发生一定的法律后果为目的的民事行为。行为人从事一定的民事行为,造成了一定的法律后果。

(3)民事法律行为是一种合法的行为。民事法律行为的内容和形式必须符合法律的规定,才能受到法律的保护。

3.3.2 民事法律行为的形式

民事法律行为可以采用口头形式、书面形式或者其他形式,法律规定采用特定形式的,应当遵照法律的规定。

口头形式即用谈话的方式进行的意思表示,如当面交谈、电话联系等方式。

书面形式即用书面文件的方式进行的意思表示。书面形式包括一般书面形式和特殊书面形式。一般书面形式如书面合同、信件、电报、数据电文等;特殊书面形式指除了用文字进行意思表示外,还必须对书面文件进行公证、鉴证、批准等。

推定形式是指当事人不直接用口头、书面形式进行意思表示,而是通过实施积极的行为来进行的意思表示。如租赁房屋合同期满,双方未提出退房,承租人继续交租,出租人继续接受房租,从这种行为可以推定出双方同意延长房屋租赁期限。

默示形式即当事人以消极的、不作为的方式进行的意思表示。一般情况下,默示不能作为民事法律行为的形式,只有在法律作出明确规定的情况下,默示行为才具有法律意义。

3.3.3 民事法律行为的有效条件

民事法律行为只有符合法律规定的条件,才能产生法律效力,受到法律的保护。民事法律行为的有效条件主要包括以下方面。

1. 行为人具有相应的民事行为能力

自然人中,完全民事行为能力人可以从事各种民事法律行为;限制民事行为能力人实施的纯获利益的民事法律行为或者与其年龄、智力、精神健康状况相适应的民事法律行为有效;无民事行为能力人不能独立从事民事法律行为。法人及其他社会组织应该在法律规定的范围即经营范围内从事民事法律行为。

2. 意思表示真实

意思表示真实是指行为人的外部行为表示与其内心的意思表示是一致的。如果行为人是在受到欺诈或被胁迫的情况下从事民事行为,就不符合民事法律行为的生效要件,有可能是可撤销的民事行为。

3. 不违反法律、行政法规的强制性规定,不违背公序良俗

民事法律行为必须具有合法性,违反法律、行政法规的强制性规定或违反公序良俗的民事行为不具有法律效力。

3.3.4 无效民事行为与可撤销的民事行为

1. 无效民事行为

无效民事行为是指缺乏民事法律行为的有效条件而不发生法律效力的民事行为。无效的民事行为从行为开始就不具有法律效力,也无法通过补正而生效。

根据《民法典》的规定,下列民事行为无效:①无民事行为能力人实施的民事法律行为;②限制民事行为能力人依法不能独立实施的民事法律行为;③行为人与相对人以虚假的意思表示实施的民事法律行为;④恶意串通,损害国家、集体或者第三人利益的民事行为;⑤违反法律、行政法规的强制性规定、违背公序良俗的民事法律行为。

 案例讨论3-3

某年,股市行情正处在牛市阶段,大批资金涌向股市。这时,甲公司便向某银行借款,请乙公司作为保证人。甲公司借款的真实用途是去炒作股票,以期在股市中盈利。甲公司深知借款会审查借款用途,并了解"禁止银行借款非法转入股市、基金等市场",因此,甲公司在借款合同中借款用途一栏写明"该笔借款用于购买原材料"。银行了解到了甲公司的真实用途,但银行仍同意按借款合同写明的内容向甲公司发放贷款200万元。后甲公司严重亏损,无法偿还借款,银行遂起诉乙公司承担保证责任。乙公司的律师调查取证时发现了上述事实,在庭审中提出甲公司与银行恶意串通,骗取乙公司的担保,该保证合同应属于无效,乙公司不应承担保证责任。

问题:本案应如何处理。

2. 可撤销的民事行为

可撤销的民事行为是指欠缺民事法律行为的有效条件,但根据法律的规定,一方当事人可以请求人民法院或仲裁机构予以变更或撤销的民事行为。可撤销的民事行为属于相对无效的民事行为,如果当事人不行使撤销权,该民事行为具有法律效力。

根据《民法典》的规定,下列行为属于可撤销的民事行为:①基于重大误解实施的民事法律行为;②一方以欺诈手段,使对方在违背真实意思的情况下实施的民事法律行为;③一方或者第三人以胁迫手段,使对方在违背真实意思的情况下实施的民事法律行为;④一方利用对方处于危困状态、缺乏判断能力等情形,致使民事法律行为成立时显失公平的。

可撤销民事行为中,重大误解一方、受欺诈方、受胁迫方、显失公平行为中的受损害方有权请求人民法院或者仲裁机构予以撤销。撤销权的行使期限为1年,自当事人知道或者应当知道撤销事由之日起计算;重大误解的当事人应自知道或者应当知道撤销事由之日起90日内行使撤销权。

根据《民法典》的规定,有下列情形之一的,撤销权消灭:①当事人自知道或者应当知道撤销事由之日起1年内、重大误解的当事人自知道或者应当知道撤销事由之日起90日内没有行使撤销权;②当事人受胁迫,自胁迫行为终止之日起1年内没有行使撤销权;③当事人知道撤销事由后明确表示或者以自己的行为表明放弃撤销权。

当事人自民事法律行为发生之日起5年内没有行使撤销权的,撤销权消灭。

3. 民事行为被确认无效或被撤销的法律后果

无效的或者被撤销的民事法律行为自始没有法律约束力。民事法律行为部分无效,不影响其他部分效力的,其他部分仍然有效。民事法律行为无效、被撤销或者确定不发生效力后,行为人因该行为取得的财产,应当予以返还;不能返还或者没有必要返还的,应当折价补偿。有过错的一方应当赔偿对方由此所受到的损失;各方都有过错的,应当各自承担相应的责任。法律另有规定的,依照其规定。

 案例讨论3-4

张某的父亲生前是一个集邮爱好者,去世时还留有几本邮票。张某对邮票从不感兴趣,他觉得这些邮票不好处理。一日,张某的朋友孙某来吃饭,无意间发现了这几本邮票,孙某也是一个集邮爱好者,他随即表示愿意全部购买,最后以5000元的价格将邮票全部拿走,张某对这一价格也比较满意。事过不久,张某从父亲生前的一个朋友处得知,他父亲所留的邮票中,有5张相当珍贵,可能每张都值5000元;同时另一同事告诉他,孙某正在寻找买主。张某立即找到孙某,要求退还孙某的5000元钱,取回邮票,但孙某坚决不同意。双方协商不成,张某诉至法院,要求撤销合同,返还邮票。

问题:本案中双方当事人的行为性质如何,法院应如何判决,为什么?

3.4　代　　理

3.4.1　代理的概念与特征

代理是指代理人在代理权限内,以被代理人的名义与第三人从事法律行为,其法律后果直接由被代理人承担的法律制度。在代理法律关系中,以他人名义实施民事法律行为的人,称为代理人;由他人以自己的名义代为实施民事法律行为,并承担法律后果的人,称为被代理人(或称为本人);与代理人进行民事法律行为的人,称为第三人。

根据代理的概念,代理具有以下法律特征:代理人必须在代理权限内实施民事法律行为;代理人必须以被代理人的名义实施民事法律行为;代理行为所产生的法律后果直接由被代理人承担。

需要注意的是,不是所有的民事法律行为都可以代理。依照法律规定或者按照双方当事人约定,应当由本人实施的民事法律行为,不得代理,如结婚登记、订立遗嘱等。

3.4.2　代理权的产生与终止

1. 代理权的产生

根据我国《民法典》的规定,代理可以分为委托代理和法定代理。因此,代理权的产生根据主要有被代理人的委托授权和法律直接规定两种。

委托代理是基于被代理人的委托而产生的代理。委托代理是代理中适用最为广泛的一种形式。法定代理是基于法律的直接规定而产生的代理。法定代理通常适用于被代理人是无行为能力人、限制行为能力人的情况。

2. 代理权的终止

代理权的终止也称为代理权的消灭,是指代理人和被代理人之间的代理关系消灭。由于代理产生原因的不同,其终止的原因也有所不同。

（1）委托代理终止的原因。根据《民法典》的规定,有下列情形之一的,委托代理终止:代理期间届满或者代理事务完成;被代理人取消委托或者代理人辞去委托;代理人或者被代理人死亡;代理人丧失民事行为能力;作为被代理人或代理人的法人、非法人组织终止。

（2）法定代理的终止。有下列情形之一的,法定代理终止:被代理人取得或者恢复民事行为能力;被代理人或者代理人死亡;代理人丧失民事行为能力;法律规定的其他情形。

3.4.3　代理权的行使

1. 代理权行使的一般要求

代理制度设立的目的是为了维护被代理人的利益,代理人行使代理权必须符合被代理人的利益,不得损害被代理人的利益。一般来说,代理人行使代理权应符合以下要求:①代理人只能在代理权限范围内行使代理权;②代理人只能为维护被代理人的利益而行使代理权;③代理人应当以善良管理人的标准行使代理权;④代理人一般应当亲自行使代理权,不得擅自转委托。

2. 代理权滥用的禁止

代理权的滥用是指代理人行使代理权时,违背代理权的设定宗旨和代理权行使的基本要求,做出损害被代理人利益的行为。滥用代理权的情况包括:①自己代理。即代理他人与自己进行民事活动。②双方代理。即代理双方当事人为同一民事行为。③代理人与第三人恶意串通,损害被代理人利益。

法律禁止滥用代理权的行为。滥用代理权的行为,视为无效代理,代理人滥用代理权给被代理人及其他人带来损害的,应依法承担相应的赔偿责任。代理人和相对人恶意串通,损害被代理人合法权益的,代理人和相对人应当承担连带责任。

 案例讨论3-5

刘某因妻子有病急需用钱,委托李某代其出售在原籍的三间房屋。李某接受委托,将房屋卖给王某。王某与李某谈的房价低于市场房价,李某明知价廉,但也有意让王某占便宜,王某向李某表示,事成后愿赠李5000元。李某写信将出售房屋之事告诉刘某。刘某由于不知当地房价,又过于相信李某,即复信同意,并委托李某代理签订房屋买卖合同。合同签订后,李某将房款汇给刘某。王某买房后,即申请拆除翻建。房屋拆除后,刘某得知王某与李某相互串通,压低房价,便向法院起诉,表示房屋已经拆除就算卖了,但要王某与李某赔偿其损失。王某称筹建房屋,目前没钱,李某比较富裕,刘某即要求李某负责赔偿他的全部损失。

问题:李某代理出售房屋的行为是否有效? 刘某的损失应由谁赔偿? 能否要求李某全部赔偿? 为什么?

3.4.4　无权代理

无权代理是指没有代理权却以他人名义实施民事法律行为。无权代理的表现形式主要有:未经授权的代理、超越代理权的代理和代理权终止后的代理。根据我国《民法典》对无权代理处理方式的不同,无权代理又可以分为效力待定的无权代理和表见代理两种。

1. 效力待定的无权代理

效力待定的无权代理是指在无权代理行为实施以后,其法律效力处于不确定状态的一种无权代理。

效力待定的无权代理是否具有法律效力,取决于被代理人的态度。对于没有代理权、超越代理权或者代理权终止后的行为,如果被代理人进行了追认,无权代理转变为有权代理,其法律后果由被代理人承担;如果被代理人拒绝追认,无权代理就成为绝对无效的代理行为,被代理人对代理人所做的行为不需要承担法律责任。相对人可以催告被代理人自收到通知之日起 30 日内予以追认。被代理人未作表示的,视为拒绝追认。行为人实施的行为被追认前,善意相对人有撤销的权利。撤销应当以通知的方式作出。行为人实施的行为未被追认的,善意相对人有权请求行为人履行债务或者就其受到的损害请求行为人赔偿。但是,赔偿的范围不得超过被代理人追认时相对人所能获得的利益。相对人知道或者应当知道行为人无权代理的,相对人和行为人按照各自的过错承担责任。

2. 表见代理

表见代理,是指行为人虽无代理权,但由于被代理人的原因,使得善意第三人有理由相信行为人有代理权,而与其从事民事法律行为,该民事法律行为的后果直接由被代理人承担。表见代理属于广义的无权代理。

构成表见代理须满足以下条件:①客观上存在使第三人相信无权代理人有代理权的事由。例如,代理关系终止后被代理人没有收回授权委托书、无权代理人持有被代理人的证明文件等。②第三人主观上为善意无过失。即第三人并不知道行为人不具有代理权,而且这种疏忽并不是由于第三人的疏忽所致。③无权代理人与第三人之间的民事法律行为具备代理的表面特征和民事法律行为的一般有效要件。

表见代理与有权代理的法律后果是一致的,代理行为的法律后果直接归属于被代理人,被代理人对第三人负责。如果被代理人因该行为遭受损失,可根据代理人的过错程度要求其承担赔偿责任。

 案例讨论3-6

甲长期担任 A 公司的业务主管,在 A 公司有很大的代理权限。在甲的努力下,A 公司生意兴隆,新老客户遍及世界各地。由于甲公司的董事长嫉妒甲的才能,无理由解雇了甲。甲怀恨在心,于是在遭解雇一个月后,继续假冒 A 公司的名义从老客户 B 公司处骗得货物,逃之夭夭。B 公司要求 A 公司付款,A 公司则以甲假冒公司名义为由拒绝付款。B 公司坚持认为在其与甲做生意期间,他并不知甲已被 A 公司解雇,并且未收到关于 A 公司已解雇甲的任何通知,故 B 公司是不知情的善意第三人,A 公司仍应对甲的无权代理行为负责。双方相持不下,对簿公堂。

问题:A 公司是否要为甲的无权代理行为负责? 甲是否也要承担责任?

3.5　民 事 权 利

民事权利是民事主体依据民事法律取得的可以实施一定行为或获取一定利益的法律资格。从权利的具体内容来分，民事权利主要包括财产权和人身权。财产权是指以财产为客体、以财产利益为内容的民事权利，如物权、债权等；人身权是指以特定的人身利益为客体，并不体现财产内容的民事权利，包括人格权和身份权。有些民事权利既有财产权性质，又有人身权性质，如知识产权、继承权等。

3.5.1　物权

1. 物权的概念与特征

物权是指权利人依法对特定的物享有直接支配和排他的权利。物权具有以下法律特征：①物权是绝对权；②物权的标的是特定物；③物权具有独占性和排他性；④物权具有法定性；⑤物权具有追及权和优先性。

2. 物权的种类

我国《民法典》规定，物权包括所有权、用益物权和担保物权三种。

（1）所有权。所有权是所有人依法对自己所有的财产享有的占有、使用、收益和处分的权利。所有权是一种最为完整、最为充分的物权。所有权包括国家所有权、集体所有权、私人所有权和业主的建筑物区分所有权。

（2）用益物权。用益物权是指对他人之物，以物的使用收益为目的而设立的物权。用益物权包括土地承包经营权、建设用地使用权、宅基地使用权、居住权和地役权。

（3）担保物权。担保物权是为了保证债的履行而设立的物权。担保物权主要包括抵押权、质权和留置权。

3. 物权的法律保护

物权的法律保护是指国家运用各种法定方法保护物权人对其财产进行管领和支配的权利。在民事法律中，对物权的保护是通过赋予物权人请求确认物权、请求排除妨碍、请求返还原物、请求赔偿损失等请求权的方法来实现的。

3.5.2　债权

1. 债权的概念与特征

债是按照合同的约定或依照法律的规定，在当事人之间产生的特定的权利义务关系。在债的法律关系中，享有权利的一方是债权人，承担义务的一方是债务人。

债权具有以下法律特征：①债权是相对权；②债权是请求权；③债权的设立具有任意性。

2. 债权的发生根据

债权的发生根据是指能够引起债发生的法律事实。一般来说，债的发生原因包括合同、侵权行为、无因管理、不当得利以及其他原因。其中，合同、侵权行为是债发生的主要根据。

（1）因合同所生之债。合同是当事人之间设立、变更、终止民事权利义务关系的协议。合同是债发生的最主要根据。

（2）侵权行为。侵权行为是指行为人侵犯他人财产权或人身权的行为。侵权行为的受害人可以要求侵权行为人赔偿损失，由此产生的债称为侵权之债。

（3）不当得利。不当得利是指行为人取得利益没有法律根据，并给他人造成损失，受害人有权请求不当得利人返还不应得的利益，不当得利人负有返还的义务，当事人之间产生的这种权利义务关系即为不当得利之债。

案例讨论3-7

刘某在中国工商银行某支行申请办理牡丹灵通卡，按规定提供了个人身份证、住址、联系电话，当即存入 1 元开立了个人结算户，刘某在凭证上签名确认。几天后，刘某就持 10 000 元现金存入账户，银行业务员收取 10 000 元后将该款记入其账户，操作中业务员疏忽将 10 000 元当即返还给了刘某，刘某在收款后随即离开。当日，业务员便发现操作失误，即联系刘某无果。银行无奈将刘某告上法庭，并调取了当天的现场录像为证。

问题：法院应如何判决？

（4）无因管理。无因管理是指没有法定或约定的义务，为避免他人利益受到损害而管理他人事务的行为。无因管理人有权要求受益人偿还因管理事务所支出的必要费用，受益人有偿还费用的义务，无因管理人和受益人之间的这种权利义务关系称为无因管理之债。

案例讨论3-8

张某在一风景区旅游，爬到山顶后，见一女子孤身站在山顶悬崖边上，目光异样，即心生疑惑。该女子见有人来，便向崖下跳去，张某情急中拉住女子衣服，将女子救上来。张某救人过程中，随身携带的价值 2000 元的照相机被碰坏，手臂被擦伤；女子的头也被碰伤，衣服被撕破。张某将女子送到山下医院，为其支付各种费用 500 元，并因包扎自己的伤口用去 20 元。次日，轻生女子家人赶到医院，向张某表示感谢。

问题：
（1）张某与该女子之间存在何种民事法律关系？
（2）张某的照相机被损坏以及治疗自己伤口的费用是否应由该女子偿付？
（3）张某能否请求该女子给付一定的报酬？
（4）张某应否赔偿该女子的衣服损失？

3. 债权的终止

债权的终止即债权债务关系的消灭。债权终止的原因包括以下几种：①因履行而消灭；②因抵销而消灭；③因提存而消灭；④因混同而消灭；⑤因免除而消灭。

3.5.3　人身权

1. 人身权的概念与特征

人身权是指民事主体依法享有的与其人身不可分离而无直接财产内容的民事权利。

人身权具有以下法律特征：①与权利主体的人身紧密联系，不可分离；②没有直接的财产内容，但与权利主体的财产权有密切的联系；③是绝对权和支配权。

2. 人身权的种类

人身权包括人格权和身份权两方面。人格权是以权利人自身的人身、人格利益为客体的民事权利，包括生命健康权、姓名权、自由权、肖像权、名誉权、名称权、隐私权等。身份权是指存在于一定身份关系上的权利，包括荣誉权、监护权、配偶权、亲属权等权利。

3.5.4 知识产权

知识产权是民事主体对自己的智力成果所享有的专有性的权利。知识产权兼有人身权和财产权的双重属性。主要包括著作权、商标权和专利权。

3.6 民事责任与诉讼时效

3.6.1 民事责任

1. 民事责任的概念与特征

民事责任是民事主体因违反民事义务或者侵犯他人的民事权利所应承担的法律责任。规定民事责任的目的，就是对已经造成的权利损害和财产损失给予恢复和补救。

民事责任具有以下特征：①民事责任是民事主体不履行民事义务时所必须承担的法律后果；②民事责任主要是一种财产责任；③民事责任具有补偿性；④民事责任一般可以由当事人协商解决。

2. 民事责任的归责原则、构成要件和免责事由

（1）民事责任的归责原则。民事责任的归责原则是指确定行为人民事责任的根据和标准。民事责任的归责原则有三种：过错责任原则、无过错责任原则和公平责任原则。

① 过错责任原则。过错责任原则是以行为人的过错作为标准，判断其对造成的损害应否承担民事责任的归责原则。过错责任原则是确定民事责任最基本，适用最广泛的归责原则。过错责任原则要求受害人承担举证责任，即"谁主张，谁举证"，受害人只有能够证明加害人有过错才能获得赔偿。但在某些情况下，受害人由于客观条件的限制或自身的不足，难以举证证明加害人主观上有过错，如果适用一般过错责任原则，受害人则处于十分不利的地位，其合法权益难以得到法律的保护，因此在过错责任的基础上又产生了过错推定原则，即只要受害人能够证明其所受的损害与加害人存在因果关系，而加害人又不能证明自己没有过错，法律上就推定加害人承担民事责任。过错推定原则的适用主要体现在我国《民法典》第 1253 条，即建筑物及其搁置物、悬挂物致人损害的赔偿责任。

 案例讨论3-9

原告虞某是某市第三中学学生。某日，虞某在放学回家途中，被狂风吹落的某广告公司的巨型广告牌砸伤头部及胸部,送往医院治疗后,共支付医疗费 2 万余元。经法医鉴定,虞某胸 12 椎体爆裂性骨折,构成八级伤残。虞某要求某广告公司赔偿未果而诉至法院,称被告某广告公司对其所有的广告牌疏于管理和日常维护,对该广告牌倒塌给原告造成的损失应承担赔偿责任。请求法院判令被告赔偿医疗费、护理费、伤残补助金等共计 10 万元。被告广告公司抗辩称,广告牌是大风吹落的,应属于不可抗力,被告不应赔偿。

问题:本案应如何处理?

② 无过错责任原则。无过错责任原则也称为严格责任原则,指无论行为人有无过错,法律规定都应当承担民事责任,行为人应当对其行为所造成的损害承担民事责任。无过错责任原则实行举证责任倒置,由被告就免责事由进行举证,原告只要举出损害事实及损害事实和被告的行为之间有因果关系即可,再由被告就存在的法定免责事由进行举证,如果被告不能证明存在免责事由,则被告应承担民事责任。无过错责任原则的适用范围比较有限,适用于法律有特别规定的情况,一般适用于特殊侵权民事责任和违约责任中。具体而言,国家机关或者国家机关工作人员在执行职务中的侵权、产品责任、高度危险作业致人损害、污染环境致人损害、地面施工致人损害、饲养动物致人损害等适用无过错责任原则。另外,法人对其法定代表人和其他工作人员的经营活动包括执行职务给他人造成的损害,应依无过错责任原则承担责任,不得以其选任或监督无过错而主张免责。我国《民法典》规定:当事人一方不履行合同义务或者履行义务不符合约定的,应当承担继续履行、采取补救措施或者赔偿损失等违约责任。也就是说,违约责任也属于无过错责任。

③ 公平责任原则。公平责任是指在当事人双方对造成损害均无过错的情况下,由人民法院根据公平的观念,在考虑当事人的财产状况及其他情况的基础上,责令加害人对受害人的财产损失给予适当补偿。公平责任能弥补过错责任原则和无过错责任的不足,在一定程度上承担起保险和社会保障制度的任务。

(2)民事责任的构成要件。民事责任的构成要件是指民事主体承担民事责任所必须具备的条件。由于民事责任又分为违反合同的民事责任和侵权的民事责任,因此二者的构成要件也有所不同。

① 违反合同的民事责任的构成要件。违反合同的民事责任,又称违约责任,是指合同当事人违反合同规定的义务所应该承担的民事责任。根据我国《民法典》的规定,只要合同当事人有违约行为,即不履行合同义务或者履行合同义务不符合约定条件的行为,就应当承担责任。

② 侵权民事责任的构成要件。侵权民事责任,是指行为人实施一定的侵权行为所应当承担的民事责任。侵权责任可以分为一般侵权责任和特殊侵权责任。

一般侵权行为的构成要件包括:有加害行为、有损害事实的存在、加害行为与损害事实之间有因果关系、行为人主观上有过错。

特殊侵权责任构成要件包括:侵权行为、损害事实和因果关系。

(3)民事责任的免责事由。民事责任的免责事由是指由于存在法律规定的事由,行为人对其不履行合同或法律规定的义务,造成他人损害不承担民事责任的情况。免予承担民事责任的事由一般包括:①不可抗力。不可抗力是不能预见、不能避免且不能克服的客观情况,包括自然灾害和社会事件,如地震、海啸、战争等;因不可抗力不能履行民事义务的,不承担民事责任。法律另有规定的,依照其规定。②正当防卫。为了使国家、公共利益、本人或他人的人身、财产和其他权利免受正在进行的不法侵害,而采取的制止不法侵害的行为属于正当防卫。因正当防卫造成损害的,不承担民事责任。正当防卫超过必要的限度,造成不应有的损害的,正当防卫人应当承担适当的民事责任。③紧急避险。紧急避险是指为了使国家、公共利益、本人或他人的人身、财产和其他权利免受正在发生的危险,不得已采取的紧急避险行为。因紧急避险造成损害的,由引起险情发生的人承担民事责任。危险由自然原因引起的,紧急避险人不承担民事责任,可以给予适当补偿。紧急避险采取措施不当或者超过必要的限度,造成不应有的损害的,紧急避险人应当承担适当的民事责任。④紧急急救行为。因自愿实施紧急救助行为造成受助人损害的,救助人不承担民事责任。

 案例讨论3-10

甲携带一台笔记本电脑乘坐长途公共汽车,为了安全,在车上他把笔记本电脑放在腿上抱着。汽车在行驶过程中,一个小孩乙突然横穿马路,驾驶员丙紧急刹车,结果行李架上的物品有不少落下来,其中乘客丁的皮包正巧砸在甲的笔记本电脑上,将价值一万多元的笔记本电脑砸坏了。

问题:甲的损失应当由谁负责赔偿? 为什么?

3. 民事责任的承担方式

民事责任的承担方式是指行为人承担民事责任的具体形式。根据《民法典》的规定,承担民事责任的方式主要有:①停止侵害;②排除妨碍;③消除危险;④返还财产;⑤恢复原状;⑥修理、重作、更换;⑦赔偿损失;⑧支付违约金;⑨消除影响、恢复名誉;⑩赔礼道歉。民事责任的方式可以单独适用,也可合并适用。

3.6.2 诉讼时效

1. 诉讼时效的概念与特征

诉讼时效是指权利人在法定的时效期间内不行使权利,当时效期间届满时,即丧失了请求人民法院依照诉讼程序强制义务人履行义务之权利的制度。

诉讼时效具有以下特征:①诉讼时效属于民事法律事实中的事件,不以当事人的意志为转移;②诉讼时效产生的法律后果是消灭了权利人的胜诉权,当事人的实体权利并没有丧失;③诉讼时效具有严格的法律强制性,当事人不得约定排除适用或变更其内容。

2. 诉讼时效的种类

(1) 普通诉讼时效。普通诉讼时效,又称为一般诉讼时效,是指民法上统一规定的适用于法律没有另外特别规定的各种民事法律关系的诉讼时效。根据我国《民法典》的规定,普通诉讼时效的期间为3年。

(2) 特殊诉讼时效。特殊诉讼时效是指由民事基本法或者特别法特别规定的仅适用于法律特殊规定的民事法律关系的诉讼时效。特殊诉讼时效包括:

① 长期诉讼时效。诉讼时效期间在3年以上的即长期诉讼时效。例如,《民法典》第

594 条规定,因国际货物买卖合同和技术进出口合同争议提起诉讼或者申请仲裁的时效期间为 4 年。

②最长诉讼时效。最长诉讼时效即对于各类民事权利予以保护的最长时效期间。根据我国法律的规定,最长诉讼时效的期间是 20 年,从权利被侵害之时起计算,并且不适用时效中止、中断的有关法律规定,但可以适用时效延长的有关规定。

诉讼时效期间届满的,义务人可以提出不履行义务的抗辩。诉讼时效期间届满后,义务人同意履行的,不得以诉讼时效期间届满为由抗辩;义务人已经自愿履行的,不得请求返还。

人民法院不得主动适用诉讼时效的规定。

3. 诉讼时效的起算

诉讼时效期间的起算,指确定诉讼时效期间开始的时间点。诉讼时效期间自权利人知道或者应当知道权利受到损害以及义务人之日起计算。当事人约定同一债务分期履行的,诉讼时效期间自最后一期履行期限届满之日起计算。无民事行为能力人或者限制民事行为能力人对其法定代理人的请求权的诉讼时效期间,自该法定代理终止之日起计算。未成年人遭受性侵害的损害赔偿请求权的诉讼时效期间,自受害人年满 18 周岁之日起计算。

4. 诉讼时效的中止、中断和延长

(1)诉讼时效的中止。诉讼时效的中止是指在诉讼时效进行期间,因发生法定事由阻碍权利人行使请求权,诉讼依法暂时停止进行,并在法定事由消失之日起继续进行的情况,又称为时效的暂停。我国《民法典》第 194 规定:"在诉讼时效期间的最后 6 个月内,因不可抗力或者其他障碍不能行使请求权的,诉讼时效中止,诉讼时效从中止时效的原因消除之日起继续计算。"

(2)诉讼时效的中断。诉讼时效的中断,是指在诉讼时效进行期间,因发生一定的法定事由,使已经经过的时效期间统归无效,待时效中断的事由消除后,诉讼时效期间重新起算。根据《民法典》第 195 条的规定,引起诉讼时效中断的法定事由包括:权利人向义务人提出履行请求;义务人同意履行义务;权利人提起诉讼或者申请仲裁;与提起诉讼或者申请仲裁具有同等效力的其他情形。

(3)诉讼时效的延长。诉讼时效的延长是指在诉讼时效期间届满以后,权利人基于某种正当理由,向人民法院提起诉讼时,经人民法院调查确有正当理由而把法定时效予以延长。诉讼时效的延长是对诉讼时效中止、中断的一种补充。

5. 不适用诉讼时效的情况

《民法典》第 196 条规定,下列请求权不适用诉讼时效的规定:请求停止侵害、排除妨碍、消除危险;不动产物权和登记的动产物权的权利人请求返还财产;请求支付抚养费、赡养费或者扶养费;依法不适用诉讼时效的其他请求权。

 案例讨论3-11

2016 年 3 月,刘某向朋友张某借款 10 万元用于经营,约定使用一年并按银行利率支付利息。到期后,刘某未及时偿还借款,张某出于朋友情面考虑也未曾向刘某索要欠款。2020 年 7 月,张某的母亲因病住院,刘某得知后主动向张某偿还了 5 万元借款。后张某于 2021 年

1月向刘某索要余款,刘某一直未还。张某遂起诉至法院,要求刘某偿还剩余借款5万元。刘某以张某从未主动索要借款,该笔借款已超过诉讼时效为由抗辩。张某则称,刘某在2020年的主动还款行为,视为对该笔借款的重新确认,故诉讼时效应重新计算。

问题：本案应当如何处理？

3.7　合　　同

3.7.1　合同概述

1. 合同的概念与特征

合同是平等主体的自然人、法人、其他组织之间设立、变更终止民事权利义务关系的协议。

合同具有以下特征：①合同是两个或两个以上当事人的法律行为；②合同是以设立、变更和终止民事权利义务关系为内容的协议；③合同当事人具有平等的法律地位。

2. 合同的分类

(1) 要式合同与不要式合同。根据合同的成立是否需要特定的形式,可将合同分为要式合同与不要式合同。要式合同,是指法律要求必须具备一定的形式和手续的合同。不要式合同,是指法律不要求必须具备一定形式和手续的合同。

(2) 诺成合同与实践合同。这是根据合同的成立是否需要交付标的物为要件来划分的。诺成合同是指只要当事人意思表示一致即可成立的合同；实践合同是指合同的成立除了双方当事人意思表示一致外,还需交付标的物才能成立的合同。买卖合同、租赁合同、承揽合同等大多数合同都属于诺成合同,实践合同仅限于法律规定的少数合同,如借用、保管、定金、自然人之间的借款合同。

(3) 主合同和从合同。这是根据合同是否具有从属性划分的。凡不依其他合同的存在为前提而能独立成立的合同,称为主合同。凡必须以其他合同的存在为前提始能成立的合同,称为从合同。例如债权合同为主合同,保证该合同债务之履行的保证合同为从合同。

(4) 单务合同与双务合同。按照双方当事人是否互负义务,将合同分为单务合同与双务合同。单务合同是指合同关系中一方只承担义务,另一方只享受权利的合同。双务合同是指合同双方当事人互享债权,互负债务的合同。大部分合同都是双务合同,只有少数几类合同属于单务合同,例如赠与合同、借用合同。

(5) 有偿合同与无偿合同。根据当事人取得权利是否以偿付为代价,把合同分为有偿合同和无偿合同。有偿合同是指当事人取得权利必须偿付一定代价的合同。无偿合同是指当事人一方只享有合同权利而不偿付任何代价的合同。大部分合同都是有偿的,如买卖、租赁、借贷等合同,无偿合同比较少,主要有赠与合同、借用合同。

(6) 有名合同与无名合同。这是根据法律是否对合同的名称作出明确规定来划分的。法律上赋予一定名称,并以专门规范加以调整的合同,称为有名合同；法律未作规定的合同为无名合同。我国《民法典》中规定了买卖合同、租赁合同、运输合同等19种有名合同,《民法典》没有明文规定的合同,都是无名合同。有名合同直接适用《民法典》的规定；无名合同可以参照适用《民法典》的规定。

3.7.2 合同的订立

1. 合同订立的程序

合同的订立是指合同当事人就合同的主要条款经过协商达成一致的法律行为。合同的订立程序主要包括要约和承诺。

（1）要约。要约是一方当事人向另一方当事人发出的希望与之订立合同的意思表示。发出要约的一方称为要约人，接受要约的对方称为受要约人。

① 要约的有效条件。要约必须符合以下条件：要约的内容必须具体确定；要约应表明经受要约人承诺，要约人即受该意思表示的约束。

② 要约的法律效力。我国《民法典》规定，以对话方式作出的要约，受要约人知道其内容时生效。以非对话方式作出的要约，到达受要约人时生效。以非对话方式作出的采用数据电文形式的要约，受要约人指定特定系统接收数据电文的，该数据电文进入该特定系统时生效；未指定特定系统的，受要约人知道或者应当知道该数据电文进入其系统时生效。当事人对采用数据电文形式的意思表示的生效时间另有约定的，按照其约定。

要约的法律效力包括对要约人的约束力和对受要约人的约束力两个方面。对要约人而言，在要约有效期内，要约人不得随意变更或撤销要约。对受要约人而言，受要约人接到要约后即取得承诺的资格，有权决定是否作出承诺，当然，受要约人可以拒绝承诺，并且不需要通知要约人。

③ 要约的撤回与撤销。要约的撤回是指在要约生效前，要约人使其失去法律效力的意思表示。我国《民法典》规定要约可以撤回，但撤回要约的通知必须在要约到达受要约人之前或与要约同时到达受要约人。

要约的撤销是指在要约生效后，要约人使其法律效力归于消灭的意思表示。要约可以撤销，撤销要约的意思表示以对话方式作出的，该意思表示的内容应当在受要约人作出承诺之前为受要约人所知道；撤销要约的意思表示以非对话方式作出的，应当在受要约人作出承诺之前到达受要约人。在以下两种情况下要约不得撤销，一是要约人确定了承诺期限或以其他方式明示要约是不可撤销的；二是受要约人有理由认为该要约是不可撤销的，并且已经为履行合同做了准备工作的。

④ 要约的失效。要约的失效是指要约丧失了法律上的约束力。导致要约失效的原因主要包括以下方面：要约被拒绝；要约人依法撤销要约；承诺期限届满，受要约人未作出承诺；受要约人对要约的内容作出实质性变更。

⑤ 要约邀请。要约邀请也称为要约引诱，是指希望对方向自己发出要约的意思表示，也就是一方当事人邀请对方向自己发出要约。要约邀请不是订立合同的必经程序，发出要约邀请的目的是促使对方向自己发出要约。根据我国《民法典》的规定，拍卖公告、招标公告、招股说明书、债券募集办法、基金招募说明书、商业广告和宣传、寄送的价目表等为要约邀请，其中，商业广告的内容符合要约规定的，视为要约。

案例讨论3-12

个体户刘某在县城丢失一提包，内装现金5万元，还有驾驶证及票据等。丢失后刘某即在县电视台连续播发寻物启事，承诺称，谁拾到该提包归还失主，失主则付给拾到者现金1万元。三天后，拾者田某看到启事后前往指定的地点，准备将提包、钱物交付给刘某。但在交付时，田某提出先付1万元的酬金，然后才交付拾得物。刘某却说：当时播放寻物启事是为了尽快找到丢失物，其实包中没有那么多值钱的东西，答应只给2000元，双方未达成一致意见，田某拒付拾得物。无奈，田某将刘某起诉到法院。

问题： 本案应如何处理，通过本案，分析要约和要约邀请的区别。

（2）承诺。承诺是受要约人同意要约的意思表示。

① 承诺的有效条件。承诺应符合以下条件：第一，承诺必须由受要约人或其代理人发出；第二，承诺必须向要约人作出；第三，承诺的内容应该和要约的内容相一致。受要约人对要约的实质性内容加以变更，为新要约，也称为"反要约"。有关合同的标的、数量、质量、价款或报酬、履行期限、履行地点和方式、违约责任和争议解决的方法等的变更，是对要约内容的实质性变更。第四，承诺必须在要约的有效期内作出。

② 承诺的方式。我国《民法典》规定，承诺应以通知的方式作出，但根据交易习惯或者要约表明可以通过行为作出承诺的除外。需要注意的是，以行为作出承诺，不包括单纯的沉默或不作为，除法律有特别规定或当事人另有约定外，沉默或不作为不能被视为承诺。

③ 承诺的法律效力。以通知的方式作出的承诺应当在要约确定的期限内到达要约人。要约没有确定承诺期限的，承诺应当依照下列规定到达：要约以对话方式作出的，应当即时作出承诺；要约以非对话方式作出的，承诺应当在合理期限内到达。承诺不需要通知的，根据交易习惯或者要约的要求作出承诺的行为时生效。

要约以信件或者电报作出的，承诺期限自信件载明的日期或者电报交发之日开始计算。信件未载明日期的，自投寄该信件的邮戳日期开始计算。要约以电话、传真、电子邮件等快速通信方式作出的，承诺期限自要约到达受要约人时开始计算。

承诺生效时合同成立，但是法律另有规定或者当事人另有约定的除外。

④ 承诺的撤回。承诺的撤回是指承诺人阻止承诺发生法律效力的意思表示。我国《民法典》规定，承诺可以撤回，但撤回承诺的通知应当在承诺通知到达要约人之前或者与承诺通知同时到达要约人。

案例讨论3-13

山东A公司3月1日以信件的方式向北京B公司发出要约："愿意购买贵公司儿童玩具1万件，每件价格100元，你方负责运输，货到付款，30天内答复有效。"3月10信件到达B公司，B公司收发员王某签收，但由于正逢下班时间，王某于第二天将信交到公司办公室。恰逢B公司董事长外出，4月6日才回来，看到A公司的要约，立即以电话的方式告知A公司："如果价格为120元/件，可以卖给贵公司1万件儿童玩具。"A公司不予理睬。4月20日北京C公司经理张某在B公司董事长办公室看到了A公司的要约，当天回去就向A公司发了传真:"我们愿意以每件100元的价格出售1万件儿童玩具。"A公司于第二天回电C公司:"我们只需要5000件。"C公司当天回电:"明日发货"。

问题:

(1) 4月6日B公司电话告知A的内容是要约还是承诺?

(2) A公司对4月6日B公司电话不予理睬是否构成违约?为什么?

(3) 4月20日C公司的传真是要约还是承诺?为什么?

(4) 4月21日A公司对C公司的回电是要约还是承诺?为什么?

(5) 4月21日C公司对A公司的回电是要约还是承诺?

2. 合同的内容与形式

合同的内容即合同的条款。合同的内容由当事人约定,一般包括以下条款:当事人的名称或者姓名和住所;标的;数量和质量;价款或者报酬;履行期限、地点和方式;违约责任;解决争议的方法。

合同的形式,是指合同当事人意思表示一致的表现形式。我国《民法典》规定:当事人订立合同可以采用口头形式、书面形式和其他形式。书面形式是合同书、信件、电报、电传、传真等可以有形地表现所载内容的形式。以电子数据交换、电子邮件等方式能够有形地表现所载内容,并可以随时调取查用的数据电文,视为书面形式。

3. 合同成立的时间和地点

(1) 合同成立的时间。一般情况下,承诺生效的时间就是合同成立的时间。当事人采用合同书形式订立合同的,自当事人均签名、盖章或者按指印时合同成立。在签名、盖章或者按指印之前,当事人一方已经履行主要义务,对方接受时,该合同成立。法律、行政法规规定或者当事人约定合同应当采用书面形式订立,当事人未采用书面形式但是一方已经履行主要义务,对方接受时,该合同成立。当事人采用信件、数据电文等形式订立合同要求签订确认书的,签订确认书时合同成立。当事人一方通过互联网等信息网络发布的商品或者服务信息符合要约条件的,对方选择该商品或者服务并提交订单成功时合同成立,但是当事人另有约定的除外。

(2) 合同成立的地点。一般来说,承诺生效的地点就是合同成立的地点。采用数据电文形式订立合同的,收件人的主营业地为合同成立的地点;没有主营业地的,其住所地为合同成立的地点。当事人另有约定的,按照其约定。当事人采用合同书形式订立合同的,双方当事人签名、盖章或者按指印的地点为合同成立的地点。但是当事人另有约定的除外。

4. 缔约过失责任

缔约过失责任,指合同当事人在订立合同的过程中,因违反法律规定、违背诚实信用原则,致使合同未能成立,并给对方造成损失,而应承担的损害赔偿责任。

(1) 缔约过失责任的构成要件:①必须有缔约过失行为的存在,即有违反先合同义务或附随义务的行为,具体指缔约一方当事人在缔约的过程中,有违反法律规定的相互协助、通知、说明、照顾、保密、保护等义务的行为。②必须有损失的存在。违反先合同义务或附随义务的行为给缔约合同的对方造成了信赖利益的损失。③行为人主观上必须有过错。④缔约过失行为与对方所受到的损失之间必须存在因果关系。

（2）承担缔约过失责任的具体情况。我国《民法典》第500条规定了承担缔约过失责任的几种情形：①假借订立合同，恶意进行磋商；②故意隐瞒与订立合同有关的重要事实或者提供虚假情况；③有其他违背诚实信用原则的行为。

当事人在订立合同过程中知悉的商业秘密或者其他应当保密的信息，无论合同是否成立，不得泄露或者不正当地使用；泄露、不正当地使用该商业秘密或者信息，造成对方损失的，应当承担赔偿责任。

 案例讨论3-14

王某一直想做服装生意故与多家经销商联系，但均未成功。某日他在一则广告上看到一个专门经营运动服销售的 A 公司正在寻找连锁店经营人，于是就去 A 公司实地考察，经过考察后王某对该公司的产品、开店成本、环境等方面都很满意。由于王某资金并不充足，所以和 A 公司负责人商量，希望能够由 A 公司先发两批货，到第三批时再交前两批的服装费。A 公司负责人为了吸引王某加入，遂满口答应，并许诺只要王某选好了店址，公司经过调查符合公司的要求，就可以签合同进行装修了，王某负责装修费用，A 公司可以提供技术和人力上的支持，按该专卖店的统一规格给王某的店进行装修。王某于是四处奔波选中了合适的店址，A 公司派人调查后表示店址没有问题，但却提出该品牌销路很好，想要开连锁店的人很多，所以不能拖欠服装费，并要求王某再加 30 000 元经营费。王某认为这违反了他们当初的约定，因此难以接受，要求 A 公司赔偿损失。A 公司辩称：双方为了合作而进行协商很常见，只要没有正式签合同，就无须负责。

问题：

（1）王某和 A 公司之间是什么样的关系？A 公司的说法是否正确？

（2）假如王某要求赔偿损失，那么下列哪些费用应当由 A 公司负责赔偿：100 元的实地考察费用；3000 元的寻找店址费用；因此丧失其他机会所造成的损失。

3.7.3   合同的效力

合同效力是法律赋予依法成立的合同所产生的约束力。合同效力一般包括以下四种区别情况：有效、无效、可变更可撤销、效力待定。

1. 有效合同

有效合同指具有法律约束力的合同。有效合同受到法律的保护。有效合同的构成条件如下。

（1）合同当事人具有相应的民事行为能力。完全民事行为能力人有权订立合同；限制民事行为能力可以订立纯获利益的合同或者与其年龄、智力相适应的合同；无民事行为能力人原则上不能订立合同。法人的民事行为能力则限制在其核准登记的生产经营和业务范围内。

（2）当事人意思表示真实。意思表示真实是指表意人的表示行为应当真实地反映其内心的效果意思。一方当事人在被欺诈、胁迫或者重大错误下订立的合同往往不是其真实意思表示，属于无效或可撤销的合同。

（3）不违反法律或社会公共利益。合同不违反法律，是指合同不得违反法律的强行性规定,合同不仅应符合法律规定,而且在内容上不得违反社会公共利益。

2. 无效合同

无效合同是指虽然已经成立但欠缺生效要件,不具有法律约束力的合同。无效合同不受国家法律保护。

无效合同划分为部分无效和全部无效两种情况。部分无效的合同,是指合同的部分内容无效,而且无效的部分并不影响整个合同的法律效力。全部无效合同是指内容违法的合同,自始不具有法律效力。

根据《民法典》的规定,有下列情形之一的,合同无效:①无民事行为能力人签订的合同;②以虚假的意思表示签订的合同;③违反法律、法规强制性规定的合同;④违背公序良俗的合同;⑤恶意串通,损害他人合法权益的合同。

除此之外,《民法典》第 506 条规定:"合同中的下列免责条款无效:①造成对方人身伤害的;②因故意或者重大过失造成对方财产损失的。"

3. 可变更可撤销合同

可变更或撤销的合同,指合同订立后,因意思表示不真实,可由当事人行使撤销权使其归于无效,或行使变更权使其内容变更的合同。

可变更、可撤销合同是一种相对有效的合同,在有撤销权的一方行使撤销权之前,合同对双方当事人都是有效的。在当事人行使撤销权,法院或仲裁机构同意撤销该合同后,该合同无效。另外,当事人请求变更的,人民法院不得撤销。

(1) 可撤销合同的原因。根据《民法典》的规定,可撤销合同包括:①因重大误解订立的合同;②乘人之危显失公平的合同,即一方利用对方处于危困状态、缺乏判断能力等情形,致使合同成立时显失公平的;③受欺诈、胁迫订立的合同。一方以欺诈手段,使对方在违背真实意思的情况下订立合同的,受欺诈方有权请求撤销合同;第三人实施欺诈行为,使一方在违背真实意思的情况下签订的合同,对方知道或者应当知道该欺诈行为的,受欺诈方有权请求撤销合同;一方或者第三人以胁迫手段,使对方在违背真实意思的情况下订立合同的,受胁迫方有权请求人民法院或者仲裁机构予以撤销。

(2) 撤销权及其行使。撤销权人应请求人民法院或仲裁机构予以变更或者撤销合同。

撤销权可因以下原因消灭:具有撤销权的当事人自知道或者应当知道撤销事由之日起1年内、重大误解的当事人自知道或者应当知道撤销事由之日起 90 日内没有行使撤销权;当事人受胁迫,自胁迫行为终止之日起 1 年内没有行使撤销权;当事人知道撤销事由后明确表示或者以自己的行为表明放弃撤销权。

当事人自合同成立之日起 5 年内没有行使撤销权的,撤销权消灭。

 案例讨论3-15

甲汽车销售公司与乙汽车制造公司签订了一份轿车买卖合同。由于甲公司的业务员王某对汽车型号不太熟悉,在签订合同时,将甲公司原先想买的 B 型号轿车写成了 A 型号轿车。虽然乙公司提供的型号不是甲公司原想购买的 B 型号轿车,考虑到 A 型号轿车质量也不错,甲公司按照合同约定提货并支付了货款,后来由于 A 型轿车销售状况不佳,甲公司以重大误解为由要求撤销合同,退回汽车、要回货款。

问题:甲公司的理由是否能得到支持?

4. 效力待定合同

效力待定合同也称为可追认的合同,是指合同虽然已经成立,但因其不完全符合有关生效要件的规定,因此其效力能否发生,尚未确定,一般须经有权人表示承认才能生效。

效力待定合同产生的原因主要有:

(1) 限制民事行为能力人订立的合同。限制民事行为能力人订立的合同,经法定代理人追认后,该合同有效,但纯获利益的合同或者与其年龄、智力、精神健康状况相适应而订立的合同,不必经法定代理人追认。

(2) 无权代理人订立的合同。行为人没有代理权、超越代理权或者代理权终止后以被代理人名义订立的合同,未经被代理人追认,对被代理人不发生效力,由行为人承担责任。无权代理人以被代理人的名义订立合同,被代理人已经开始履行合同义务或者接受相对人履行的,视为对合同的追认。

(3) 无处分权人订立的合同。无处分权人订立的合同就是无处分权人处分他人财产而与合同相对人订立的合同。无处分权人处分他人财产而订立的合同必须经过权利人的追认,或者无处分权人在合同订立后取得了对财产的处分权,合同才能生效。

 案例讨论3-16

甲有祖传名画一幅,后甲因公出国一年,就将该画委托朋友乙保管。在此期间乙一直将该字画挂在自己家中欣赏,来他家的人也以为这幅字画是乙的。后来乙因做生意急需钱,便将该幅字画以 3 万元价格卖给善意的丙。甲回国后,发现自己的字画在丙家中,要求丙返还字画不得而诉至法院。

问题:甲能否索回该画,本案应如何处理?

(4) 法定代表人越权订立的合同。我国《民法典》第 504 条规定,法人或其他组织的法定代表人、负责人超越权限订立的合同,除相对人知道或应知道其超越权限的以外,该代表行为有效。订立的合同对法人或者非法人组织发生效力。也就是说,法人或者其他组织的法定代表人、负责人超越权限订立的合同,如果合同相对人是善意的,该代表行为有效;如相对人是恶意的,这种合同就是无效的。

5. 合同被确认无效和被撤销后的法律后果

合同被确认无效或者被撤销后,自始即不发生法律效力,对当事人不具有任何约束力。合同尚未履行的,不再履行;合同正在履行的,应当停止履行;合同已全部履行或者已经部分履行的,应分别情况对于当事人已经取得的财产和造成他人的损失作不同的处理。

(1) 返还财产。返还财产指依合同已交付财产的当事人,在合同被确认无效或被撤销后,有权请求对方返还财产,同时接受财产一方当事人有返还财产的义务。不能返还或没有返还必要的,应当折价补偿。

(2) 赔偿损失。有过错的一方应当赔偿对方因此所受到的损失,双方都有过错的,应当各自承担相应的责任。

3.7.4　合同的履行

1. 合同履行的概念和原则

合同的履行是指合同的当事人按照合同的约定,全面完成各自应承担的合同义务,使合同关系得以全部终止的行为过程。合同履行是合同当事人订立合同的根本目的,也是《合同法》的核心内容。

合同履行的基本原则主要包括:全面履行原则;协作履行原则。

2. 合同履行的具体规则

合同履行规则是指在合同履行过程中需要遵守的具体规范。合同履行的具体规则主要包括以下内容。

(1) 按照法律规定或当事人约定的义务正确履行合同。

(2) 合同内容约定不明确时的履行规则如下。

① 订立补充协议。合同生效后,当事人就质量、价款或者报酬、履行地点等内容没有约定或者约定不明确的,可以协议补充。

② 适用合同有关条款或者交易习惯。双方当事人不能达成补充协议的,按照合同有关条款或者交易习惯确定。合同有关条款,指在当事人双方订立的合同中与该条款内容相关的其他条款。交易习惯,指同类交易所遵循的惯常做法,以及当事人历来的交易习惯。

③ 适用合同法规定的补救规则。当事人就有关合同内容约定不明确,依照上述规则仍不能确定的,适用下列规定:质量要求不明确的,按照强制性国家标准履行;没有强制性国家标准的,按照推荐性国家标准履行;没有推荐性国家标准的,按照行业标准履行;没有国家标准、行业标准的,按照通常标准或者符合合同目的的特定标准履行。价款或者报酬不明确的,按照订立合同时履行地的市场价格履行;依法应当执行政府定价或者政府指导价的,按照规定履行。履行地点不明确,给付货币的,在接受货币一方所在地履行;交付不动产的,在不动产所在地履行;其他标的,在履行义务一方所在地履行。履行期限不明确的,债务人可以随时履行,债权人也可以随时要求履行,但应当给对方必要的准备时间。履行方式不明确的,按照有利于实现合同目的的方式履行。履行费用的负担不明确的,由履行义务一方负担。因债权人原因增加的履行费用,由债权人负担。

(3) 电子合同的履行规则。通过互联网等信息网络订立的电子合同的标的为交付商品并采用快递物流方式交付的,收货人的签收时间为交付时间。电子合同的标的为提供服务的,生成的电子凭证或者实物凭证中载明的时间为提供服务时间;前述凭证没有载明时间或者载明时间与实际提供服务时间不一致的,以实际提供服务的时间为准。电子合同的标的物为采用在线传输方式交付的,合同标的物进入对方当事人指定的特定系统且能够检索识别的时间为交付时间。电子合同当事人对交付商品或者提供服务的方式、时间另有约定的,按照其约定。

(4) 执行政府定价或政府指导价的合同履行规则。执行政府定价或者政府指导价的,在合同约定的交付期限内政府价格调整时,按照交付时的价格计价。逾期交付标的物的,遇价格上涨时,按照原价格执行;价格下降时,按照新价格执行。逾期提取标的物或者逾期付款的,遇价格上涨时,按照新价格执行;价格下降时,按照原价格执行。

（5）向第三人履行债务及第三人代为履行债务的规则。当事人约定由债务人向第三人履行债务的,债务人未向第三人履行债务或者履行债务不符合约定,应当向债权人承担违约责任。

当事人约定由第三人向债权人履行债务的,第三人不履行债务或者履行债务不符合约定,债务人应当向债权人承担违约责任。

3. 合同履行中的抗辩权

双务合同履行中的抗辩权,是指双务合同一方当事人在法定条件下对抗对方当事人的请求权、拒绝履行其债务的权利。它包括同时履行抗辩权和不安抗辩权。

（1）同时履行抗辩权。同时履行抗辩权是指当事人互负债务,没有先后履行顺序的,应当同时履行,一方在对方履行前有权拒绝其履行要求。一方在对方履行债务不符合约定时,有权拒绝其相应的履行要求。

（2）先履行抗辩权。当事人互负债务,有先后履行顺序,应当先履行债务一方未履行的,后履行一方有权拒绝其履行请求。先履行一方履行债务不符合约定的,后履行一方有权拒绝其相应的履行请求。

（3）不安抗辩权。不安抗辩权是指在双务合同中,应当先履行债务的当事人有证据证明对方不能履行债务或者有不能履行债务的可能的情形存在时,在对方没有对待履行或者提供担保前,有权中止履行合同债务;当另一方对履行合同提供了充分的保证时,应当履行合同。

不安抗辩权的适用要具备以下条件:①当事人一方有先履行的义务;②后履行义务一方当事人的履行能力明显降低,有不能履行的现实危险。根据《民法典》第527条的规定,应当先履行债务的当事人,有确切证据证明对方有下列情形之一的,可以中止履行:经营状况严重恶化;转移财产、抽逃资金,以逃避债务;丧失商业信誉;有丧失或者可能丧失履行债务能力的其他情形。

当事人行使不安抗辩权,中止履行的,应当及时通知对方。对方提供适当担保时,应当恢复履行。中止履行后,对方在合理期限内未恢复履行能力并且未提供适当担保的,中止履行的一方可以解除合同。当事人没有确切证据中止履行的,应当承担违约责任。

 案例讨论3-17

甲是著名的歌唱演员,乙为一家演出公司。甲、乙之间签订了一份演出合同,约定甲在乙主办的一场演出中出演一个节目,由乙预先支付给甲演出劳务费5万元。后来,在合同约定支付劳务费的期限到来之前,甲因一场车祸而受伤住院。乙通过向医生询问甲的伤情得知,在演出日之前,甲的身体有康复的可能,但也不排除甲的伤情会恶化,以致不能参加原定的演出。基于上述情况,乙向甲发出通知,主张暂不予支付合同中所约定的5万元劳务费。

问题:乙公司的主张是否合法?

4. 合同履行中的保全

合同的保全是指债务人的财产不当减少而有害于债权人的债权时,债权人可对债务人或第三人实施的行为行使代位权或撤销权,以保护其债权的制度。

(1) 债权人代位权。债权人代位权是指当债务人怠于行使其对第三人享有的权利,以致影响债权人债权的实现时,债权人为了保全自己的债权,可以自己的名义代位行使债务人对第三人的权利。

债权人行使代位权的应具备以下条件:①债权人对债务人的债权合法;②债务人对第三人的债权已到期;③债务人怠于行使其债权,对债权人造成损害;④债务人的债权不是专属于债务人本身的权利。

(2) 债权人撤销权。债权人撤销权是指当债务人所为的减少其财产的行为危害债权实现时,债权人为保全债权可以请求法院予以撤销该行为的权利。

债权人行使撤销权应符合以下条件:①债务人实施了一定的处分财产的行为,包括放弃债权、无偿转让财产、以明显不合理的低价转让财产、为第三人提供担保等。②债务人处分财产的行为对债权人的债权造成损害。

债权人撤销权自债权人知道或者应当知道撤销事由之日起 1 年内行使。自债务人的行为发生之日起 5 年内没有行使撤销权的,该撤销权消灭。

债权人代位权和撤销权的行使必须由债权人以自己的名义向人民法院提起诉讼方能行使,行使的范围都以债权人的债权为限,行使的必要费用由债务人负担。

 案例讨论3-18

张某是某公司股东,2020 年 4 月,张某与李某签订 400 万元股权转让协议。同日,某公司股东会通过决议,同意李某受让张某的股份。同年 7 月,某公司向工商部门申请办理变更登记。因李某未支付转让款,张某于 2020 年 7 月向法院提起诉讼,要求李某支付 400 万元转让款。经法院审理,判决李某应支付原告股份转让款 400 万元。

在负有债务未清偿的情况下,2020 年 7 月,李某与其女儿李女签订两份房地产买卖合同,由李某分别以 60 万元、56 万元的价格将两处房产转让给李女。(签订合同时,李女 16 周岁,系在校学生,无收入来源)。同月,李女领取房屋产权证。而根据当地二手房指数报告,这两套房产的实际价格大约为转让价格的两倍。2020 年 12 月张某得知此事情,于 2012 年 1 月向法院起诉,要求撤销李某与李女之间转让两套房屋的行为。

问题:法院应如何判决,为什么?

3.7.5 合同的变更、转让和终止

1. 合同的变更

合同的变更是指有效成立的合同在尚未履行或未履行完毕之前,由当事人达成协议对合同内容进行修改或补充。

我国《民法典》第 543 条规定:“当事人协商一致,可以变更合同。”

合同变更后,当事人须按变更后的合同履行。合同变更原则上向将来发生效力,对已履行部分没有溯及力,已履行完毕的部分不因合同的变更而失去法律依据。

2. 合同的转让

合同的转让,实际上是合同权利义务的转让,是指合同当事人一方依法将合同权利义务全部或部分地转让给第三人。合同转让包括合同权利的转让、合同义务的转让和合同权利义务的概括转让。

(1) 合同权利转让。合同权利转让也称为债权转让,是指合同债权人将其权利转让给第三人的行为。

我国《民法典》第545条规定,下列合同权利不得转让:①根据合同性质不得转让的权利;②按照当事人的约定不得转让的权利;③法律规定不得转让的权利。

债权人转让权利的,应当通知债务人,即采用通知主义。未经通知,该转让对债务人不发生效力。法律、行政法规规定转让权利应当办理批准、登记等手续的,应当按照规定办理。

(2) 合同义务转让。合同义务转让是指债务人将合同的义务全部或者部分地转让给第三人的行为。

与债权转让采取通知主义不同,债务的转让采用同意主义,即债务的转让须经债权人的同意,我国《民法典》第551条规定:"债务人将合同的义务全部或者部分转移给第三人的,应当经债权人同意。"

(3) 合同权利义务的概括转让。合同权利义务的概括转让,是指合同当事人一方将其合同权利义务一并转让给第三人。我国《民法典》第556条规定:"当事人一方经对方同意,还可以将在合同中的权利和义务一并转让给第三人。"合同的权利和义务一并转让的,适用债权转让、债务转移的有关规定。

3. 合同的终止

合同的终止是指合同权利义务归于消灭,债权人不再享有合同权利,债务人不必履行合同义务。

根据《民法典》第557条规定,有下列情形之一的,合同的权利、义务终止:债务已经按照约定履行;合同解除;债务相互抵销;债务人依法将标的物提存;债权人免除债务;债权债务同归于一人;法律规定或者当事人约定终止的其他情形。

(1) 债务已经按照约定履行。债务已经按照约定履行,也称为清偿,是合同终止的一般原因。

(2) 合同解除。合同解除指合同有效成立后未履行完毕前,当事人通过协议或单方行使解除权的方式,使合同权利义务终止的行为。

根据《民法典》的规定,合同解除主要包括约定解除和法定解除两种。

① 约定解除。约定解除是指当事人根据事先约定的解除条件或经当事人协商一致而解除合同。《民法典》第562条规定:"当事人协商一致,可以解除合同。当事人可以约定一方解除合同的条件。解除合同的条件成就时,解除权人可以解除合同。"

② 法定解除。法定解除是指法律规定的解除条件出现时,当事人一方行使法律规定的合同解除权而使合同终止的行为。根据《民法典》第563条的规定,有下列情形之一的,当事人可以解除合同:因不可抗力致使不能实现合同目的;在履行期限届满之前,当事人一方明确表示或者以自己的行为表明不履行主要债务;当事人一方迟延履行主要债务,经催告后在合理期限内仍未履行;当事人一方迟延履行债务或者有其他违约行为致使不能实现合同目

的;法律规定的其他情形。

法律规定或者当事人约定解除权行使期限,期限届满当事人不行使的,该权利消灭。法律没有规定或者当事人没有约定解除权行使期限,自解除权人知道或者应当知道解除事由之日起1年内不行使,或者经对方催告后在合理期限内不行使的,该权利消灭。

合同解除后,尚未履行的,终止履行;已经履行的,根据履行情况和合同性质,当事人可以请求恢复原状或者采取其他补救措施,并有权请求赔偿损失。合同因违约解除的,解除权人可以请求违约方承担违约责任,但是当事人另有约定的除外。

 案例讨论3-19

某羊毛衫厂(以下简称"A厂")与某畜产公司(以下简称"B公司")订立了一份买卖合同,合同规定:由B公司出售给A厂特级羊毛300公斤,总价款为25万元。交货时间为订立合同之日起三个月内(即2020年10月20日之前)。合同还规定:A厂向B公司先支付总价款20%的定金。任何一方若违约,违约方应承担对方的全部经济损失。A厂于合同签订后10日内汇去了全额定金。10月初,A厂致函B公司询问提货情况。B公司回答,公司因没有现货,组织人员到牧区收购,但因现在不属于剪毛季节,无法收到,要求延迟到明年春季履行。A厂因生产急需,所以又组织货源,幸未造成经济损失,但提出解除合同。双方发生争执,A厂提起诉讼。A厂要求解除合同,并追究违约责任。B公司辩称,无法收到羊毛是季节原因,属不可抗力,应予免责,况且并未给A厂造成经济损失,因此A厂无权单方解除合同。

问题:

① A厂是否有权解除合同? 法律依据是什么?

② B公司是否应承担违约责任? 如应承担责任,应如何承担责任?

(3)债务相互抵销。债务相互抵销是指当事人互负到期债务,互享债权,以自己的债权充抵对方的债权,使自己的债务与对方的债务在等额内消灭。抵销分为法定抵销和约定抵销。

法定抵销是指二人互负同种类债务,且债务均已到清偿期,依照法律规定,使相互之间所负同等数额的债务同归消灭。《民法典》第568条明确规定了法定抵销:"当事人互负到期债务,该债务的标的物种类、品质相同的,任何一方可以将自己的债务与对方的债务抵销,根据债务性质、按照当事人约定或者依照法律规定不得抵销的除外。"

约定抵销是指由当事人自行达成协议而抵销。《民法典》第569条规定:"当事人互负债务,标的物种类、品质不相同的,经双方协商一致,也可以抵销。"

当事人主张抵销的,应当通知对方,通知自到达对方时生效。抵销不得附条件和期限。双方互负的债务不对等时,债务数额大的一方对超出的债务仍应负清偿责任。

(4)债务人依法将标的物提存。提存是指由于债权人的原因,债务人无法向债权人给付合同标的物时,债务人将合同标的物交付提存机关而消灭合同关系的法律制度。根据《民法典》第570条的规定,有下列情形之一,难以履行债务的,债务人可以将标的物提存:债权人无正当理由拒绝受领;债权人下落不明;债权人死亡未确定继承人、遗产管理人,或者丧失民事行为能力未确定监护人;法律规定的其他情形。自提存之日起,债务人的债务归于消灭。标的物提存后,毁损、灭失的风险由债权人承担。

(5) 债权人免除债务。债权人免除债务,是指债权人单方面放弃债权从而消灭合同债务的行为。

(6) 债权债务同归于一人。债权和债务同归于一人的,也称为混同,是指合同的债权人和债务人合为一体。混同的原因主要有两种,一种是当事人的合并,一种是债权债务的转让。《民法典》第576条规定:"债权和债务同归于一人的,合同的权利义务终止,但涉及第三人利益的除外。"

3.7.6 违约责任

违约责任是指合同当事人不履行合同义务或者履行合同义务不符合约定时所应承担的法律责任。

1. 违约责任的归责原则及构成要件

(1) 违约责任的归责原则。违约责任的归责原则是指确定行为人违约责任的根据和标准。我国《民法典》确定的归责原则是无过错责任原则,即除了有免责事由外,只要当事人不履行合同或不适当履行合同,就应承担违约责任,而不必考虑违约一方主观上是否存在过错。

(2) 违约责任的构成要件。违约责任的构成要件是指违约当事人应具备何种条件才应承担违约责任。由于我国《民法典》在违约责任上采取的是无过错原则,因此,只要当事人有违约行为,就应当承担违约责任,即违约行为是违约责任的构成要件。

违约行为可以分为实际违约和预期违约两种形态。①实际违约。实际违约包括不履行和不适当履行两种情况。不履行,是指当事人一方不履行全部合同义务,以致合同目的不能实现。不适当履行,也称为不完全履行,是指虽然当事人一方履行了合同义务,但其履行不符合合同约定。一般包括数量、质量、地点、方式等方面不符合合同约定。②预期违约。预期违约是指在合同履行期到来前,一方当事人明确表示或者以自己的行为表明将来不履行合同义务。一方当事人预期违约的,对方可以在履行期限届满之前要求其承担违约责任。

2. 承担违约责任的形式

(1) 继续履行。继续履行是指当事人一方不履行合同义务时,根据对方当事人的请求,对原合同未履行的部分继续履行。《民法典》第580条规定:"当事人一方不履行非金钱债务或者履行非金钱债务不符合约定的,对方可以要求履行,但有下列情形之一的除外:法律上或者事实上不能履行;债务的标的不适于强制履行或者履行费用过高;债权人在合理期限内未要求履行。"

(2) 采取补救措施。采取补救措施是指当事人在履行合同过程中,因质量不符合约定,由违约方采取的修理、重作、更换、退货、减少价款或者报酬等措施。

(3) 赔偿损失。赔偿损失是指一方当事人不履行合同义务或履行合同义务不符合约定而给对方造成损失,向对方当事人所承担的损害赔偿责任。《民法典》第584条规定:"当事人一方不履行合同义务或者履行合同义务不符合约定,给对方造成损失的,损失赔偿额应当相当于因违约所造成的损失,包括合同履行后可以获得的利益,但不得超过违反合同一方订立合同时预见到或者应当预见到的因违反合同可能造成的损失。"

（4）支付违约金。违约金是合同当事人在合同中预先约定的当一方不履行合同或不完全履行合同时,由违约的一方支付给对方一定金额的货币。

根据《民法典》第585条的规定:当事人可以约定一方违约时应当根据违约情况向对方支付一定数额的违约金,也可以约定因违约产生的损失赔偿额的计算方法。约定的违约金低于造成的损失的,当事人可以请求人民法院或者仲裁机构予以增加;约定的违约金过分高于造成的损失的,当事人可以请求人民法院或者仲裁机构予以适当减少。

（5）定金罚则。定金是指当事人双方为了保证债务的履行,约定由当事人方先行支付给对方一定数额的货币作为担保。

根据《民法典》规定,当事人可以约定一方向对方给付定金作为债权的担保。定金合同自实际交付定金时成立。定金的数额由当事人约定;但是,不得超过主合同标的额的20%,超过部分不产生定金的效力。

债务人履行债务的,定金应当抵作价款或者收回。给付定金的一方不履行债务或者履行债务不符合约定,致使不能实现合同目的的,无权请求返还定金;收受定金的一方不履行债务或者履行债务不符合约定,致使不能实现合同目的的,应当双倍返还定金。

当事人既约定违约金,又约定定金的,一方违约时,对方可以选择适用违约金或者定金条款。定金不足以弥补一方违约造成的损失的,对方可以请求赔偿超过定金数额的损失。

3. 违约责任的免除

违约责任的免除是指在合同履行过程中,因出现法定的或约定的不可归责于债务人的免责事由而导致合同不能履行、迟延履行,债务人免予承担违约责任。能够免除违约责任的事由主要包括两种,即法定事由和免责条款。

（1）法定事由包括以下几点。

① 不可抗力。法定的免责事由最主要的是不可抗力。不可抗力是指合同订立后发生的,当事人不能预见、不能避免、不能克服的客观情况。不可抗力一般包括两类,一种是自然现象,如地震、暴风雨、泥石流等;一种是社会事件,如战争、罢工、动乱等。当事人还可约定不可抗力的范围。

《民法典》规定:因不可抗力不能履行合同的,根据不可抗力的影响,部分或者全部免除责任,但法律另有规定的除外。当事人迟延履行后发生不可抗力的,不能免除责任。

当事人一方因不可抗力不能履行合同的,应当及时通知对方,以减轻可能给对方造成的损失,并且在合理期限内提供有关机构出具的证明。

② 债权人的过错。由于债权人的过错导致债务人不履行合同义务的,债务人不承担违约责任。

③ 货物本身的自然性质或合理损耗。

（2）免责条款。免责条款是指当事人在合同中约定的免除将来可能发生的违约责任的条款。一般体现在格式条款中,由于制定格式条款的一方往往是经济强者,接受格式条款的一方是普通消费者,为维护合同公平,《民法典》对免责条款作出了限制:①提供格式条款一方免除其责任、加重对方责任、排除对方主要权利的,该条款无效。②对格式条款的理解发生争议的,应当按通常理解予以解释。对格式条款有两种以上解释的,应当作出不利于提供格式条款一方的解释。格式条款和非格式条款不一致的,应当采用非格式条款。③合同中的下列免责条款无效:造成对方人身伤害的;因故意或者重大过失造成对方财产损失的。

3.8　知识产权法

3.8.1　知识产权法概述

1. 知识产权的概念与特征

知识产权是指公民、法人或者其他组织对其在科学、技术、文化、艺术领域所创作的智力劳动成果享有的专有权利。

知识产权具有以下特征:①知识产权的客体是无形财产;②知识产权的内容具有财产权和人身权的双重属性;③知识产权须经法律直接确认;④知识产权具有专有性;⑤知识产权具备时间性的特点;⑥知识产权具有地域性。

2. 知识产权法的概念

知识产权法是指因调整知识产权的归属、行使、管理和保护等活动中产生的社会关系的法律规范的总称。有关知识产权的法律法规主要有:《中华人民共和国著作权法》(以下简称《著作权法》)、《中华人民共和国商标法》(以下简称《商标法》)、《中华人民共和国专利法》(以下简称《专利法》)等。

3.8.2　著作权法

1. 著作权法概述

1) 著作权的概念与特征

著作权是法律赋予作者因创作文学、艺术和科学作品而享有的专有权利。

著作权除了具有知识产权的一般特征即专有性、时间性和地域性之外,还具备以下特征:①著作权只保护思想的表达形式,而不保护思想本身;②权利的双重性,著作权中既包括著作人身权,又包括著作财产权;③权利自动产生,作品一旦完成,无论发表与否,都受到保护。

 案例讨论3-20

2019 年 5 月,画家孙某创作了一幅卡通人物作品,2020 年 2 月,孙某的一个朋友宋某去他家做客,宋某见到该画很喜欢,后来宋某根据该画的人物形象完成了一项商标设计,用于其企业生产的玩具上,并于 2020 年取得注册。孙某得知此事后很生气,孙某向法院诉称宋某侵犯其著作权,宋某以孙某没有发表该作品而无著作权进行抗辩。

问题: 宋某的说法是否正确? 宋某是否侵犯孙某的著作权? 为什么?

2) 著作权法的概念

著作权法是指调整因文学、艺术和科学作品的创作和使用而产生的人身关系和财产关系的法律规范的总称。1990 年 9 月 7 日第 7 届全国人大常委会第 15 次会议通过了《著作权法》,该法分别于 2001 年、2010 年、2020 年进行了三次修正,最新修正的《著作权法》自

2021年6月1日起施行。

2. 著作权的主体、客体和内容

1）著作权的主体

著作权主体是指在著作权法律关系中依法享有权利承担义务的人。著作权的主体与作者不同，作者必须是直接创作作品的人，即通过自身创造性活动，创作文学、艺术、科学及技术作品的人。著作权主体则不同，除了作者外，其他人也可以依照法律规定或者根据合同、继承关系等成为著作权的主体。

（1）著作权主体的范围。根据我国《著作权法》的规定，著作权的主体一般包括以下两类。

① 作者。作者是直接创作作品的人，即通过自身创造性活动，创作文学、艺术、科学及技术作品的人。为他人创作进行组织工作，提供咨询意见、物质条件，或者进行其他辅助工作的人，不视为作者。《著作权法》第11条规定：著作权属于作者，法律另有规定的除外。创作作品的自然人是作者。由法人或者非法人组织主持，代表法人或者非法人组织意志创作，并由法人或者非法人组织承担责任的作品，法人或者非法人组织视为作者。如无相反证明，在作品上署名的自然人、法人或者非法人组织为作者。

② 作者以外其他享有著作权的自然人、法人或者非法人组织。作者以外其他享有著作权的自然人、法人或者非法人组织享有著作权主要包括两种情况，一是因合同取得著作权，即依照委托合同取得著作权、依照转让合同取得著作权、依照著作权许可使用合同取得著作权。二是因继承取得著作权。

（2）著作权主体的归属一般有以下几种情况。

① 著作权归属的一般原则。一般情况下，作品著作权属于作者。

② 演绎作品著作权的归属。演绎作品，又称派生作品，是指在已有作品的基础上，经过改编、翻译、注释、整理等创造性劳动而产生的作品。演绎作品的著作权由改编、翻译、注释、整理人享有，但行使著作权时不得侵犯原作品的著作权。

③ 合作作品著作权的归属。合作作品是指两人以上合作创作的作品。两人以上合作创作的作品，著作权由合作作者共同享有。没有参加创作的人，不能成为合作作者。合作作品的著作权由合作作者通过协商一致行使；不能协商一致，又无正当理由的，任何一方不得阻止他方行使除转让、许可他人专有使用、出质以外的其他权利，但是所得收益应当合理分配给所有合作作者。合作作品可以分割使用的，作者对各自创作的部分可以单独享有著作权，但行使著作权时不得侵犯合作作品整体的著作权。

④ 汇编作品著作权的归属。汇编若干作品、作品的片段或者不构成作品的数据或者其他材料，对其内容的选择或者编排体现独创性的作品，为汇编作品，其著作权由汇编人享有，但行使著作权时，不得侵犯原作品的著作权。

⑤ 视听作品著作权的归属。视听作品中的电影作品、电视剧作品的著作权由制作者享有，但编剧、导演、摄影、作词、作曲等作者享有署名权，并有权按照与制作者签订的合同获得报酬。前款规定以外的视听作品的著作权归属由当事人约定；没有约定或者约定不明确的，由制作者享有，但作者享有署名权和获得报酬的权利。视听作品中的剧本、音乐等可以单独使用的作品的作者有权单独行使其著作权。

⑥ 职务作品著作权的归属。自然人为完成法人或者非法人组织工作任务所创作的作品是职务作品。职务作品的著作权由作者享有，但法人或者其他组织有权在其业务范围内优先使用。作品完成2年内，未经单位同意，作者不得许可第三人以与单位使用的相同方式使用该作品。

有下列情形之一的职务作品，作者享有署名权，著作权的其他权利由法人或者非法人组织享有，法人或者非法人组织可以给予作者奖励：第一，主要是利用法人或者非法人组织的物质技术条件创作，并由法人或者非法人组织承担责任的工程设计图、产品设计图、地图、计算机软件等职务作品；第二，报社、期刊社、通讯社、广播电台、电视台的工作人员创作的职务作品；第三，法律、行政法规规定或者合同约定著作权由法人或者非法人组织享有的职务作品。

⑦ 委托作品著作权的归属。委托作品，是指作者接受他人委托而创作的作品。受委托创作的作品，著作权的归属由委托人和受托人通过合同约定。合同未作明确约定或者没有订立合同的，著作权属于受托人。

⑧ 美术、摄影作品著作权的归属。美术作品包括绘画、书法、雕塑、建筑等作品。美术等作品原件所有权的转移，不改变作品著作权的归属，但美术、摄影作品原件的展览权由原件所有人享有。作者将未发表的美术、摄影作品的原件所有权转让给他人，受让人展览该原件不构成对作者发表权的侵犯。

⑨ 作者身份不明的作品著作权归属。作者身份不明的作品是指从通常途径不能了解作者身份的作品。作者身份不明的作品，由作品原件的所有人行使除署名权以外的著作权。作者身份确定后，由作者或者其继承人行使著作权。

 案例讨论3-21

甲是一名书法家，创作了大量书法作品，除了自己收藏外，还经常送给朋友乙，几年后乙已收藏甲的书法作品40多幅。乙从中选出30幅，以《甲书法作品选》为名出版了署名甲的画册，甲得知后十分气愤，认为乙及出版社侵犯了自己的权利。

问题：乙和出版社是否侵犯了甲的著作权？

2）著作权的客体

著作权的客体是著作权保护的对象，即作品，其含义是指文学、艺术和科学领域内，具有独创性并能以一定形式表现的智力成果。

能够成为著作权客体的作品必须符合以下条件：第一，具有一定的独创性，即作品必须是作者创造性独立完成的劳动成果，而不是抄袭的；第二，具有一定的客观性，即作品必须能以一定客观形式表现出来或固定下来，并能为第三人利用或者使人能直接或通过仪器设备间接地看到、听到或者触到；第三，内容具有合法性，即作品内容不得违反法律、政策及社会公共利益。

（1）著作权法保护的作品。著作权法保护的作品包括以各种形式创作的文学、艺术和自然科学、社会科学、工程技术等作品。具体包括：①文字作品；②口述作品；③音乐、戏剧、曲艺、舞蹈、杂技艺术作品；④美术、建筑作品；⑤摄影作品；⑥视听作品；⑦工程设计图、产品设计图、地图、示意图等图形作品和模型作品；⑧计算机软件；⑨符合作品特征的其他智力成果。

（2）不受著作权法保护的对象。不受著作权保护的对象分为两类：一是不受著作权法保护的作品，二是不适用于著作权法保护的对象。

不受著作权法保护的作品主要是指依法禁止出版、传播的作品，例如违反法律，宣传反科学、反人类、危害公共安全，破坏社会善良风俗的反动、淫秽言论等作品。

不适用于著作权法保护的对象主要包括：法律、法规，国家机关的决议、决定、命令和其他具有立法、行政、司法性质的文件，及其官方正式译文；单纯事实消息；历法、通用数表、通用表格和公式。

3）著作权的内容

著作权的内容是指著作权主体享有的权利和承担的义务。著作权的内容主要包括著作人身权和著作财产权。

（1）著作人身权。著作人身权又称精神权利，指作者对其作品所享有的各种与人身相联系或密不可分而无直接财产内容的权利。作者终身享有著作人身权，没有时间的限制。作者死后，作者的著作人身权可依法由其继承人、受遗赠人或国家的著作权保护机关予以保护。著作人身权不能转让、剥夺或继承。

著作人身权具体包括以下几种：①发表权；②署名权；③修改权；④保护作品完整权。

（2）著作财产权。著作财产权又称经济权利，是指作者及传播者通过某种形式使用作品，从而依法获得经济报酬的权利。

著作财产权具体包括以下几种：①复制权；②发行权；③出租权；④展览权；⑤表演权；⑥放映权；⑦广播权；⑧信息网络传播权；⑨摄制权；⑩改编权；⑪翻译权；⑫汇编权；⑬许可使用权；⑭转让权；⑮应当由著作权人享有的其他权利。

3. 著作权的保护期限和限制

（1）著作权的保护期限。著作权的保护期限是指著作权受法律保护的时间界限。在保护期内，著作权人的著作权受法律保护；超过保护期，该作品即进入公有领域，作者或者其他著作权人不再享有专有使用权。

《著作权法》关于著作权保护期的具体规定如下。

① 作者的署名权、修改权、保护作品完整权的保护期不受限制。

② 公民的作品，其发表权、著作权中的财产权的保护期为作者终生及其死亡后 50 年，截止于作者死亡后第 50 年的 12 月 31 日；如果是合作作品，截止于最后死亡的作者死亡后第 50 年的 12 月 31 日。

③ 法人或者非法人组织的作品、著作权（署名权除外）由法人或者非法人组织享有的职务作品，其发表权的保护期为 50 年，截止于作品创作完成后第 50 年的 12 月 31 日；其著作权中财产权的保护期为 50 年，截止于作品首次发表后第 50 年的 12 月 31 日，但作品自创作完成后 50 年内未发表的，著作权法不再保护。

④ 视听作品，其发表权的保护期为 50 年，截止于作品创作完成后第 50 年的 12 月 31 日；其著作权中财产权的保护期为 50 年，截止于作品首次发表后第 50 年的 12 月 31 日，但作品自创作完成后 50 年内未发表的，著作权法不再保护。

（2）著作权的限制。著作权限制是指法律规定对著作权人著作权的行使给予一定的限制，包括对著作权人本人行使著作权进行的限制和他人行使著作权人享有的著作权的限制。

根据《著作权法》的规定，著作权的限制主要体现在以下两个方面。

① 合理使用。合理使用是指由法律规定，他人可不经著作权人许可、也不支付报酬使用享有著作权的作品。

《著作权法》第24条规定，在下列情况下使用作品，可以不经著作权人许可，不向其支付报酬，但应当指明作者姓名或者名称、作品名称，并且不得影响该作品的正常使用，也不得不合理地损害著作权人的合法权益：为个人学习、研究或者欣赏，使用他人已经发表的作品；为介绍、评论某一作品或者说明某一问题，在作品中适当引用他人已经发表的作品；为报道时事新闻，在报纸、期刊、广播电台、电视台等媒体中不可避免地再现或者引用已经发表的作品；报纸、期刊、广播电台、电视台等媒体刊登或者播放其他报纸、期刊、广播电台、电视台等媒体已经发表的关于政治、经济、宗教问题的时事性文章，但著作权人声明不许刊登、播放的除外；报纸、期刊、广播电台、电视台等媒体刊登或者播放在公众集会上发表的讲话，但作者声明不许刊登、播放的除外；为学校课堂教学或者科学研究，翻译、改编、汇编、播放或者少量复制已经发表的作品，供教学或者科研人员使用，但不得出版发行；国家机关为执行公务在合理范围内使用已经发表的作品；图书馆、档案馆、纪念馆、博物馆、美术馆、文化馆等为陈列或者保存版本的需要，复制本馆收藏的作品；免费表演已经发表的作品，该表演未向公众收取费用，也未向表演者支付报酬，且不以营利为目的；对设置或者陈列在室外公共场所的艺术作品进行临摹、绘画、摄影、录像；将中国公民、法人或者其他组织已经发表的以国家通用语言文字创作的作品翻译成少数民族语言文字作品在国内出版发行；以阅读障碍者能够感知的无障碍方式向其提供已经发表的作品；法律、行政法规规定的其他情形。

上述规定适用于对与著作权有关的权利的限制。

② 法定许可使用。法定许可是指根据著作权法的规定，以特定方式使用作品，可以不经著作权人的许可，但应向其支付报酬。法定许可与合理使用一样，都是由法律明确规定的。法定许可与合理使用的区别主要在于法定许可需支付报酬，而合理使用不需要支付报酬。

根据《著作权法》的规定，为实施义务教育和国家教育规划而编写出版教科书，可以不经著作权人许可，在教科书中汇编已经发表的作品片段或者短小的文字作品、音乐作品或者单幅的美术作品、摄影作品、图形作品，但应当按照规定向著作权人支付报酬，指明作者姓名或者名称、作品名称，并且不得侵犯著作权人依照本法享有的其他权利。

上述规定适用于对与著作权有关的权利的限制。

 案例讨论3-22

李某自学英语多年，为了提高翻译水平，常将见到的文章顺手拿过来做翻译练习。一次李某将同事赵某在报纸上发表的一篇文章进行翻译。赵某见到李某翻译自己的文章，便提出李某这样做未经自己许可，是侵犯自己的著作权。李某辩称：自己只是做翻译练习，并不打算发表，但赵某坚持认为李某侵犯了自己的著作权，并要求李某今后不得再翻译自己的作品。双方为此发生争执。

问题：李某是否侵犯了赵某的著作权？为什么？

4. 著作权的许可使用和转让

（1）著作权的许可使用。著作权的许可使用是指著作权人许可他人在一定期间、一定范围内以一定方式使用其作品的行为。

《著作权法》规定，使用他人作品应当同著作权人订立许可使用合同，法律规定可以不经许可的除外。许可使用合同包括下列主要内容：许可使用的权利种类；许可使用的权利是专有使用权或者非专有使用权；许可使用的地域范围、期间；付酬标准和办法；违约责任；双方认为需要约定的其他内容。

著作权许可使用合同中著作权人未明确许可、转让的权利，未经著作权人同意，另一方当事人不得行使。

（2）著作权的转让。著作权转让是指著作权人将著作权中的全部或部分财产权有偿或无偿地移交给他人所有的法律行为。

转让著作权中的财产权应当订立书面合同。权利转让合同包括下列主要内容：作品的名称；转让的权利种类、地域范围；转让价金；交付转让价金的日期和方式；违约责任；双方认为需要约定的其他内容。

著作权转让合同中著作权人未明确许可、转让的权利，未经著作权人同意，另一方当事人不得行使。

5. 邻接权

1）邻接权的概念

邻接权是与著作权邻近的权利，通常是指表演者、录音制作者和广播电视组织对其表演活动、录音制品和广播电视节目享有的一种类似著作权的权利。

2）邻接权的种类

邻接权主要包括：①出版者权；②表演者权；③录音录像制品制作者权；④广播电视组织权。

3）邻接权的保护期

出版者权的保护期为 10 年，截止于使用该版式设计的图书、期刊首次出版后第 10 年的 12 月 31 日。表演者的报酬权保护期为 50 年，截止于该表演发生后第 50 年的 12 月 31 日。录音录像制作者权的保护期为 50 年，截止于该制品首次制作完成后第 50 年的 12 月 31 日。广播电视组织权的保护期为 50 年，截止于该广播、电视首次播放后第 50 年的 12 月 31 日。

6. 著作权的保护

1）侵犯著作权的行为

侵犯著作权的行为主要包括以下几种：未经著作权人许可，发表其作品的；未经合作作者许可，将与他人合作创作的作品当作自己单独创作的作品发表的；没有参加创作，为谋取个人名利，在他人作品上署名的；歪曲、篡改他人作品的；剽窃他人作品的；未经著作权人许可，以展览、摄制视听作品的方法使用作品，或者以改编、翻译、注释等方式使用作品的；使用他人作品，应当支付报酬而未支付的；未经视听作品、计算机软件、录音录像制品的著作权人、表演者或者录音录像制作者许可，出租其作品或者录音录像制品的原件或者复制件的，未经出版者许可,使用其出版的图书、期刊的版式设计的;未经表演者许可,从现场直播或者公开传送其现场表演,或者录制其表演的;其他侵犯著作权以及与著作权有关的权益的行为。

2)侵害著作权的法律责任

（1）民事责任。侵犯著作权承担民事责任的方式主要有:停止侵害;消除影响;赔礼道歉;赔偿损失。侵犯著作权或者与著作权有关的权利的,侵权人应当按照权利人因此受到的实际损失或者侵权人的违法所得给予赔偿;权利人的实际损失或者侵权人的违法所得难以计算的,可以参照该权利使用费给予赔偿。对故意侵犯著作权或者与著作权有关的权利,情节严重的,可以在按照上述方法确定数额的1倍以上5倍以下给予赔偿。权利人的实际损失、侵权人的违法所得、权利使用费难以计算的,由人民法院根据侵权行为的情节,判决给予500元以上500万元以下的赔偿。赔偿数额还应当包括权利人为制止侵权行为所支付的合理开支。人民法院为确定赔偿数额,在权利人已经尽了必要举证责任,而与侵权行为相关的账簿、资料等主要由侵权人掌握的,可以责令侵权人提供与侵权行为相关的账簿、资料等;侵权人不提供,或者提供虚假的账簿、资料等的,人民法院可以参考权利人的主张和提供的证据确定赔偿数额。

（2）行政责任。侵犯著作权承担行政责任的方式主要有:警告;责令停止制作和发行侵权复制品;没收非法所得;没收侵权复制品及制作设备;罚款。

（3）刑事责任。侵犯著作权的行为情节严重构成犯罪的,依法追究刑事责任。

3.8.3　商标法

1. 商标法概述

1）商标的概念与种类

商标是生产经营者在其生产、制造、加工、拣选、经销的商品或者服务上采用的,区别商品或者服务来源的,由文字、图形或者其组合构成的,具有显著特征的标志。简言之,商标就是商品或服务的标记。

按照不同的分类标准,可以将对商标分成不同的种类。根据商标的结构或外观状态可将商标分为视觉商标、听觉商标和味觉商标。其中视觉商标比较常见,具体包括文字商标、图形商标、图形与文字组合商标。根据商标的用途来分类,可划分为商品商标和服务商标。根据商标是否注册,可划分为注册商标和未注册商标。根据商标的作用和功能来分类,可划分为联合商标、防御商标、证明商标和等级商标。

2）商标法的概念

商标法是调整规范商标注册、使用、管理过程中所发生的社会关系的法律规范的总称。1982年8月23日第五届全国人民代表大会常务委员会通过了《商标法》,该法分别于1993年、2001年、2013年、2019年进行了四次修正,最新修正的《商标法》于2019年11月1日生效。

2. 商标权的主体、客体和内容

商标权是商标所有人依法对其注册商标享有的专用权。《商标法》规定,经商标局核准注册商标的为注册商标,商标注册人享有商标专用权。

1）商标权的主体

商标权的主体,也称为商标权人,是指依法享有商标专用权的人。《商标法》第4条规定,自然人、法人或者其他组织在生产经营活动中,对其商品或者服务需要取得商标专用权的,应当向商标局申请商标注册。

另外,外国人或外国企业在中国申请商标注册的,应按其所属国和我国签订的协议或共同参加的根据条约办理,或按对等原则办理。

2）商标权的客体

商标权的客体是商标权所指向的对象,即注册商标。作为商标权客体的注册商标必须满足以下条件。

（1）具有显著性。申请注册的商标,应当有显著特征,便于识别。

（2）不得侵犯他人的在先权利。在先权利一般包括商号权、外观设计权、地理标志权、著作权、姓名权等等,如果申请注册的商标与他人在先取得的权利相冲突,在先权利人可以通过异议程序或撤销程序阻止该商标注册。

（3）不得使用法律所禁止使用的文字、图形。《商标法》第10条规定,下列标志不得作为商标使用:①同中华人民共和国的国家名称、国旗、国徽、军旗、勋章相同或者近似的,以及同中央国家机关所在地特定地点的名称或者标志性建筑物的名称、图形相同的;②同外国的国家名称、国旗、国徽、军旗相同或者近似的,但该国政府同意的除外;③同政府间国际组织的名称、旗帜、徽记相同或者近似的,但经该组织同意或者不易误导公众的除外;④与表明实施控制、予以保证的官方标志、检验印记相同或者近似的,但经授权的除外;⑤同"红十字""红新月"的名称、标志相同或者近似的;⑥带有民族歧视性的;⑦夸大宣传并带有欺骗性的;⑧有害于社会主义道德风尚或者有其他不良影响的。

县级以上行政区划的地名或者公众知晓的外国地名,不得作为商标。但是,地名具有其他含义或者作为集体商标、证明商标组成部分的除外;已经注册的使用地名的商标继续有效。

《商标法》第11条规定,下列标志不得作为商标注册:①仅有本商品的通用名称、图形、型号的;②仅仅直接表示商品的质量、主要原料、功能、用途、重量、数量及其他特点的;③缺乏显著特征的。上述标志经过使用取得显著特征,并便于识别的,可以作为商标注册。

3）商标权的内容

商标权的内容就是商标权人的权利和义务。

（1）商标权人的权利。其主要包括:①商标专用权;②转让权;③许可权;④标记权;⑤禁用权。

（2）商标权人的义务。其主要包括:①正确使用注册商标;②保证商品质量;③缴纳规定的费用。

3．商标权的取得

商标权的取得分为原始取得和继受取得两种情况。

1）原始取得

商标权的原始取得,也称为商标权的直接取得,是指通过商标注册取得商标权。

（1）商标注册的原则如下。

① 注册原则。注册原则是指只有经过商标局核准注册的商标,该商标的申请人才能取得商标权,未注册的商标所有人不能拥有商标权。我国对于绝大多数商品是否申请注册商标采用自愿注册原则,商标是否注册,由当事人自行决定,法律不作强制性规定。但对于人用药品和烟草制品采用强制注册原则,未经注册的,不得在市场上销售。

② 申请在先为主,使用在先为辅的原则。申请在先原则,也称为先申请原则,是指以申请注册的先后来确定商标权的归属,即谁先申请注册,商标权就授予谁。使用在先原则是以商标使用的先后来确定商标权的归属,即谁先使用,商标权就授予谁。我国在商标注册上采取的是申请在先为主,使用在先为辅的原则。《商标法》第 31 条规定:"两个或者两个以上的申请人,在同一种商品或者类似的商品上,以相同或者近似的商标申请注册的,初步审定并公告申请在先的商标;同一天申请的,初步审定并公告使用在先的商标,驳回其他人的申请,不予公告。"

 案例讨论3-23

　　A 省甲电视机厂生产的"兰花"牌电视机,质量好,价格适中,售后服务好,深受广大用户欢迎。B 省一家生产"红叶"牌电视机的工厂得知甲厂的商标还未注册,便向商标局申请注册了"兰花"牌商标。此后,产品销路大有改观。甲厂得知这一情况后,以该品牌是自己首先创出,先使用为由,要求乙厂停止使用该商标。而乙厂则认为自己已经注册了该商标,享有商标专用权,要求甲厂停止使用。为此,双方发生纠纷。

问题:本案中谁是侵权人? 为什么?

③ 优先权原则。商标注册申请人自其商标在外国第一次提出商标注册申请之日起 6 个月内,又在中国就相同商品以同一商标提出商标注册申请的,依照该外国同中国签订的协议或者共同参加的国际条约,或者按照相互承认优先权的原则,可以享有优先权。

申请人要求优先权的,应当在提出商标注册申请的时候提出书面声明,并且在 3 个月内提交第一次提出的商标注册申请文件的副本;未提出书面声明或者逾期未提交商标注册申请文件副本的,视为未要求优先权。

（2）商标注册的程序如下。

① 申请。申请商标注册应由申请人或其代理人向商标主管部门提交书面的注册申请书,具体载明申请人和使用的有关商品的详细情况,申请人在递交注册申请书的同时,必须按规定报送申请注册商标的图样,并交纳注册费用。

② 审查。商标局依据法律规定,对申请注册的商标进行审查。审查包括形式审查和实质审查两项内容。形式审查,主要是审查申请人是否具备法定资格,申请文件是否具备,从而决定是否受理该申请。实质审查,是指对申请注册的商标是否具备法定构成要素,是否具有法律禁用的内容,是否同他人已注册或已申请的商标相混同所进行的审查。

商标局经过审查,认为符合《商标法》规定的,初步审定予以公告。不符合规定的,由商标局驳回申请,不予公告。对驳回申请,不予公告的,商标局应当书面通知申请人。申请人不服的,可以在收到通知后 15 日内申请复审。商标评审委员会应当自收到申请之日起 9 个月内做出决定,并书面通知申请人。有特殊情况需要延长的,经国务院工商行政管理部门批准,可以延长 3 个月。当事人对商标评审委员会的决定不服的,可以自收到通知之日起 30 日内向人民法院起诉。

③ 核准注册。经过初步审定公告的商标,无人提出异议或经裁定异议不能成立的,予以核准注册,发给商标注册证,并再次予以公告。商标注册申请人也就成为注册商标所有人,享有商标专用权。

对初步审定公告的商标提出异议的,商标局应当听取异议人和被异议人陈述事实和理由,经调查核实后,自公告期满之日起 12 个月内做出是否准予注册的决定,并书面通知异议人和被异议人。有特殊情况需要延长的,经国务院工商行政管理部门批准,可以延长 6 个月。

2) 继受取得

商标权的继受取得,也称为商标权的传来取得,是指以他人既存的商标权及他人意志为基础而取得商标权。继受取得有两种方式:一种是根据转让合同取得商标权,另一种是通过继承取得商标权。

4. 商标的管理

商标管理是国家商标管理机关依法对注册商标和未注册商标的使用进行的管理活动。我国商标管理的机关是国家各级工商行政管理部门。

1) 注册商标的使用管理

(1) 对使用注册商标的管理。使用注册商标,有下列行为之一的,由商标局责令限期改正或者撤销其注册商标:①自行改变注册商标的;②自行改变注册商标的注册人名义、地址或者其他注册事项的;③自行转让注册商标的;④连续 3 年停止使用的。

(2) 监督使用注册商标的商品或服务的质量。使用注册商标,其商品粗制滥造,以次充好,欺骗消费者的,由各级工商行政管理部门分别不同情况,责令限期改正,并可以予以通报或者处以罚款,或者由商标局撤销其注册商标。

(3) 对被撤销或注销商标的管理。注册商标被撤销的或者期满不再续展的,自撤销或者注销之日起 1 年内,商标局对与该商标相同或者近似的商标注册申请,不予核准。

2) 未注册商标的使用管理

使用未注册商标,有下列行为之一的,由地方工商行政管理部门予以制止,限期改正,并可以予以通报或者处以罚款:①冒充注册商标的;②使用商标法禁用标志的;③粗制滥造,以次充好,欺骗消费者的。

5. 商标权的期限、续展和消灭

(1) 商标权的期限。商标权的期限,是商标权受法律保护的有效期限。注册商标的有效期为 10 年,自核准之日起计算。

(2) 商标权的续展。注册商标有效期满,需要继续使用的,应当在期满前 6 个月内申请续展注册;在此期间未能提出申请的,可以给予 6 个月的宽展期。每次续展注册的有效期为 10 年,续展次数不受限制。宽展期满仍未提出申请的,注销其注册商标。

(3) 商标权的消灭。商标权消灭的原因主要如下。

① 因注销而丧失商标权。注销是指商标主管机关基于某些原因取消注册商标的一种

管理措施,是商标权的正常消灭情况。在下列情况下,商标局可以注销注册商标:注册商标法定期限届满,未续展和续展未获批准的;商标注册人申请注销其注册商标或者注销其商标在部分指定商品上的注册;商标注册人死亡或者终止,自死亡或者终止之日起 1 年期满,该注册商标没有办理转移手续的,任何人可以向商标局申请注销该注册商标。

② 因撤销而丧失商标权。商标权的撤销是指商标主管机构依法强制取消已经注册的商标。商标注册人有下列行为之一的,由商标局责令限期改正或者撤销其注册商标:自行改变注册商标的;连续 3 年停止使用的;使用注册商标,其商品粗制滥造,以次充好,欺骗消费者的。

6. 商标权的保护

1) 商标权保护的范围

《商标法》规定,注册商标的专用权,以核准注册的商标和核定使用的商品为限。可见,对注册商标专用权的保护,限制在核准注册的商标和核定使用的商品范围之内。

2) 侵犯商标权的行为

侵犯商标权的行为主要包括:①未经商标注册人的许可,在同一种商品上使用与其注册商标相同的商标的;②未经商标注册人的许可,在同一种商品上使用与其注册商标近似的商标,或者在类似商品上使用与其注册商标相同或者近似的商标,容易导致混淆的;③销售侵犯注册商标专用权的商品的;④伪造、擅自制造他人注册商标标识或者销售伪造、擅自制造的注册商标标识的;⑤未经商标注册人同意,更换其注册商标并将该更换商标的商品又投入市场的;⑥故意为侵犯他人商标专用权行为提供便利条件,帮助他人实施侵犯商标专用权行为的;⑦给他人的注册商标专用权造成其他损害的。

3) 商标侵权行为的法律责任

因侵犯注册商标专用权引起纠纷的,由当事人协商解决;不愿协商或者协商不成的,商标注册人或者利害关系人可以向人民法院起诉,也可以请求工商行政管理部门处理。

商标侵权行为的法律责任主要包括以下方面。

(1) 民事责任。承担民事责任的方式一般包括:停止侵权行为;消除影响;恢复名誉;赔偿损失。其中,侵犯商标专用权的赔偿数额,按照权利人因被侵权所受到的实际损失确定;实际损失难以确定的,可以按照侵权人因侵权所获得的利益确定;权利人的损失或者侵权人获得的利益难以确定的,参照该商标许可使用费的倍数合理确定。对恶意侵犯商标专用权,情节严重的,可以在按照上述方法确定数额的 1 倍以上 5 倍以下确定赔偿数额。赔偿数额应当包括权利人为制止侵权行为所支付的合理开支。人民法院为确定赔偿数额,在权利人已经尽力举证,而与侵权行为相关的账簿、资料主要由侵权人掌握的情况下,可以责令侵权人提供与侵权行为相关的账簿、资料;侵权人不提供或者提供虚假的账簿、资料的,人民法院可以参考权利人的主张和提供的证据判定赔偿数额。权利人因被侵权所受到的实际损失、侵权人因侵权所获得的利益、注册商标许可使用费难以确定的,由人民法院根据侵权行为的情节判决给予 500 万元以下的赔偿。

(2) 行政责任。对于商标侵权行为,被侵权人可以向工商行政管理部门要求处理,工商行政管理部门有权采取如下处理措施:责令立即停止侵权行为;收缴并销毁侵权商标标识;消除现存商品上的侵权商标;收缴直接专门用于商标侵权的模具、印版或者其他作案工具;

罚款。

（3）刑事责任。假冒他人注册商标、情节严重、构成犯罪的,除赔偿侵权人的损害外,依法追究刑事责任。

3.8.4　专利法

1. 专利法律制度概述

1）专利的概念

专利通常有三种不同的含义:第一是指专利权。所谓专利权,就是指专利权人在法律规定的期限内,对其发明创造享有的独占权。第二是指取得专利权的发明创造。第三是指专利文献。

2）专利法

专利法是调整专利权的取得、实施和保护过程中发生的社会关系的法律规范的总称。

1984 年 3 月 12 日第六届全国人大常委会第四次会议通过了《专利法》,该法分别于 1992 年、2000 年、2008 年、2020 年进行了四次修订,最后一次修正的专利法自 2021 年 6 月 1 日起施行。

2. 专利权的主体、客体与内容

1）专利权的主体

专利权主体即专利权人,是指依法享有专利权并承担相应义务的人。专利权主体包括以下几种。

（1）发明人或设计人。《专利法》规定,非职务发明创造,申请专利的权利属于发明人或者设计人;申请被批准后,该发明人或者设计人为专利权人。非职务发明创造是指在工作时间以外,又没有利用单位的物质技术条件所完成的发明创造。这里的发明人或设计人,是指对发明创造的实质性特点作出了创造性贡献的人。在完成发明创造过程中,只负责组织工作的人、为物质技术条件的利用提供方便的人或者从事其他辅助性工作的人不是发明人或设计人。

（2）发明人或设计人的单位。职务发明创造专利权的主体是该发明创造的发明人或者设计人的所在单位。职务发明创造,是指执行本单位的任务或者主要是利用本单位的物质技术条件所完成的发明创造。职务发明创造分为两类:第一,执行本单位任务所完成的发明创造。包括三种情况:在本职工作中作出的发明创造;履行本单位交付的本职工作之外的任务所作出的发明创造;退职、退休或者调动工作后 1 年内作出的,与其在原单位承担的本职工作或者原单位分配的任务有关的发明创造。第二,主要利用本单位的物质技术条件所完成的发明创造。"本单位的物质技术条件"是指本单位的资金、设备、零部件、原材料或者不对外公开的技术资料等。如果在发明创造过程中,全部或者大部分利用了单位的资金、设备、零部件、原料,以及不对外公开的技术资料,这种利用对发明创造的完成起着决定性作用,就可以认定为主要利用本单位物质技术条件。利用本单位的物质技术条件所完成的发明创造,单位与发明人或者设计人订有合同,对申请专利的权利和专利权的归属作出约定的,从其约定。

职务发明创造的专利申请权和取得的专利权归发明人或设计人所在的单位。发明人或设计人享有署名权和获得奖金、报酬的权利。

 案例讨论3-24

　　谢某是一家机电公司的销售人员,业余时间热衷于在家进行新产品的研发,为此他自筹资金购买了一些设备和原材料,经过几年的研究,谢某终于研发出一种新产品,准备申请发明专利。机电公司得知后,要求谢某将该新产品的专利申请权交给公司,理由是谢某是公司的销售人员,在职期间研发的新产品属于职务发明创造,因而应由公司享有专利申请权。谢某则认为自己研制的新产品属于非职务发明创造,应该由自己去申请专利,取得专利权。

　　问题:本案中的专利申请权应归属于谁,如何判断职务发明创造与非职务发明创造?

　　(3) 受让人。受让人是指通过合同或继承而依法取得专利权的单位或个人。专利申请权和专利权可以转让。专利申请权转让之后,如果获得了专利,那么受让人就是该专利权的主体;专利权转让后,受让人成为该专利权的新主体。

　　(4) 共同发明的专利权人。两个以上单位或者个人合作完成的发明创造,除另有协议的以外,申请专利的权利属于共同完成的单位或者个人;申请被批准后,申请的单位或者个人为专利权人。

　　(5) 委托发明的专利权人。一个单位或者个人接受其他单位或者个人委托所完成的发明创造,如果双方约定发明创造的申请专利权归委托方,从其约定,申请被批准后,申请的单位或者个人为专利权人。如果单位或者个人之间没有协议,构成委托开发的,申请专利权以及取得的专利权归受托人,但委托人可以免费实施该专利技术。

　　2) 专利权的客体

　　专利权的客体是指专利法保护的对象。具体包括发明、实用新型和外观设计。发明是指对产品、方法或者其改进所提出的新的技术方案。发明包括产品发明和方法发明。实用新型是指对产品的形状、构造或者其结合所提出的适于实用的新的技术方案。实用新型也称其为"小发明",其创造性要求比发明低。外观设计是指对产品的整体或者局部的形状、图案或者其结合,以及色彩与形状、图案的结合所作出的富有美感并适于工业应用的新设计。

　　3) 专利权的内容

　　(1) 专利权人的权利有以下几点。

　　① 专有实施权。专有实施权即专利权人依法对其获得专利的发明创造享有的独占实施权,未经专利权人许可,任何单位或者个人都不得实施其专利。

　　② 许可权。许可权即专利权人许可他人实施其专利的权利,被许可方取得相应的专利实施权并向专利权人支付专利使用费。按照被许可人取得实施权的范围和权限,可以将专利实施许可分为如下几种类型:第一,独占实施许可,即在一定的时间和有效地域范围内,被许可人享有独占的实施权,专利权人不得向其他人许可实施该专利,而专利权人本人也不得实施该专利;第二,排他实施许可,即在一定的时间和有效地域范围内,专利权人仅许可被许可人实施该专利权,不得许可其他人实施该专利,但专利权人本人可以实施该专利;第三,普通实施许可,即在一定的时间和有效地域范围内,专利权人在许可被许可人实施该专利权的同时,还可以许可其他人实施该专利,专利权人本人也可以实施该专利。

③ 转让权。专利申请权和专利权可以转让。转让专利申请权或者专利权的,当事人应当订立书面合同,并向国务院专利行政部门登记,由国务院专利行政部门予以公告。专利申请权或者专利权的转让自登记之日起生效。中国单位或者个人向外国人、外国企业或者外国其他组织转让专利申请权或者专利权的,应当依照有关法律、行政法规的规定办理手续。

④ 标记权。专利权人有权在其专利产品或该产品的包装上标明专利标记和专利号。

(2) 专利权人的义务有以下方面。

① 缴纳专利年费。专利年费又叫专利维持费,是专利权人为维持专利权的效力,逐年向专利局缴纳的费用。专利权人在专利期内应向专利主管机关缴纳专利年费,未按期缴纳年费的,专利权终止。

② 实施专利的义务。实施专利发明,既是权利人的权利也是其应当履行的义务。专利权人可以自己实施专利,也可以许可他人实施专利。如果专利权人自己不实施,也不允许他人实施其专利,在一定的条件下,国家可以依法颁布强制许可证,强制他人实施其专利,即专利权实施的强制许可。

专利权实施的强制许可,是指政府强制给予除专利权人之外的第三人实施某项专利的权利。强制许可有一定的限定条件,根据我国《专利法》的规定,可给予强制许可的情况共有以下三种。

第一,不实施的强制许可。《专利法》第53条规定,有下列情形之一的,国务院专利行政部门根据具备实施条件的单位或者个人的申请,可以给予实施发明专利或者实用新型专利的强制许可:一种是专利权人自专利权被授予之日起满3年,且自提出专利申请之日起满4年,无正当理由未实施或者未充分实施其专利的;另一种是专利权人行使专利权的行为被依法认定为垄断行为,为消除或者减少该行为对竞争产生的不利影响的。

第二,国家紧急状态或非常情况下的强制许可。《专利法》规定,在国家出现紧急状态或者非常情况时,或者为了公共利益的目的,国务院专利行政部门可以给予实施发明专利或者实用新型专利的强制许可。另外,为了公共健康目的,对取得专利权的药品,国务院专利行政部门可以给予制造并将其出口到符合中华人民共和国参加的有关国际条约规定的国家或者地区的强制许可。

第三,从属专利的强制许可。《专利法》第56条规定,一项取得专利权的发明或者实用新型比前已经取得专利权的发明或者实用新型具有显著经济意义的重大技术进步,其实施又有赖于前一发明或者实用新型的实施的,国务院专利行政部门根据后一专利权人的申请,可以给予实施前一发明或者实用新型的强制许可。

取得实施强制许可的单位或者个人不享有独占的实施权,并且无权允许他人实施。取得实施强制许可的单位或者个人应当付给专利权人合理的使用费,或者依照我国参加的有关国际条约的规定处理使用费问题。付给使用费的,其数额由双方协商;双方不能达成协议的,由国务院专利行政部门裁决。

3. 专利权的取得

1) 授予专利权的条件

授予专利权的发明创造应当具备新颖性、创造性和实用性。

新颖性是指该发明或者实用新型不属于现有技术;也没有任何单位或者个人就同样的

发明或者实用新型在申请日以前向国务院专利行政部门提出过申请,并记载在申请日以后公布的专利申请文件或者公告的专利文件中。现有技术,是指申请日以前在国内外为公众所知的技术。申请专利的发明创造在申请日以前6个月内,有下列情形之一的,不丧失新颖性:①在国家出现紧急状态或者非常情况时,为公共利益目的首次公开的;②在中国政府主办或者承认的国际展览会上首次展出的;③在规定的学术会议或者技术会议上首次发表的;④他人未经申请人同意而泄露其内容的。

创造性是指与现有技术相比,该发明具有突出的实质性特点和显著的进步,该实用新型具有实质性特点和进步。

实用性是指该发明或者实用新型能够制造或者使用,并且能够产生积极效果。

除此之外,《专利法》还规定了一些不能授予专利权的情形。下列各项不授予专利权:①科学发现;②智力活动的规则和方法;③疾病的诊断和治疗方法;④动物和植物品种;⑤原子核变换方法以及用原子核变换方法获得的物质;⑥对平面印刷品的图案、色彩或者二者的结合作出的主要起标识作用的设计;⑦对违反国家法律、社会公德或者妨害社会公共利益的发明创造,不授予专利权。

2)专利权取得的程序

(1)申请。专利权由申请人向专利局提出申请。

① 专利权申请的原则。申请人申请专利权一般应遵循以下原则。

第一,先申请的原则。先申请的原则是指两个以上的人分别就同样的发明创造申请专利的,专利权授予最先申请的人。申请人直接向专利局递交文件的,以专利局收到专利申请文件之日为申请日;申请文件是邮寄的,以寄出的邮戳日为申请日,信封上寄出的邮戳日不清晰的,除当事人能证明外,以专利局收到日为递交日;专利局收到的申请文件有欠缺的,以文件补齐之日为申请日。

第二,优先权原则。申请人自发明或者实用新型在外国第一次提出专利申请之日起12个月内,或者自外观设计在外国第一次提出专利申请之日起6个月内,又在中国就相同主题提出专利申请的,依照该外国同中国签订的协议或者共同参加的国际条约,或者依照相互承认优先权的原则,可以享有优先权。申请人要求发明、实用新型专利优先权的,应当在申请的时候提出书面声明,并且在第一次提出申请之日起16个月内,提交第一次提出的专利申请文件的副本。申请人要求外观设计专利优先权的,应当在申请的时候提出书面声明,并且在3个月内提交第一次提出的专利申请文件的副本。申请人未提出书面声明或者逾期未提交专利申请文件副本的,视为未要求优先权。

第三,一项发明一件申请原则。是指一件发明或者实用新型专利申请应当限于一项发明或者实用新型。属于一个总的发明构思的两项以上的发明或者实用新型,可以作为一件申请提出。

② 专利申请文件。申请发明或者实用新型专利的,应当提交请求书、说明书及其摘要和权利要求书等文件。请求书应当写明发明或者实用新型的名称,发明人的姓名,申请人姓名或者名称、地址,以及其他事项。说明书应当对发明或者实用新型作出清楚、完整的说明,以所属技术领域的技术人员能够实现为准;必要的时候,应当有附图。摘要应当简要说明发明或者实用新型的技术要点。权利要求书应当以说明书为依据,清楚、简要地限定要求专利保护的范围。

申请外观设计专利的,应当提交请求书、该外观设计的图片或者照片以及对该外观设计的简要说明等文件。申请人提交的有关图片或者照片应当清楚地显示要求专利保护的产品的外观设计。

(2)审查和批准。国务院专利行政部门收到发明专利申请后,经初步审查认为符合本法要求的,自申请日起满18个月,即行公布。国务院专利行政部门可以根据申请人的请求早日公布其申请。

发明专利申请自申请日起3年内,国务院专利行政部门可以根据申请人随时提出的请求,对其申请进行实质审查;申请人无正当理由逾期不请求实质审查的,该申请即被视为撤回。国务院专利行政部门认为必要的时候,可以自行对发明专利申请进行实质审查。

国务院专利行政部门对发明专利申请进行实质审查后,认为不符合法律规定的,应当通知申请人,要求其在指定的期限内陈述意见,或者对其申请进行修改;无正当理由逾期不答复的,该申请即被视为撤回。发明专利申请经申请人陈述意见或者进行修改后,国务院专利行政部门仍然认为不符合规定的,应当予以驳回。

发明专利申请经实质审查没有发现驳回理由的,由国务院专利行政部门作出授予发明专利权的决定,发给发明专利证书,同时予以登记和公告。发明专利权自公告之日起生效。实用新型和外观设计专利申请经初步审查没有发现驳回理由的,由国务院专利行政部门作出授予实用新型专利权或者外观设计专利权的决定,发给相应的专利证书,同时予以登记和公告。实用新型专利权和外观设计专利权自公告之日起生效。

专利申请人对国务院专利行政部门驳回申请的决定不服的,可以自收到通知之日起3个月内,向国务院专利行政部门请求复审。国务院专利行政部门复审后,作出决定,并通知专利申请人。专利申请人对国务院专利行政部门的复审决定不服的,可以自收到通知之日起3个月内向人民法院起诉。

4. 专利权的期限、终止和无效

(1)专利权的期限。专利权的期限就是专利权的有效期间。我国《专利法》规定,发明专利权的期限为20年,实用新型专利权的期限为10年,外观设计专利权的期限为15年,均自申请日起计算。

自发明专利申请日起满4年,且自实质审查请求之日起满3年后授予发明专利权的,国务院专利行政部门应专利权人的请求,就发明专利在授权过程中的不合理延迟给予专利权期限补偿,但由申请人引起的不合理延迟除外。

为补偿新药上市审评审批占用的时间,对在中国获得上市许可的新药相关发明专利,国务院专利行政部门应专利权人的请求给予专利权期限补偿。补偿期限不超过5年,新药批准上市后总有效专利权期限不超过14年。

(2)专利权的终止。专利权终止的原因包括以下几种:期限届满终止;专利权人以书面声明放弃专利权;专利权人没有按照规定缴纳年费。

(3)专利权的无效。自国务院专利行政部门公告授予专利权之日起,任何单位或者个人认为该专利权的授予不符合法律规定的,可以请求国务院专利行政部门宣告该专利权无效。

国务院专利行政部门对宣告专利权无效的请求应当及时审查和作出决定,并通知请求人和专利权人。宣告专利权无效的决定,由国务院专利行政部门登记和公告。

对国务院专利行政部门宣告专利权无效或者维持专利权的决定不服的,可以自收到通知之日起 3 个月内向人民法院起诉。人民法院应当通知无效宣告请求程序的对方当事人作为第三人参加诉讼。

宣告无效的专利权视为自始即不存在。宣告专利权无效的决定,对在宣告专利权无效前人民法院作出并已执行的专利侵权的判决、调解书,已经履行或者强制执行的专利侵权纠纷处理决定,以及已经履行的专利实施许可合同和专利权转让合同,不具有追溯力。但是因专利权人的恶意给他人造成的损失,应当给予赔偿。依照上述规定不返还专利侵权赔偿金、专利使用费、专利权转让费,明显违反公平原则的,应当全部或者部分返还。

5. 专利权的保护

1）专利权的保护范围

发明或者实用新型专利权的保护范围以其权利要求的内容为准,说明书及附图可以用于解释权利要求的内容。外观设计专利权的保护范围以表示在图片或者照片中的该产品的外观设计为准。

2）专利侵权行为

专利侵权行为主要有以下几种:未经专利权人许可,实施其专利的行为;假冒他人专利的行为;以非专利产品冒充专利产品、以非专利方法冒充专利方法。

3）专利侵权的法律责任

对侵害专利权的行为,专利权人或利害关系人可以与侵权人协商解决;不愿协商或协商不成的,可以请求专利管理机关依行政程序进行处理;也可以直接向人民法院起诉。

根据《专利法》及其有关法律的规定,侵权行为人应当承担的法律责任包括民事责任、行政责任与刑事责任。

（1）民事责任。侵犯专利权应承担民事责任的具体方式有:①停止侵权行为;②消除影响;③赔偿损失;侵犯专利权的赔偿数额按照权利人因被侵权所受到的实际损失确定;侵犯专利权的赔偿数额按照权利人因被侵权所受到的实际损失或者侵权人因侵权所获得的利益确定;权利人的损失或者侵权人获得的利益难以确定的,参照该专利许可使用费的倍数合理确定。对故意侵犯专利权,情节严重的,可以在按照上述方法确定数额的 1 倍以上 5 倍以下确定赔偿数额。权利人的损失、侵权人获得的利益和专利许可使用费均难以确定的,人民法院可以根据专利权的类型、侵权行为的性质和情节等因素,确定给予 3 万元以上 500 万元以下的赔偿。赔偿数额还应当包括权利人为制止侵权行为所支付的合理开支。人民法院为确定赔偿数额,在权利人已经尽力举证,而与侵权行为相关的账簿、资料主要由侵权人掌握的情况下,可以责令侵权人提供与侵权行为相关的账簿、资料;侵权人不提供或者提供虚假的账簿、资料的,人民法院可以参考权利人的主张和提供的证据判定赔偿数额。

（2）行政责任。对专利侵权行为,管理专利工作的部门有权责令侵权行为人停止侵权行为、责令改正、罚款。

（3）刑事责任。依照专利法和刑法的规定,假冒他人专利,情节严重的,应对直接责任人员追究刑事责任。

4) 不视为侵犯专利权的行为

《专利法》第 75 条规定,有下列情形之一的,不视为侵犯专利权。

(1) 专利产品或者依照专利方法直接获得的产品,由专利权人或者经其许可的单位、个人售出后,使用、许诺销售、销售、进口该产品的;

(2) 在专利申请日前已经制造相同产品、使用相同方法或者已经作好制造、使用的必要准备,并且仅在原有范围内继续制造、使用的;

(3) 临时通过中国领陆、领水、领空的外国运输工具,依照其所属国同中国签订的协议或者共同参加的国际条约,或者依照互惠原则,为运输工具自身需要而在其装置和设备中使用有关专利的;

(4) 专为科学研究和实验而使用有关专利的;

(5) 为提供行政审批所需要的信息,制造、使用、进口专利药品或者专利医疗器械的,以及专门为其制造、进口专利药品或者专利医疗器械的。

另外,为生产经营目的使用、许诺销售或者销售不知道是未经专利权人许可而制造并售出的专利侵权产品,能证明该产品合法来源的,不承担赔偿责任。

3.9　婚姻家庭与继承

3.9.1　婚姻家庭的一般规定

我国《民法典》第五编调整因婚姻家庭产生的民事关系,规定婚姻家庭受国家保护。

婚姻关系是婚姻成立、婚姻效力和婚姻终止关系。包括婚姻成立的条件、程序、婚姻的无效与可撤销、婚姻成立后夫妻之间的权利和义务;离婚的原则、程序、法律效力;以及夫妻一方死亡后所产生的法律后果等。

家庭关系是指家庭成员间的权利义务关系。根据《民法典》规定,亲属包括配偶、血亲和姻亲。配偶、父母、子女和其他共同生活的近亲属为家庭成员。配偶、父母、子女、兄弟姐妹、祖父母、外祖父母、孙子女、外孙子女为近亲属。这些成员在家庭中的地位,相互间的身份的产生和消灭、权利和义务的内容及条件都属于《民法典》的调整对象。

《民法典》确定了婚姻家庭关系的五项基本原则,具体如下。

(1) 婚姻家庭受国家保护的原则。

(2) 婚姻自由原则。婚姻自由是指男女双方有依法缔结或解除婚姻关系而不受对方强迫或他人干涉的自由。

婚姻自由包括结婚自由和离婚自由两个方面。

(3) 一夫一妻原则。一夫一妻制是指一男一女结为夫妻的婚姻制度。按照一夫一妻原则,任何人都不得同时有两个或两个以上的配偶,禁止一切形式的一夫多妻或一妻多夫的婚姻。要保障一夫一妻制的实现,就必须禁止重婚、姘居、通奸等违反一夫一妻制的行为。

(4) 男女平等原则。男女平等是指男女两性在婚姻家庭关系中,享有同等的权利,负担同等的义务。

(5) 保护妇女、儿童和老人的合法权益原则。妇女、儿童和老人是社会中的弱势群体,强调对他们的保护，对于维护他们的合法权益有特殊意义。

3.9.2　结婚

结婚，法律上称为婚姻成立。其指男女双方依照法律规定的条件和程序确立夫妻关系的法律行为，并承担由此而产生的权利、义务及其他责任。为防止违法婚姻的发生，我国《民法典》对结婚规定了严格的条件和必经的程序。只有符合法定条件和履行法定程序的婚姻，才得到国家法律的承认和保护。

1. 结婚的条件

结婚条件包括必备条件和禁止条件。

1) 结婚的必备条件

(1) 男女双方完全自愿。我国《民法典》第 1046 条规定："结婚应当男女双方完全自愿，禁止任何一方对另一方加以强迫，禁止任何组织或者个人加以干涉。"这一规定是婚姻自由原则的具体化，是结婚的必备的、首要条件。男女"双方完全自愿"的具体含义是指：结婚必须男女双方自愿，而不是一厢情愿；当事人本人自愿，而不是出于父母或者其他第三者的意愿；当事人双方完全自愿，而不是勉强同意。

(2) 达到法定结婚年龄。法定结婚年龄，即法律上规定男女结婚必须达到的最低年龄。我国《民法典》法规定，结婚年龄，男不得早于 22 周岁，女不得早于 20 周岁。在我国，男女公民只有达到法定的结婚年龄，才具备申请结婚的资格，婚姻登记机关才予以登记，婚姻关系才有效。

当然，法律规定的结婚年龄是最低婚龄，低于法定婚龄的不得结婚，而不是说到了法定婚龄就一定要结婚。国家提倡和鼓励适当晚婚晚育。

(3) 必须符合一夫一妻制。《民法典》明确规定实行一夫一妻制，禁止重婚。因此，在审查结婚申请时，必须严格掌握这个条件，认真核实。申请结婚必须是未婚者或者丧偶、离婚的人，避免发生重婚。

2) 结婚的禁止条件

我国《民法典》第 1048 条规定："直系血亲或者三代以内的旁系血亲禁止结婚。"禁止近亲结婚，这不仅是伦理观念和自然规律的要求，也是优生的要求。

直系血亲是指与自己有直接血缘关系的亲属，即生育自己和自己所生育的上下各代亲属。包括生育自己的父母、祖父母、外祖父母，以及这以上的直接长辈和自己所生的子女，孙子女、外孙子女以及这以下的直接晚辈。

三代以内的旁系血亲，是指直系血亲以外的同源于祖父母、外祖父母的亲属。包括同源于父母的兄弟姊妹，同源于祖父母的堂兄弟姊妹或姑表兄弟姊妹结婚，同源于外祖父母的姨表或舅表兄弟姊妹，以及不同辈的叔、伯、姑、舅、姨与侄(侄女)、甥(甥女)。

2. 结婚的程序

结婚除必须符合法律规定的条件外，还必须履行法定的程序。我国《民法典》第 1049 条规定："要求结婚的男女双方应当亲自到婚姻登记机关申请结婚登记。符合本法规定的，予以登记，发给结婚证。完成结婚登记，即确立婚姻关系。未办理结婚登记的，应当补办登记。"根据本条规定，结婚登记是结婚的必经程序。

国务院民政部门主管全国的婚姻登记管理工作。县级以上地方各级人民政府的民政部门主管本行政区域内的婚姻登记管理工作。婚姻登记管理机关,在城市是街道办事处或者市辖区、不设区的人民政府的民政部门,在农村是乡、民族乡、镇的人民政府。

结婚登记的程序大致分为申请、审查和登记三个步骤。

(1) 申请。结婚的男女双方必须亲自持本人居民身份证、户籍证明、照片、所在单位或村民委员会(居民委员会)出具的婚姻状况(未婚、离婚、丧偶)的证明,共同到一方户口所在地的结婚登记机关,申请结婚登记。离过婚的申请再婚时,还应持离婚证件。

(2) 审查。婚姻登记机关对当事人的身份证明、户籍证明和单位证明必须认真审查,对当事人进行询问,还可以作必要的调查,以便查明当事人是否符合结婚的条件。

(3) 登记。婚姻登记机关经过全面审查了解,对符合结婚条件的,应准予登记,发给结婚证;对不符合条件的,不予登记,并向当事人说明理由。如果申请结婚的当事人,因受单位或他人干涉不能获得所需证明时,婚姻登记机关经查明确实符合结婚条件的,也应准予登记,发给结婚证。登记结婚后,根据男女双方约定,女方可以成为男方家庭的成员,男方也可以成为女方家庭成员。

3. 无效婚姻和可撤销婚姻

(1) 无效婚姻。无效婚姻又称婚姻无效,是指男女两性虽经登记结婚但由于违反结婚的法定条件而不发生婚姻效力,应当被宣告为无效的婚姻。无效婚姻自始当然无效。

《民法典》第 1051 条规定,有下列情形之一的,婚姻无效:①重婚;②有禁止结婚的亲属关系;③未到法定婚龄。

(2) 可撤销婚姻。可撤销婚姻是指当事人因意思表示不真实而成立的婚姻,或者当事人成立的婚姻在结婚的要件上有欠缺,法律赋予一定的当事人以撤销婚姻的请求权,该当事人可以通过行使撤销权,而使该婚姻无效的婚姻。

《民法典》第 1052 条规定:因胁迫结婚的,受胁迫的一方可以向人民法院请求撤销婚姻。请求撤销婚姻的,应当自胁迫行为终止之日起 1 年内提出。被非法限制人身自由的当事人请求撤销婚姻的,应当自恢复人身自由之日起 1 年内提出。第 1053 条规定:一方患有重大疾病的,应当在结婚登记前如实告知另一方;不如实告知的,另一方可以向人民法院请求撤销婚姻。请求撤销婚姻的,应当自知道或者应当知道撤销事由之日起 1 年内提出。

无效的或者被撤销的婚姻自始没有法律约束力,当事人不具有夫妻的权利和义务。同居期间所得的财产,由当事人协议处理;协议不成的,由人民法院根据照顾无过错方的原则判决。对重婚导致的无效婚姻的财产处理,不得侵害合法婚姻当事人的财产权益。当事人所生的子女,适用《民法典》关于父母子女的规定。婚姻无效或者被撤销的,无过错方有权请求损害赔偿。

 案例讨论3-25

张某与李某于 2019 年经人介绍相识,2020 年 6 月 13 日办理结婚登记手续,婚后双方没有生育子女。婚后不久,李某精神病发作,张某才得知李某从小就患有间歇性精神病,婚前李某隐瞒了病情。2021 年 1 月,张某向法院起诉离婚,并提交李某的残疾人证作为证明。

问题:法院应如何判决,为什么?

3.9.3　家庭关系

家庭关系是以婚姻为基础并由血缘关系或收养关系所构成的各亲属之间的关系,其中夫妻关系是最基本的,还包括父母与子女、祖父母与孙子女、外祖父母与外孙子女以及兄弟姐妹之间的关系等。

1. 夫妻关系

夫妻关系是指由合法婚姻而产生的男女之间的人身和财产方面的权利义务关系。夫妻关系是家庭产生的前提,是家庭关系的基础和核心。夫妻在家庭中地位平等。夫妻关系包括夫妻人身关系和夫妻财产关系两个方面的内容。

(1) 夫妻人身关系。夫妻人身关系是指没有直接财产内容、夫妻在身份上的权利义务关系。具体包括:①夫妻双方都有各自使用自己姓名的权利。②夫妻双方都有参加生产、工作、学习和社会活动的自由,一方不得对另一方加以限制或者干涉。③夫妻双方平等享有对未成年子女抚养、教育和保护的权利,共同承担对未成年子女抚养、教育和保护的义务。④夫妻有相互扶养的义务。需要扶养的一方,在另一方不履行扶养义务时,有要求其给付扶养费的权利。⑤夫妻双方享有日常家事代理权。夫妻一方因家庭日常生活需要而实施的民事法律行为,对夫妻双方发生效力,但是夫妻一方与相对人另有约定的除外。夫妻之间对一方可以实施的民事法律行为范围的限制,不得对抗善意相对人。

(2) 夫妻财产关系。夫妻财产关系是指夫妻之间在财产方面的权利义务关系。它是夫妻人身关系引起的法律后果,直接体现一定的经济内容。

夫妻财产方面的权利义务具体如下。

① 夫妻对共同财产享有平等的所有权。夫妻在婚姻关系存续期间所得的财产,归夫妻共同所有,双方另有约定的除外;夫妻对共同所有的财产,有平等的处理权。

根据《民法典》第 1062 条规定,夫妻在婚姻关系存续期间所得的下列财产,为夫妻的共同财产,归夫妻共同所有:工资、奖金、劳务报酬;生产、经营、投资的收益;知识产权的收益;继承或者受赠的财产,但是法律规定的除外;其他应当归共同所有的财产。

《民法典》第 1063 条规定,下列财产为夫妻一方的个人财产:一方的婚前财产;一方因受到人身损害获得的赔偿或者补偿;遗嘱或者赠与合同中确定只归一方的财产;一方专用的生活用品;其他应当归一方的财产。

《民法典》第 1064 条规定,夫妻双方共同签名或者夫妻一方事后追认等共同意思表示所负的债务,以及夫妻一方在婚姻关系存续期间以个人名义为家庭日常生活需要所负的债务,属于夫妻共同债务。夫妻一方在婚姻关系存续期间以个人名义超出家庭日常生活需要所负的债务,不属于夫妻共同债务;但是,债权人能够证明该债务用于夫妻共同生活、共同生产经营或者基于夫妻双方共同意思表示的除外。

根据《民法典》第 1065 条规定,男女双方可以约定婚姻关系存续期间所得的财产以及婚前财产归各自所有、共同所有或者部分各自所有、部分共同所有。约定应当采用书面形式。没有约定或者约定不明确的,适用《民法典》关于夫妻共同财产和个人财产的规定。夫妻对婚姻关系存续期间所得的财产以及婚前财产的约定,对双方具有法律约束力。夫妻对婚姻关系存续期间所得的财产约定归各自所有,夫或者妻一方对外所负的债务,相对人知道该约定的,以夫或者妻一方的个人财产清偿。

《民法典》还对婚姻关系存续期间共同财产分割问题作出了明确规定。婚姻关系存续期间,有下列情形之一的,夫妻一方可以向人民法院请求分割共同财产:一方有隐藏、转移、变卖、毁损、挥霍夫妻共同财产或者伪造夫妻共同债务等严重损害夫妻共同财产利益的行为;一方负有法定扶养义务的人患重大疾病需要医治,另一方不同意支付相关医疗费用。

② 夫妻有相互继承遗产的权利。

2. 父母与子女关系

1)父母与子女关系的范围

父母与子女关系是一种自然血亲关系,基于子女出生的事实而发生,包括婚生的父母子女关系和非婚生的父母子女关系。因父母一方死亡或离婚而再婚所发生的继父母与受其抚养教育的继子女关系;因依法收养而发生的养父母与养子女关系,虽然不是自然血亲关系,但法律确认其权利义务关系与亲生父母子女关系相同。

2)父母与子女关系的内容

我国《民法典》对父母与子女之间的权利义务作出了明确规定。

(1)父母对子女有抚养的义务。父母不履行抚养义务的,未成年子女或者不能独立生活的成年子女,有要求父母付给抚养费的权利。

(2)父母有教育、保护未成年子女的权利和义务。未成年子女造成他人损害的,父母应当依法承担民事责任。

(3)子女对父母有赡养扶助的义务。成年子女不履行赡养义务的,缺乏劳动能力或者生活困难的父母,有要求成年子女给付赡养费的权利。

(4)子女应当尊重父母的婚姻权利,不得干涉父母离婚、再婚以及婚后的生活。子女对父母的赡养义务,不因父母的婚姻关系变化而终止。

(5)父母子女有相互继承遗产的权利。

(6)非婚生子女享有与婚生子女同等的权利,任何人不得加以危害和歧视。不直接抚养非婚生子女的生父或者生母,应当负担未成年子女或者不能独立生活的成年子女的抚养费。继父母与继子女间,不得虐待或者歧视。继父或者继母和受其抚养教育的继子女间的权利义务关系,适用《民法典》关于父母子女关系的规定。

对亲子关系有异议且有正当理由的,父或者母可以向人民法院提起诉讼,请求确认或者否认亲子关系。对亲子关系有异议且有正当理由的,成年子女可以向人民法院提起诉讼,请求确认亲子关系。

 案例讨论3-26

某甲20周岁,系某大学在校学生,生活及学习费用均由父母提供。一日,某甲违章骑车将某乙撞伤,造成某乙误工费、医药费损失3000元,某乙向某甲请求赔偿,某甲无力偿还;某乙即以某甲父母对某甲有抚养义务为由,请求某甲父母赔偿。某甲父母拒绝。某乙无奈,以某甲父母为被告诉至法院,要求某甲父母予以赔偿。

问题: 人民法院应如何判决?理由是什么?

3. 其他家庭成员的关系

其他家庭成员间的关系，是指祖父母与孙子女、外祖父母与外孙子女，以及兄弟姐妹之间的关系。

《民法典》规定，有负担能力的祖父母、外祖父母，对于父母已经死亡或者父母无力抚养的未成年孙子女、外孙子女，有抚养的义务。同时又规定，有负担能力的孙子女、外孙子女，对于子女已经死亡或者子女无力赡养的祖父母、外祖父母，有赡养的义务。

兄弟姊妹之间是一种同胞关系。我国《民法典》规定，有负担能力的兄、姐，对于父母已经死亡或父母无力抚养的未成年的弟、妹，有扶养的义务。当然，由兄、姐扶养长大的有负担能力的弟、妹，对于缺乏劳动能力又缺乏生活来源的兄、姐，有扶养的义务。

3.9.4 离婚

离婚是指配偶双方依照法定条件和程序解除婚姻关系的法律行为。离婚制度是婚姻家庭制度的重要组成部分。

1. 离婚的方式

离婚有协议离婚和诉讼离婚两种方式。

1）协议离婚

协议离婚也叫双方自愿离婚，是指双方当事人达成离婚合意并通过婚姻登记程序解除婚姻关系的法律制度。

(1) 协议离婚的条件具体如下。

第一，协议离婚的当事人双方应当具有合法夫妻身份。以协议离婚方式办理离婚的，仅限于依法办理了结婚登记的婚姻关系当事人。

第二，协议离婚的当事人双方均应当具有完全的民事行为能力。

第三，双方自愿。这是协议离婚的基本条件，协议离婚的当事人应当有一致的离婚意愿。这一意愿必须是真实而非虚假的；必须是自主作出的而不是受对方或第三方欺诈、胁迫或因重大误解而形成的；必须是一致的而不是有分歧的。

第四，对子女和财产问题已有适当处理。这是协议离婚的必要条件。对子女问题有适当处理，是指对双方离婚后有关子女抚养、教育、探望等问题，在有利于保护子女合法权益的原则下作了合理的、妥当的安排。在不侵害任何一方合法权益的前提下，对夫妻共同财产作合理分割，对生活困难的一方给予经济帮助并作妥善安排，切实解决好双方离婚后的住房问题。在不侵害国家、集体和第三人利益的前提下，对共同债务作出处理。

(2) 协议离婚的主管机关。协议离婚的主管机关是民政部门。具体的婚姻登记管理机关，在城市是街道办事处或者市辖区、不设区的市人民政府的民政部门，在农村是乡、民族乡、镇的人民政府。在婚姻登记管理机关中，由持有婚姻登记机关管理员证书的人员从事婚姻登记的办理工作。

(3) 协议离婚的程序。第一，当事人申请。离婚登记按地域进行管辖。当事人协议离婚的，要到一方户口所在地的婚姻登记机关办理离婚登记。

由于离婚是一种重要的身份法律行为，因此，当事人离婚，必须双方亲自到婚姻登记管理机关申请离婚登记，不得委托他人代为办理。申请时应持双方的结婚证、户口簿、居民身份证等证件和证明,以及离婚协议书。离婚协议书应当写明双方当事人的离婚意思表示,以及关于子女抚养、财产分割及债务处理等协议事项,并由当事人签字盖章。

自婚姻登记机关收到离婚登记申请之日起30日内,任何一方不愿意离婚的,可以向婚姻登记机关撤回离婚登记申请。上述规定期限届满后30日内,双方应当亲自到婚姻登记机关申请发给离婚证;未申请的,视为撤回离婚登记申请。

第二,婚姻登记管理机关审查。婚姻登记管理机关应对当事人的离婚申请进行审查,查明当事人所携带的证明和证件是否齐全,当事人是否符合登记离婚的诸项条件。婚姻登记管理机关如查明仅为夫妻一方要求离婚,或者夫妻双方虽然都同意离婚,但在子女和财产等问题上未达成协议的,婚姻登记机关不予受理。

第三,离婚登记和发给离婚证。婚姻登记机关查明双方确实是自愿离婚,并已经对子女抚养、财产以及债务处理等事项协商一致的,予以登记,发给离婚证。离婚证是婚姻关系已经合法解除的具有法律效力的文件。当事人从取得离婚证之日起,解除婚姻关系。

2) 诉讼离婚

诉讼离婚是指夫妻双方就是否离婚或者财产的分割、债务的分担、子女的抚养等问题无法达成一致的意见,而向人民法院起诉,人民法院经过审理后,通过调解或判决解除婚姻关系的一种离婚制度。

根据《民法典》第1079条规定,夫妻一方要求离婚的,可以由有关组织进行调解或者直接向人民法院提起离婚诉讼。

人民法院审理离婚案件,应当进行调解;如果感情确已破裂,调解无效的,应当准予离婚。有下列情形之一,调解无效的,应当准予离婚:①重婚或者与他人同居;②实施家庭暴力或者虐待、遗弃家庭成员;③有赌博、吸毒等恶习屡教不改;④因感情不和分居满2年;⑤其他导致夫妻感情破裂的情形。

此外,一方被宣告失踪,另一方提起离婚诉讼的,应当准予离婚;经人民法院判决不准离婚后,双方又分居满1年,一方再次提起离婚诉讼的,应当准予离婚。

现役军人的配偶要求离婚,应当征得军人同意,但是军人一方有重大过错的除外。女方在怀孕期间、分娩后1年内或者终止妊娠后6个月内,男方不得提出离婚;但是,女方提出离婚或者人民法院认为确有必要受理男方离婚请求的除外。

2. 离婚后的子女抚养教育和财产处理

1) 离婚后子女的抚养教育

离婚只是解除夫妻关系,基于血缘而产生的父母子女关系,不因父母离婚而消除,父母子女间的权利和义务仍然存在。

基于这种理由,我国《民法典》规定,离婚后,父母对子女仍有抚养、教育、保护的权利和义务。离婚后,不满两周岁的子女,以由母亲直接抚养为原则。已满两周岁的子女,父母双方对抚养问题协议不成的,由人民法院根据双方的具体情况,按照最有利于未成年子女的原则判决。子女已满8周岁的,应当尊重其真实意愿。离婚后,子女由一方直接抚养的,另一方应当负担部分或者全部抚养费。负担费用的多少和期限的长短,由双方协议;协议不成的,由人民法院判决。前款规定的协议或者判决,不妨碍子女在必要时向父母任何一方提出超过协议或者判决原定数额的合理要求。

离婚后,不直接抚养子女的父或母,有探望子女的权利,另一方有协助的义务。行使探望权利的方式、时间由当事人协议;协议不成时,由人民法院判决。父或母探望子女,不利于子女身心健康的,由人民法院依法中止探望的权利;中止的事由消失后,应当恢复探望。

2) 离婚后的财产处理

我国《民法典》规定,离婚时夫妻的共同财产由双方协议处理;协议不成时,由人民法院根据财产的具体情况,按照照顾子女、女方和无过错方权益的原则判决。

夫妻一方因抚育子女、照料老年人、协助另一方工作等负担较多义务的,离婚时有权向另一方请求补偿,另一方应当给予补偿。具体办法由双方协议;协议不成的,由人民法院判决。

离婚时,夫妻共同债务应当共同偿还。共同财产不足清偿的或者财产归各自所有的,由双方协议清偿;协议不成的,由人民法院判决。

离婚时,如果一方生活困难,有负担能力的另一方应当给予适当帮助。具体办法由双方协议;协议不成的,由人民法院判决。

有下列情形之一,导致离婚的,无过错方有权请求损害赔偿:①重婚;②与他人同居;③实施家庭暴力;④虐待、遗弃家庭成员;⑤有其他重大过错。

夫妻一方隐藏、转移、变卖、毁损、挥霍夫妻共同财产,或者伪造夫妻共同债务企图侵占另一方财产的,在离婚分割夫妻共同财产时,对该方可以少分或者不分。离婚后,另一方发现有上述行为的,可以向人民法院提起诉讼,请求再次分割夫妻共同财产。

3.9.5　继承

1. 继承概述

1) 继承的概念与特征

继承,是生者对死者生前权利和义务的承受。民法中所称的继承,专指继承人依法承受公民死亡时所遗留个人合法财产的法律制度。遗留财产的死者称被继承人;自然人死亡时所遗留的个人财产为遗产;依法承受被继承人财产的人是继承人。

继承的法律特征表现在以下几个方面:①继承以自然人的死亡和留有个人合法财产为前提,这是继承发生的法定原因。②死者有继承人且继承人未丧失继承权。③继承是继承人无偿取得被继承人的遗产。④继承作为一项法律制度,决定于经济基础,受上层建筑其他组成部分的影响。

2) 继承的基本原则

(1) 保护公民私有财产继承权原则。我国《宪法》规定:法律保护公民的私有财产继承权。《民法典》继承篇一方面规定了继承权的主体、客体、内容、变动等事项,起到确权的作用;另一方面规定了继承权受到侵害时的法律保护措施,起到护权的作用,充分体现了保护公民私有财产继承权的原则。

(2) 继承权男女平等原则。自然人无论男女都是平等的民事主体,《民法典》第 1126 条明确规定:继承权男女平等,这是宪法中男女平等原则在继承中的体现。

(3) 权利义务相一致原则。该原则是指将继承人对被继承人生前所尽义务的情况以及继承人对被继承人所遗留债务的清偿情况与继承人是否享有继承权以及如何行使继承权相结合,使继承人的继承权与其承担的义务相一致。

(4) 养老育幼原则。养老育幼是中华民族的传统美德,《民法典》规定对生活有特殊困难的缺乏劳动能力的继承人,分配遗产时应当适当予以照顾,为未出生的胎儿保留继承份额。

(5) 互谅互让、协商处理遗产的原则。《民法典》第1156条对此作了规定。这一原则要求被继承人在遗产处理的过程中能相互体谅、谦让,在平等协商的基础上公平合理地分割遗产,实现物尽其用与家庭和睦的目标。

2. 继承法律关系

1) 继承法律关系的概念和特征

继承法律关系就是财产继承法律关系,是指由继承法律规范所调整的与继承有关的社会关系。由于财产所有人死亡或宣告死亡这一法律事实的出现,而在继承人、受遗赠人、继承参与人以及其他公民或组织之间所发生的权利义务关系。

继承法律关系的特征包括:①继承法律关系主要是一种绝对财产法律关系;②继承人的权利义务是继承法律关系的核心内容;③继承法律关系和婚姻家庭法律关系密切相连。

2) 继承法律关系的构成要素

继承法律关系同其他法律关系一样由三个要素组成,即主体、内容和客体。继承法律关系的主体包括继承人、受遗赠人、继承参与人以及其他公民或组织,国家在接受遗赠的条件下,也能成为继承法律关系的主体。继承法律关系的客体一般是财产和财产权利,此外,债务以及继承人、受遗赠人必须履行的行为也能成为继承法律关系的客体。继承法律关系的内容主要是继承权、受遗赠权以及权利人所需完成的义务。

(1) 继承人。继承人是继承法律关系的基本主体。继承人有以下特点:继承人仅限于自然人,且与被继承人存在近亲属关系;继承人由法律明确规定;继承人必须具有继承能力或继承资格;继承人享有继承权不以有完全民事行为能力为前提。

(2) 遗产。遗产是指公民死亡时遗留的个人合法财产。只有公民死亡(包括自然死亡和宣告死亡),他的财产才是遗产。遗产必须是被继承人个人所有的合法财产。如果是被继承人生前以非法手段获得的财产,不能算作遗产,应按有关规定处理。

遗产的范围包括:①公民的收入;②公民的房屋、储蓄和生活用品;③公民的林木、牲畜和家禽;④公民的文物、图书资料;⑤法律允许公民所有的生产资料;⑥公民的著作权、专利权中的财产权利;⑦公民的其他合法财产。

另外,个人承包应得的个人收益,依照法律规定继承。个人承包,依照法律允许由继承人继续承包的,按照承包合同办理。

(3) 继承权。继承权是指继承人依法承受公民死亡时所遗留个人合法财产的权利。

① 继承权的取得。继承权的取得的根据是血缘关系、婚姻关系和扶养关系。

② 继承权的放弃。继承权的放弃即继承人在继承开始后遗产分割前所明确作出的不继承被继承人遗产的意思表示。放弃继承权的效力在于,继承人不再继承被继承人的遗产,其"应继承份额"依照有关规定处理。

③ 继承权的丧失。又称继承权的剥夺。按照我国《民法典》的规定,是指继承人因对被继承人或其他继承人犯有继承法律规定的不法行为或违法行为,从而被人民法院取消其继

承被继承人遗产的权利。

我国继承权丧失的原因是由法律直接规定的。《民法典》第 1125 条规定："继承人有下列行为之一的，丧失继承权：故意杀害被继承人；为争夺遗产而杀害其他继承人；遗弃被继承人，或者虐待被继承人情节严重的；伪造、篡改或者销毁遗嘱，情节严重；以欺诈、胁迫手段迫使或者妨碍被继承人设立、变更或者撤回遗嘱，情节严重。"继承人有上述规定第三项至第五项行为，确有悔改表现，被继承人表示宽恕或者事后在遗嘱中将其列为继承人的，该继承人不丧失继承权。

受遗赠人故意杀害被继承人的，丧失受遗赠权。

3. 法定继承

1）法定继承的概念与特征

法定继承是指被继承人生前未立遗嘱处分其遗产或所立遗嘱无效时，按照法律规定的继承人范围、顺序和遗产分配原则转移遗产所有权的法律制度。法定继承是我国《民法典》规定的一种主要继承方式。

法定继承有以下特征：①法定继承人的范围由法律直接规定；②法定继承人的继承顺序由法律直接规定；③遗产分配原则由法律直接规定；④法定继承的效力受遗嘱继承的制约。

2）法定继承人的范围和顺序

法定继承人是指按照法律规定有资格继承被继承人遗产的人。

我国法定继承人的范围包括：配偶、子女（包括婚生子女、非婚生子女、养子女和有抚养关系的继子女）、父母（包括生父母、养父母和有抚养关系的继父母）、兄弟姐妹（包括同父母的兄弟姐妹、同父异母或同母异父的兄弟姐妹、养兄弟姐妹、有抚养关系的继兄弟姐妹）、祖父母、外祖父母、代位继承人、对公婆尽了主要赡养义务的丧偶儿媳、对岳父岳母尽了主要赡养义务的丧偶女婿。

法定继承顺序是：第一顺序继承人包括：配偶、子女、父母、对公婆尽了主要赡养义务的丧偶儿媳和对岳父岳母尽了主要赡养义务的丧偶女婿；第二顺序继承人包括：兄弟姐妹、祖父母、外祖父母。

继承开始后，由第一顺序继承人继承，第二顺序继承人不继承。没有第一顺序继承人的，由第二顺序继承人继承。同一顺序继承人继承遗产的份额，一般应均等；对有特殊困难或缺乏劳动能力的继承人，应予以照顾。

3）代位继承和转继承

代位继承是指被继承人的子女先于被继承人死亡，由被继承人子女的直系晚辈血亲代替继承被继承人的子女应继承的遗产，被继承人的兄弟姐妹先于被继承人死亡的，由被继承人的兄弟姐妹的子女代替继承被继承人的兄弟姐妹应继承的遗产。在代位继承关系中，已先于被继承人死亡的继承人叫作被代位继承人，简称"被代位人"；代替被代位人继承被继承人遗产的人叫作代位继承人，简称"代位人"；代位人代替被代位人继承被继承人遗产的权利，叫作代位继承权。我国《民法典》第 1128 条规定："被继承人的子女先于被继承人死亡的，由被继承人的子女的直系晚辈血亲代位继承。被继承人的兄弟姐妹先于被继承人死亡的，由被继承人的兄弟姐妹的子女代位继承。代位继承人一般只能继承被代位继承人有权继承的遗产份额。"

转继承是指继承人在继承开始后、遗产分割前死亡,其所应继承的遗产份额的权利转由他的继承人继承的继承法律制度。我国《民法典》1152条规定:"继承开始后,继承人于遗产分割前死亡,并没有放弃继承的,该继承人应当继承的遗产转给其继承人,但是遗嘱另有安排的除外。"

4) 法定继承中的遗产分配

《民法典》第 1130 条规定:"同一顺序继承人继承遗产的份额,一般应当均等。对生活有特殊困难又缺乏劳动能力的继承人,分配遗产时,应当予以照顾。对被继承人尽了主要扶养义务或者与被继承人共同生活的继承人,分配遗产时,可以多分。有扶养能力和有扶养条件的继承人,不尽扶养义务的,分配遗产时,应当不分或者少分。继承人协商同意的,也可以不均等。"可见,我国《民法典》就法定继承方式中的遗产分配采取如下准则:以"一般应当均等"为基本原则,以特殊情况下的不均等为例外。

《民法典》第 1131 条规定:"对继承人以外的依靠被继承人扶养的人,或者继承人以外的对被继承人扶养较多的人,可以分给适当的遗产。"

4. 遗嘱继承

1) 遗嘱继承的概念

遗嘱继承又称指定继承,是指按照被继承人生前所立的合法有效的遗嘱进行遗产转移的法律制度。我国《民法典》第 1133 条第 2 款规定:"自然人可以立遗嘱将个人财产指定由法定继承人中的一人或者数人继承。"

遗嘱继承的特点包括:①遗嘱继承人只能是法定继承人范围内的一人或数人;②遗嘱继承人继承遗产时,不受法定继承顺序的限制;③遗嘱继承人按遗嘱得到遗产后,仍有权按照法定继承顺序取得遗嘱未处分或遗嘱无效部分所涉及的遗产;④遗嘱继承人的法律地位不能代替,即在遗嘱继承中不适用代位继承。

遗嘱继承优先于法定继承。被继承人生前立有合法的遗嘱,应当首先按遗嘱的内容进行继承。在没有遗嘱或遗嘱被人民法院判决无效时,才按照法定继承方式办理。

2) 遗嘱

遗嘱是公民生前按照法律规定的方式对个人财产和其他事务预先作出处分并于其死亡时发生法律效力的一种法律行为。

(1) 遗嘱的有效条件。遗嘱有效必须具备下列条件:①遗嘱人立遗嘱时必须具有行为能力。无行为能力人或者限制行为能力人所立的遗嘱无效。遗嘱人立遗嘱时有行为能力,后来丧失了行为能力,不影响遗嘱的效力。②遗嘱必须是遗嘱人真实意思的表示。受胁迫、欺骗所立的遗嘱无效。伪造的遗嘱无效。遗嘱被篡改的,篡改的内容无效。③遗嘱不得取消或减少缺乏劳动能力又没有生活来源的继承人以及未出生的胎儿对遗产应继承的份额。④遗嘱人必须按照法律规定的程序和方式立遗嘱,遗嘱的内容必须合法。

(2) 遗嘱的形式。《民法典》规定公民立遗嘱的形式有五种:①自书遗嘱。自书遗嘱由遗嘱人亲笔书写,签名,注明年、月、日。②代书遗嘱。代书遗嘱应当有两个以上见证人在场见证,由其中一人代书,并由遗嘱人、代书人和其他见证人签名,注明年、月、日。③打印遗嘱。打印遗嘱应当有两个以上见证人在场见证。遗嘱人和见证人应当在遗嘱每一页签名,注明年、月、日。④录音遗嘱。以录音录像形式立的遗嘱,应当有两个以上见证人在场见证。

遗嘱人和见证人应当在录音录像中记录其姓名或者肖像，以及年、月、日。⑤口头遗嘱。遗嘱人在危急情况下，可以立口头遗嘱。口头遗嘱应当有两个以上见证人在场见证。危急情况消除后，遗嘱人能够以书面或者录音录像形式立遗嘱的，所立的口头遗嘱无效。

为保证遗嘱的真实性，《民法典》第 1140 条规定，下列人员不能作为遗嘱见证人：①无民事行为能力人、限制民事行为能力人以及其他不具有见证能力的人；②继承人、受遗赠人；③与继承人、受遗赠人有利害关系的人。

遗嘱人立遗嘱后，遗嘱人可以撤回、变更自己所立的遗嘱。立遗嘱后，遗嘱人实施与遗嘱内容相反的民事法律行为的，视为对遗嘱相关内容的撤回。立有数份遗嘱，内容相抵触的，以最后的遗嘱为准。

 案例讨论3-27

周林早年离异，有长子周定国、次女周莉莉和三子周安邦。周定国、周莉莉已结婚。周莉莉在外地居住，周安邦虽未结婚但已经成年。周林、周安邦和周定国夫妻共同生活。周林因偏爱儿子，曾立下亲笔遗嘱，决定其死后，全部遗产存款 50 万元和房屋 1 套由周定国与周安邦共同继承。但周定国在其妻挑唆下，对周林的生活和身体状况不闻不问，周林被迫搬到外地周莉莉家居住，受到周莉莉夫妇的周到照顾，遂又立下亲笔遗嘱，决定将其 50 万元存款、房屋 1 套由次女周莉莉、三子周安邦共同继承。后周林病重住进医院，正值此时，周安邦因意外导致伤残，丧失劳动能力，没有其他生活来源。周定国对周林的病情毫不关心，周林极为恼怒，周林临去世之前，虽然不能执笔但意识仍然清醒，为答谢女儿周莉莉对其病榻前的照料，当着 3 名医生的面立下口头遗嘱，将其所有遗产由周莉莉 1 人继承。周林去世后，周定国持其父自书遗嘱，周莉莉根据周林的口头遗嘱均要求继承其父遗产。双方不能达成一致，周莉莉遂诉讼至法庭，请求按照父亲口头遗嘱继承遗产。

问题：本案中 3 份遗嘱的效力如何，法院应如何判决？

3）遗嘱的执行

遗嘱自遗嘱人死亡之日起生效。遗嘱的执行，是指遗嘱人死亡后，由遗嘱执行人按照遗嘱人在有效遗嘱中表示的愿望而最终实现遗产的转移。

遗嘱执行人是实现遗嘱内容的人。根据《民法典》第 1133 条第 1 款明确规定，自然人可依法设立遗嘱指定遗嘱执行人。

继承开始后，遗嘱执行人为遗产管理人；没有遗嘱执行人的，继承人应当及时推选遗产管理人；继承人未推选的，由继承人共同担任遗产管理人；没有继承人或者继承人均放弃继承的，由被继承人生前住所地的民政部门或者村民委员会担任遗产管理人。对遗产管理人的确定有争议的，利害关系人可以向人民法院申请指定遗产管理人。

遗产管理人应当依法履行职责，因故意或者重大过失造成继承人、受遗赠人、债权人损害的，应当承担民事责任。遗产管理人可以依照法律规定或者按照约定获得报酬。

有下列情形之一的，遗产中的有关部分按照法定继承办理：①遗嘱继承人放弃继承或者受遗赠人放弃受遗赠；②遗嘱继承人丧失继承权或者受遗赠人丧失受遗赠权；③遗嘱继承人、受遗赠人先于遗嘱人死亡或者终止；④遗嘱无效部分所涉及的遗产；⑤遗嘱未处分的遗产。

5．遗赠与遗赠扶养协议

1）遗赠

（1）遗赠的概念与特征。遗赠是公民以遗嘱方式表示在其死后将其遗产的一部或全部赠给国家、集体或者法定继承人以外的人的单方法律行为。其中设立遗嘱的人称遗赠人，接受遗产的人称受遗赠人，通过遗嘱所赠与的财物称遗赠财产或遗赠物。我国《民法典》第1133条第2款规定："自然人可以立遗嘱将个人财产赠与国家、集体或者法定继承人以外的组织、个人。"由此，遗赠是被继承人死后遗产转移的一种方式。

遗赠的法律特征主要体现在：①遗赠是给他人以财产利益的无偿行为。不同于法定继承人的是，受遗赠人与遗赠人之间没有法律上的血缘关系、婚姻关系、扶养关系等，遗赠人给予他人的财产利益，是无偿转让，不以受遗赠人应尽法律上的义务为前提。②受遗赠人是国家、集体组织或法定继承人以外的人。也就是说，受遗赠人不仅可以是自然人，也可以是法人和集体组织，但法定继承人不能作为受遗赠人，而只能作为遗嘱继承人。

（2）遗赠的有效条件。一个有效的遗赠须具备以下条件：①立遗嘱人在立遗嘱时，须有完全行为能力；②遗嘱须意思表示真实、自愿合法，遗嘱人须对财产享有处分权，遗嘱应当对缺乏劳动能力又没有生活来源的继承人保留必要的遗产份额；③受遗赠人须在遗嘱生效时存在、未死亡。另外，欲使遗赠发生预期法律效果，须由受遗赠人在知道受遗赠后60天内作出接受的意思表示，否则视为放弃。

2）遗赠扶养协议

（1）遗赠扶养协议的概念与特征。遗赠扶养协议是公民与扶养人（法定继承人以外的个人或组织）之间签订的关于扶养和遗赠的民事权利和义务关系的协议。《民法典》第1158条规定，自然人可以与继承人以外的组织或者个人签订遗赠扶养协议。按照协议，该组织或者个人承担该自然人生养死葬的义务，享有受遗赠的权利。

遗赠扶养协议具有以下特征：①遗赠扶养协议是双务有偿的法律行为。遗赠扶养协议一经有效成立，就对协议双方产生约束力，遗赠方和扶养方都应承担相应的义务。②遗赠扶养协议具有生前法律行为与死后法律行为的双重属性。扶养人应对遗赠人尽扶养义务，这是其在生前的效力，但财产的赠与在遗赠人死亡后才能发生效力。③遗赠扶养协议的遗赠人只能是自然人，扶养人则既可以是自然人也可以是组织。④遗赠扶养协议的效力优先于遗嘱继承和法定继承。根据《民法典》第1123条规定，继承开始后，按照法定继承办理；有遗嘱的，按照遗嘱继承或者遗赠办理；有遗赠扶养协议的，按照协议办理。也就是遗赠扶养协议的效力优先于遗嘱继承和法定继承。

 案例讨论3-28

张先生有一位伯父，老伴早年去世，独生女儿又远嫁他乡。伯父年老体弱，丧失了劳动能力，便在2015年和张先生订立了书面协议，约定他生前由侄子赡养，死后也由张先生安葬。作为回报，他遗下的三间房屋归张先生所有。这份协议由几位邻居作证明。

2021年1月，伯父病重，张先生将老人送进医院积极治疗。不久，伯父去世了，张先生将其妥善安葬。但在葬礼后第二天,张先生的堂姐也就是其伯父的女儿闻讯赶回家奔丧,拿出了一份其父去世前立下的遗嘱,里面居然清楚地写着:遗产归女儿所有。有这份遗嘱在手,堂姐理所当然地自居为房屋继承人,而将张先生一脚踢开。

问题:本案中先前的协议和后来的遗嘱,哪个才有法律效力? 本案应如何处理?

(2) 遗赠扶养协议当事人的权利义务如下。

① 受扶养人的权利和义务。受扶养人享有依协议请求扶养人扶养和接受扶养人扶养的权利;承担在世时妥善管理遗赠财产、不处分遗赠财产并将其转移给扶养人的义务。

② 扶养人的权利义务。扶养人享有在遗赠人死后取得遗赠财产的权利;承担扶养照顾遗赠人,并在遗赠人死亡后将其安葬的义务。

(3) 遗赠扶养协议的解除。遗赠扶养协议的解除是指协议双方当事人协商一致或由于一方行为致使合法有效的遗赠扶养协议效力归于消灭的法律制度。遗赠扶养协议的解除通常存在以下两种情况:①双方协商一致同意解除。这种情况下,双方应协商对扶养人的补偿事项作出合理的解决。②当事人一方由于无正当理由拒不履行协议内容,导致协议解除。若由于遗赠人的行为导致协议解除,则其应支付扶养人已经支付的扶养费用和劳动报酬;若扶养人无正当理由不承担扶养遗赠人的义务导致协议解除的,其无权请求返还其已经支付的扶养费用和劳动报酬。

6. 遗产的处理

1) 继承的开始

我国《民法典》第 1121 条规定:"继承从被继承人死亡时开始。相互有继承关系的数人在同一事件中死亡,难以确定死亡时间的,推定没有其他继承人的人先死亡。都有其他继承人,辈分不同的,推定长辈先死亡;辈分相同的,推定同时死亡,相互不发生继承。"因而,在我国继承开始的时间以被继承人死亡的时间为准,而自然人的死亡时间应按其自然死亡或宣告死亡的时间加以确定。

继承开始的地点一般应当以被继承人生前的最后住所地作为继承开始的地点。如果被继承人最后住所地没有重要遗产,则以被继承人主要遗产所在地作为继承开始的地点。

2) 继承、遗赠的接受与放弃

继承开始后,继承人放弃继承的,应当在遗产处理前,以书面形式作出放弃继承的表示;没有表示的,视为接受继承。

受遗赠人应当在知道受遗赠后 60 日内,作出接受或者放弃受遗赠的表示;到期没有表示的,视为放弃受遗赠。

3) 遗产的分割与债务的清偿

(1) 遗产分割。遗产的分割,必须按各继承人或受遗赠人应得的份额或比例进行。在分割被继承人遗产时,应先从共有财产中分出属于被继承人的那部分财产,确定遗产范围,然后再进行遗产分割。《民法典》第 1153 条规定,夫妻共同所有的财产,除有约定的外,遗产分割时,应当先将共同所有的财产的一半分出为配偶所有,其余的为被继承人的遗产。遗产在家庭共有财产之中的,遗产分割时,应当先分出他人的财产。

遗产分割时还应注意两点:第一,保留胎儿的继承份额。胎儿娩出时是死体的,保留的份额按照法定继承办理。第二,有利于生产和生活需要,不损害遗产的效用。不宜分割的遗产,可以采取折价、适当补偿或者共有等方法处理。

案例讨论3-29

张某与王某(女)结婚 4 个月后,王某怀孕。张某喝酒庆祝,酒醉后坠入山谷身亡。当时,张某与王某共有财产计 18 000 元,公公张甲提出将 18 000 元与王某平分,王某不服,双方发生争议,王某遂诉至法院。

问题: 法院对这笔财产应如何处理?为什么?

(2) 被继承人债务的清偿。继承开始后,只要继承人表示接受继承,就意味着继承人全面继承了被继承人的权利和义务,应负责清偿被继承人生前所欠税款和债务。根据《民法典》规定,分割遗产,应当清偿被继承人依法应当缴纳的税款和债务;但是,应当为缺乏劳动能力又没有生活来源的继承人保留必要的遗产。继承人以所得遗产实际价值为限清偿被继承人依法应当缴纳的税款和债务。超过遗产实际价值部分,继承人自愿偿还的不在此限。继承人放弃继承的,对被继承人依法应当缴纳的税款和债务可以不负清偿责任。

执行遗赠不得妨碍清偿遗赠人依法应当缴纳的税款和债务。

既有法定继承又有遗嘱继承、遗赠的,由法定继承人清偿被继承人依法应当缴纳的税款和债务;超过法定继承遗产实际价值部分,由遗嘱继承人和受遗赠人按比例以所得遗产清偿。

4) 无人继承又无人受遗赠的遗产的处理

无人继承又无人接受遗赠的遗产是指继承开始后,在法定期限内无人接受继承或遗赠,或者继承人和受遗赠人都依法放弃继承权和受遗赠权时,被继承人所遗留的个人合法财产。

我国《民法典》第 1160 条规定:"无人继承又无人受遗赠的遗产,归国家所有,用于公益事业;死者生前是集体所有制组织成员的,归所在集体所有制组织所有。"

知识练习与技能训练

一、概念与知识

1. 基本概念

民事主体 民事权利能力 民事行为能力 代理 无权代理 表见代理 物权 债权 人身权 知识产权 民事责任 诉讼时效 合同 要约 承诺 债权人代位权 债权人撤销权 工业产权 著作权 商标 专利 结婚 离婚 继承 遗产 法定继承 代位继承 转继承 遗嘱继承 遗赠 遗赠扶养协议

2. 问答题

(1) 公民的民事行为能力分为哪几种?

(2) 民事法律行为的有效条件包括哪些?无效民事行为包括哪些?

(3) 无权代理的种类及法律后果是什么?

(4) 民事责任的构成条件及承担方式有哪些?

（5）要约和承诺的构成要件各有哪些？

（6）合同生效的条件有哪些？

（7）无效合同的原因有哪些，其法律后果如何？

（8）可变更可撤销合同的原因有哪些？撤销权应如何行使？

（9）效力待定合同的原因有哪些？

（10）合同履行的规则有哪些？

（11）合同转让应遵守哪些规定？

（12）违约责任的构成要件是什么，违约责任的承担方式有哪些？

（13）著作权的主体、客体、内容都包括哪些？

（14）侵犯著作权的行为表现有哪些，应如何处理？

（15）商标权的主体、客体、内容都包括哪些？

（16）商标侵权行为的表现形式有哪些，应如何处理？

（17）专利权的主体、客体、内容都包括哪些？

（18）专利侵权行为的表现形式有哪些，应如何处理？

（19）结婚的条件有哪些，结婚的程序包括哪些？

（20）夫妻双方的权利义务有哪些？

（21）父母子女之间的权利义务包括哪些？

（22）离婚的方式有哪几种，离婚后对子女的抚养教育及财产应如何处理？

（23）遗产的范围包括哪些？

（24）法定继承人的范围和顺序是如何规定的？

（25）遗嘱的有效条件是什么？

（26）遗赠扶养协议中双方当事人的权利义务有哪些？

二、分析与应用

1. 案例分析题

案例 1

A 公司委托其业务员 B 与 C 公司签订一份合同，于是写了一份委托书，说明从 5 月 8 日至 5 月 18 日由 B 处理一批服装出卖事宜，并交给 B 一份盖好 A 公司合同专用章的空白合同书。C 公司迟至 5 月 20 日才派人来签订合同，B 出示了委托书与空白合同，于是在 5 月 21 日双方签订了买卖合同并即时钱货两清。后 A 公司认为服装出卖价格低于向业务员 B 交代的最低价格，否认合同有效，要求 B 赔偿 A 公司损失。

问题：

（1）该合同是否对 A 公司有效？为什么？

（2）B 应否承担赔偿责任？为什么？

（3）如果没有委托书，只是给了 B 盖有合同专用章的空白合同书，结果会怎样呢？

案例 2

甲企业向乙企业发出传真订货，该传真列明了货物的种类、数量、质量、供货时间、交货方式等，并要求乙在 10 日内报价。乙接受甲发出传真列明的条件并按期报价，亦要求甲在 10 日内回复；甲按期复电同意其价格，并要求签订书面合同。乙在未签订书面合同的情况下按甲提出的条件发货,甲收货后未提出异议,也未付货款。后因市场发生变化,该货物价格下降,甲遂向乙提出,由于双方未签订书面合同,买卖关系不能成立,故乙应尽快取回货物。乙不同意甲的意见,要求其偿付货款。随后乙发现甲放弃其对关联企业的到期债权,并向其关联企业无偿转让财产,可能使自己的货款无法得到清偿,遂向人民法院提起诉讼。

问题:

(1) 试述甲传真订货、乙报价、甲回复报价行为的法律性质。

(2) 甲乙之间是否成立买卖合同?说明理由。

(3) 对甲放弃到期债权、无偿转让财产的行为,乙可向人民法院提出何种权利请求,以保护其利益不受侵害?

案例 3

《舌尖上的中国》是中央电视台摄制的一部大型美食类纪录片,该节目在介绍美食的同时巧妙地融入了各地特色的文化和礼仪,展现了中华美食文化的博大精深和源远流长,有较高的艺术价值和知名度。中央电视台将该节目的信息网络传播权授予原告央视国际网络有限公司独占行使。节目播出不久,原告发现被告上海全土豆文化传播有限公司在其经营的"土豆网"(网址:www.tudou.com)上提供《舌尖上的中国》节目在线点播服务。原告认为,土豆网未经许可,在涉案节目热播期内提供在线点播服务,给原告造成了重大经济损失,故诉至法院,请求判令被告赔偿经济损失人民币 80 万元及合理费用人民币 5 万元。被告辩称,其提供存储空间服务,无事先审查义务,不明知也不应知涉案视频的存在,不构成侵权。

问题:法院应如何判决,说明理由。

案例 4

李强是李雪峰夫妇的独生子,成年后与王艳结婚,育有一子李大海。由于李强夫妇工作较忙,李大海由祖父母抚养长大,与祖父母感情深厚,工作后按月给祖父母生活费。2017 年 12 月李雪峰妻子病逝,半年后李雪峰再婚。此事引起李强的极大不满,与其父争吵后,双方签署了脱离父子关系的协议,从此李强与其父不再来往。2020 年 2 月,李雪峰患重病卧床不起,生活不能自理,其再婚妻子因年事已高无法照顾。李雪峰要求李强尽赡养义务遭拒绝,李强要求李大海对其祖父尽赡养义务。

问题:

(1) 双方签署的断绝父子关系的协议是否有效?

(2) 李强对其父是否有赡养义务?

(3) 李大海在何种情况下对其祖父有赡养义务?

2. 实训题

实训题 1

王先生于 2013 年购买了某开发商的房产一套,产权证上是王先生 6 岁女儿的名字。2020 年,因为孩子上初中,学校离家较远上学不方便,所以王先生想要出售该房屋,但房管局说未成年人不能办理过户。其实,除了房屋出售时无法过户之外,王先生想要就该房屋进行抵押贷款、赠与等行为也都会受到很大限制。

实训要求:分析以未成年人名义购房行为的法律效力与风险,结合身边发生的事情说明公民民事行为能力对民事行为效力的影响。

实训题 2

王某（男）与李某（女）通过自由恋爱于 2010 年结婚，婚后双方感情尚好，生有一女。自 2018 年夏天起，王某沾染赌钱恶习，为此夫妻关系日渐紧张。2019 年 8 月，女方向人民法院起诉，要与男方离婚，男方坚决不同意离婚，并当庭表示了悔改之意，希望妻子能回心转意，2019 年 10 月，法院作出不准离婚的判决。但此后双方关系并未改善，经常争吵不休，王某终日沉迷于赌场中。2019 年 12 月起，女方住到娘家，不再回家了，并靠自己的收入维持母女两人的生活。

2021 年 1 月，李某再次向人民法院起诉，坚持要求离婚，并要求离婚后，与女儿共同生活。而王某提出，虽然自己好赌，但夫妻的感情基础尚好，只要互相谅解，双方有和好之可能，因此仍不同意离婚，也不同意女儿由李某抚养，经法院调解仍各持己见。在分居期间，男方曾向他人借款三万元，资助他的胞弟出国自费留学，女方向某亲友借款一万元，用于女儿生病住院费用，以上经查属实。

实训要求：

（1）分析本案例，回答以下问题。

① 在被告坚持不离婚的情况下，法院可否判决双方离婚？为什么？

② 如判决双方离婚，所生女儿由何方抚养为宜？

③ 男女各方所借之款如何定性与清偿？

（2）结合我国《民法典》中关于离婚财产分割及子女抚养教育的规定，分析离婚案件中如何加强对无过错方当事人及未成年子女的保护。

第4章

经 济 法

 学习目标

1. 掌握经济法的概念和调整对象、经济法的渊源、经济法律关系的构成要素。

2. 掌握个人独资企业的设立、事务管理、解散、清算。

3. 掌握合伙企业设立、事务管理、解散、清算、法律责任。

4. 掌握有限责任公司、股份有限责任公司的设立,组织机构,公司的合并、分立、终止等内容。

5. 掌握产品质量的含义,熟悉生产者、销售者的产品质量义务和责任,熟悉产品责任的构成要件和责任形式。

6. 掌握消费者权益保护法的适用范围,熟悉消费者的权利和经营者的义务,掌握消费者权益纠纷的解决方式及责任形式。

 引导案例

2008 年 9 月初,三鹿"三聚氰胺毒奶粉"事件爆发,之后牵扯出来 22 家含三聚氰胺牛奶厂家,俨然是牛奶行业的"潜规则"。为此,一批官员纷纷"下马"。其实,早在 2004 年,安徽阜阳就发生了严重的劣质奶粉事件,严惩了一批犯罪分子,问责了一批官员。然而,这几年有关食品药品安全的事件层出不穷,比如"皮革奶事件""地沟油事件""瘦肉精事件""塑化剂事件",等等。为此,国务院近几年也出台了一系列法规政策,比如《国务院办公厅关于印发食品安全专项整治工作方案的通知》《关于进一步加强食品质量安全监管工作的通知》《农产品质量安全法》等。然而,效果并不理想,直至又发生了严重的"毒奶粉""毒疫苗"事件。

"毒奶粉"事件等食品药品安全问题本身就是一种不正当竞争行为,涉及产品质量问题和消费者权益保护问题等一系列涉及市场监管制度的问题,这正是经济法要解决的问题。经济法立足社会公共利益,通过国家宏观调控与微观调控的手段相结合,既满足人们生活所必要的生产、消费经济活动的基本权利,又抑制市场主体经济权利的滥用和对一般消费者、多数中小企业进行保护。传统民法强调个人权利本位,而经济法则强调社会责任本位。在经济法中,无论是经济法的主导价值取向、经济法的理念,还是政府的经济性及其法律约束,都是围绕着社会关怀、整体效益与个体效益相协调、限制个体盲目的逐利行为以及对社会公共利益加以保护出发,通过国家干预经济生活加以调整的,这就决定了经济法的社会本位取向。在市场自我调节恢复有限、市场自我调节失灵的情况下，国家"有形之手"这个外力对各市场主体行为加以修正，最终立足点仍然是社会公益。

4.1　经济法概述

4.1.1　经济法的概念与调整对象

经济法是调整国家干预经济活动过程中发生的经济关系的法律规范的总称。经济法的调整对象是经济关系，但不是所有的经济关系都由经济法调整，经济法只调整特定的经济关系，即国家在干预本国经济运行过程中发生的经济关系。具体包括以下几种关系。

1. 市场主体组织管理关系

企业在设立、变更、终止和企业内部管理过程中发生的经济关系，称为市场主体组织管理关系。调整市场主体组织管理关系的法律主要由企业法构成，具体包括：公司法、个人独资企业法、合伙企业法、外商投资企业法。

2. 市场管理关系

经济法调整市场管理关系主要是为了规范市场行为，维护公平竞争秩序，防止垄断。市场管理法主要有：反不正当竞争法、产品质量法、消费者权益保护法等。

3. 宏观调控关系

宏观调控是国家为了保持经济总量的基本平衡，促进经济结构的优化，引导国民经济持续、迅速、健康发展，推动社会全面进步的经济措施。在宏观调控过程中发生的社会关系称为宏观调控关系。宏观调控方面的法律主要有预算法、税法、金融法、价格法、审计法、会计法等。

4. 社会保障关系

社会保障制度在构建和谐社会中发挥着基础作用，主要体现在调节收入分配、维护社会公平、保障社会成员的基本人权和社会权利、促进社会团结与和谐等方面。在社会保障过程中发生的经济关系，称为社会保障关系。我国调整社会保障关系的法律主要包括：《中华人民共和国保险法》《中华人民共和国优抚安置法》等。

4.1.2　经济法律关系

1. 经济法律关系的概念

经济法律关系是指经济关系被经济法律规范确认和调整之后所形成的权利和义务关系。经济法律关系具有以下特征。

（1）经济法律关系是由经济法律规范确认和调整所形成的社会关系。

（2）经济法律关系是以具体的经济权利和经济义务为内容的一种社会关系。

（3）经济法律关系是由国家强制力保证实施的社会关系。

2. 经济法律关系的构成要素

经济法律关系的构成要素是指经济法主体之间经济权利和经济义务关系的必要组成部

分,包括经济法律关系的主体、客体和内容,这三者紧密相连,缺一不可。

(1) 经济法律关系的主体。经济法律关系的主体即经济法主体,是指参加经济法律关系,依法享有经济权利、承担经济义务的当事人。经济法律关系的主体是构建经济法律关系的第一要素。在我国,经济法律关系的主体包括以下几类:①国家机关;②企业;③事业单位;④社会团体;⑤个体工商户、农村承包经营户;⑥公民;⑦国家。

(2) 经济法律关系的客体。经济法律关系的客体是指经济法主体的权利和义务指向的对象。经济法律关系的客体的种类主要有:①物;②经济行为;③智力成果。

(3) 经济法律关系的内容。经济法律关系的内容就是经济法律关系的主体在经济法律关系中所享有的经济权利和承担的经济义务。

① 经济权利是指经济法主体根据经济法律、法规的规定或约定而享有为或不为一定行为,或者要求他人为或不为一定行为的权利。经济权利的种类主要有:经济职权;财产所有权;经营管理权;知识产权;请求权。请求权的主要内容有:请求赔偿权、请求调解权、申请仲裁权、民事诉讼权。

② 经济义务是指经济法主体为满足权利主体或权利主体要求,依法为一定行为或不为一定行为的责任。就企业等经济组织而言,经济义务主要有:对国家的义务;对消费者的义务;对内部组织和职工的义务,以及对其他经济法主体的义务等。

3. 经济法律关系的发生、变更和终止

经济法律关系的发生是指在特定的经济法主体之间形成一定的经济权利和经济义务关系。经济法律关系的变更是指已经形成的经济法律关系通过一定的经济法律事实而引起的变化,包括主体、客体和内容的变化。经济法律关系的终止是指经济法主体之间的权利和义务的消灭。

经济法律关系的发生、变更和终止都要基于一定的经济法律事实的出现。经济法律事实是指能够引起经济法关系发生、变更和终止的客观情况。经济法律事实按照是否与经济法主体的主观意志有联系可以分为法律事件和法律行为两种。

4.2 个人独资企业法

4.2.1 个人独资企业法概述

1. 个人独资企业的概念和特征

个人独资企业是指在中国境内设立,由一个自然人投资,财产为投资人个人所有,投资人以其个人财产对企业债务承担无限责任的经营实体。

个人独资企业具有以下法律特征:①个人独资企业是由一个自然人投资的企业;②个人独资企业的财产归投资人个人所有;③投资人以其个人财产对企业债务承担无限责任,不具有法人资格;④个人独资企业的内部机构设置简单,经营管理方式灵活。

2. 个人独资企业法的概念

个人独资企业法是调整个人独资企业的法律规范的总称。1999 年 8 月 30 日第九届全国人大常委会第十一次会议通过了《中华人民共和国个人独资企业法》（以下简称《个人独资企业法》），该法自 2000 年 1 月 1 日起施行。

4.2.2　个人独资企业的设立

1. 个人独资企业设立的条件

（1）投资人为一个自然人，并且只能是中国公民。其中，无民事行为能力人、国家公务员、党政机关领导干部、警官、法官、检察官、商业银行工作人员等，不得作为投资人申请设立个人独资企业。

（2）有合法的企业名称。个人独资企业的名称中不得使用"有限""有限责任"或者"公司"字样。

（3）有投资人申报的出资。投资人可以用货币、实物、土地使用权、知识产权或者其他财产权利出资。投资人可以个人财产出资，也可以家庭共有财产作为个人出资。以家庭共有财产作为个人出资的，投资人应当在设立登记申请书上予以注明，投资人以其家庭财产作为个人出资的，应当依法以家庭共有财产对企业债务承担无限责任。

（4）有固定的生产经营场所和必要的生产经营条件。

（5）有必要的从业人员。

2. 个人独资企业设立的程序

申请设立个人独资企业，应当由投资人或者其委托的代理人向个人独资企业所在地的登记机关提出申请，登记机关应当在收到设立申请文件之日起 15 日内，对符合法律规定条件的，予以登记，发给营业执照；对不符合法律规定条件的，不予登记。个人独资企业的营业执照的签发日期，为个人独资企业成立日期。在未领取营业执照前，投资人不得以个人独资企业名义从事经营活动。

个人独资企业设立分支机构，应当由投资人或者其委托的代理人向分支机构所在地的登记机关申请设立登记。分支机构的民事责任由设立该分支机构的个人独资企业承担。

4.2.3　个人独资企业的事务管理

1. 个人独资企业事务管理的方式

个人独资企业投资人可以自行管理企业事务，也可以委托或者聘用其他具有民事行为能力的人负责企业的事务管理。投资人委托或者聘用他人管理个人独资企业事务，应当与受托人或者被聘用的人签订书面合同，明确委托的具体内容和授予的权利范围。

受托人或者被聘用的人员应当履行诚信、勤勉义务，按照与投资人签订的合同负责个人独资企业的事务管理，不得有下列行为：①利用职务上的便利，索取或者收受贿赂；②利用职务或者工作上的便利侵占企业财产；③挪用企业的资金归个人使用或者借贷给他人；④擅自将企业资金以个人名义或者以他人名义开立账户储存；⑤擅自以企业财产提供担保；⑥未经投资人同意，从事与本企业相竞争的业务；⑦未经投资人同意，同本企业订立合同或者进行交易；⑧未经投资人同意，擅自将企业商标或者其他知识产权转让给他人使用；⑨泄露本企业的商业秘密；⑩法律、行政法规禁止的其他行为。

投资人对受托人或者被聘用的人员职权的限制,不得对抗善意第三人。

2. 个人独资企业事务管理的内容

个人独资企业应当依法设置会计账簿,进行会计核算。个人独资企业招用职工的,应当依法与职工签订劳动合同,保障职工的劳动安全,按时、足额发放职工工资。个人独资企业应当按照国家规定参加社会保险,为职工缴纳社会保险费,否则应承担法律责任。

4.2.4 个人独资企业的解散和清算

1. 个人独资企业的解散

个人独资企业解散的原因包括:投资人决定解散;投资人死亡或者被宣告死亡,无继承人或者继承人决定放弃继承;被依法吊销营业执照;法律、行政法规规定的其他情形。

2. 个人独资企业的清算

个人独资企业解散时,应当进行清算。《个人独资企业法》规定,个人独资企业解散,由投资人自行清算或者由债权人指定清算人进行清算。

投资人自行清算的,应当在清算前 15 日内书面通知债权人,无法通知的,应当予以公告。债权人应当在接到通知之日起 30 日内,未接到通知的应当在公告之日起 60 日内,向投资人申报其债权。

个人独资企业解散后,原投资人对个人独资企业存续期间的债务仍应承担偿还责任,但债权人在 5 年内未向债务人提出偿债请求的,该责任消灭。

个人独资企业解散的,应当按照下列顺序清偿债务:①所欠职工工资和社会保险费;②所欠税款;③其他债务。

个人独资企业财产不足以清偿债务的,投资人应当以其个人其他财产予以清偿。

清算期间,个人独资企业不得开展与清算目的无关的经营活动。在按前述财产清偿顺序清偿债务前,投资人不得转移、隐匿财产。

个人独资企业清算结束后,投资人或者人民法院指定的清算人应当编制清算报告,并于清算结束之日起 15 日内向原登记机关申请注销登记。经登记机关注销登记,个人独资企业终止。

 案例讨论4-1

甲设立了个人独资企业"A 企业",登记时明确以其个人财产 5 万元作为投资人甲的出资。甲聘请乙管理企业事务,同时规定,凡乙对外签订标的金额超过 1 万元以上的合同,必须经甲同意。2 月 10 日,乙未经甲同意,以 A 企业的名义向善意第三人丙购入价值 2 万元的货物。2015 年 7 月 4 日,A 企业亏损,不能支付到期丁的债务,甲决定解散该企业,进行清算。经查,A 企业和甲的资产及债务债权情况如下:①A 企业欠交税款 3000 元,欠乙工资 5000 元,欠丁 10 万元;②A 企业的银行存款 1 万元,实物折价 8 万元;③甲个人其他可执行的财产价值 2 万元;④甲仍与父母生活在一起,其父母有存款 10 万元。

问题：

(1) 乙于2月10日以A企业名义向丙购买价值2万元货物的行为是否有效？

(2) 5月，该企业急需设备。乙自行做主将自己的一套二手设备以1万元的价格卖给该企业。使用不到2个月，该设备报废，致使A企业不能履行对王某的合同，并承担了违约金5000元。如何处理？

(3) 如何满足丁的债权请求？甲是否因清算完成而免责？丁是否可以要求甲的父母偿还债务？

4.3 合伙企业法

4.3.1 合伙企业法概述

1. 合伙企业的概念

合伙企业是指自然人、法人和其他组织依照《中华人民共和国合伙企业法》在中国境内设立的普通合伙企业和有限合伙企业。普通合伙企业由普通合伙人组成，合伙人对合伙企业债务承担无限连带责任。有限合伙企业由普通合伙人和有限合伙人组成，普通合伙人对合伙企业债务承担无限连带责任，有限合伙人以其认缴的出资额为限对合伙企业债务承担责任。

2. 合伙企业法的概念

合伙企业法是指调整合伙企业合伙关系的法律规范的总称。1997年2月23日第八届全国人民代表大会常务委员会第24次会议通过了《中华人民共和国合伙企业法》（以下简称《合伙企业法》），2006年8月27日第十届全国人民代表大会常务委员会第23次会议对该法进行了修订，修订后的合伙企业法自2007年6月1日起实施。

4.3.2 普通合伙企业

1. 普通合伙企业的设立

1）普通合伙企业的设立条件

《合伙企业法》规定，设立合伙企业，应当具备下列条件。

(1) 有两个以上合伙人。自然人、法人和其他组织都可以依法成为普通合伙企业的合伙人。合伙人为自然人的，应当具有完全民事行为能力，无民事行为能力人和限制民事行为能力人不得成为合伙企业的合伙人。法律、行政法规规定禁止从事营利性活动的人，不得成为合伙企业的合伙人。国有独资公司、国有企业以及公益性的事业单位、社会团体不得成为普通合伙人。

(2) 有书面合伙协议。合伙协议应当载明下列事项：合伙企业的名称和主要经营场所的地点；合伙目的和合伙经营范围；合伙人的姓名或者名称、住所；合伙人的出资方式、数额和缴付期限；利润分配、亏损分担方式；合伙事务的执行；入伙与退伙；争议解决办法；合伙企业的解散与清算；违约责任。协议经全体合伙人签名、盖章后生效。

（3）有合伙人认缴或者实际缴付的出资。合伙人可以用货币、实物、知识产权、土地使用权或者其他财产权利出资，也可以用劳务出资。合伙人以实物、知识产权、土地使用权或者其他财产权利出资，需要评估作价的，可以由全体合伙人协商确定，也可以由全体合伙人委托法定评估机构评估。合伙人以劳务出资的，其评估办法由全体合伙人协商确定，并在合伙协议中载明。

以非货币财产出资的，依照法律、行政法规的规定，需要办理财产权转移手续的，应当依法办理。

（4）有合伙企业的名称和生产经营场所。合伙企业名称中应当标明"普通合伙"字样。

（5）法律、行政法规规定的其他条件。

2）普通合伙企业设立的程序

申请设立合伙企业，应当向企业登记机关提交登记申请书、合伙协议书、合伙人身份证明等文件。企业登记机关应当自受理申请之日起 20 日内，作出是否登记的决定。予以登记的，发给营业执照；不予登记的，应当给予书面答复，并说明理由。

合伙企业的营业执照签发日期，为合伙企业成立日期。合伙企业领取营业执照前，合伙人不得以合伙企业名义从事合伙业务。

2. 普通合伙企业的财产

普通合伙企业的财产包括三个部分：一是合伙人的出资；二是以合伙企业名义取得的收益；三是合伙企业依法取得的其他财产。

合伙人在合伙企业清算前，不得请求分割合伙企业的财产；但是，法律另有规定的除外。合伙人在合伙企业清算前私自转移或者处分合伙企业财产的，合伙企业不得以此对抗善意第三人。

除合伙协议另有约定外，合伙人向合伙人以外的人转让其在合伙企业中的全部或者部分财产份额时，须经其他合伙人一致同意。合伙人之间转让在合伙企业中的全部或者部分财产份额时，应当通知其他合伙人。合伙人向合伙人以外的人转让其在合伙企业中的财产份额的，在同等条件下，其他合伙人有优先购买权；但是，合伙协议另有约定的除外。合伙人以外的人依法受让合伙人在合伙企业中的财产份额的，经修改合伙协议即成为合伙企业的合伙人，依照《合伙企业法》和修改后的合伙协议享有权利，履行义务。

合伙人以其在合伙企业中的财产份额出质的，须经其他合伙人一致同意；未经其他合伙人一致同意，其行为无效，由此给善意第三人造成损失的，由行为人依法承担赔偿责任。

3. 普通合伙企业事务的执行

1）普通合伙企业事务执行的方式

根据《合伙企业法》的规定，合伙人执行合伙企业事务可以有两种形式：一是全体合伙人共同执行合伙企业事务；二是按照合伙协议约定或者全体合伙人的决定，委托 1 名或者数名合伙人执行合伙事务。采取第二种形式的，其他合伙人不再执行合伙企业事务。不参加执行事务的合伙人有权监督执行事务的合伙人，检查其执行合伙事务的情况。执行事务的合伙人应当向其他不参加执行事务的合伙人报告事务执行情况，以及合伙的经营状况和财务状况，其执行合伙企业事务所产生的收益归全体合伙人，所产生的亏损或者民事责任，由全体合伙人承担。被委托执行合伙企业事务的合伙人不按照合伙协议或者全体合伙人的决定执行事务的,其他合伙人可以决定撤销该委托。

合伙企业对合伙人执行合伙事务以及对外代表合伙企业权利的限制,不得对抗善意第三人。

除合伙协议另有约定外,合伙企业的下列事务必须经全体合伙人一致同意:改变合伙企业的名称;改变合伙企业的经营范围、主要经营场所的地点;处分合伙企业的不动产;转让或者处分合伙企业的知识产权和其他财产权利;以合伙企业名义为他人提供担保;聘任合伙人以外的人担任合伙企业的经营管理人员。

 案例讨论4-2

甲、乙、丙、丁四人共同投资设立 A 普通合伙企业。合伙协议的部分内容如下:由甲、乙执行合伙企业事务,丙、丁不得过问企业事务;利润和损失由甲、乙、丙、丁平均分配和分担。

在执行合伙企业事务过程中,为提高管理水平,甲自行决定聘请王某担任合伙企业经营管理人员。因合伙企业发展良好,乙打算让其朋友郑某入伙。在征得甲的同意后,乙即安排郑某参与合伙事务。

问题:

① 合伙协议中关于合伙企业事务执行的约定是否符合法律规定?

② 甲聘请王某担任经营管理人员是否符合法律规定?

③ 郑某是否已经成为 A 合伙企业的合伙人?

2) 普通合伙人在执行合伙事务中的权利义务

《合伙企业法》对于合伙人权利的规定主要包括:①合伙人对执行合伙事务享有同等的权利;②不执行合伙事务的合伙人有权监督合伙人执行合伙事务的情况;③合伙人有权随时了解企业的经营状况,为了解合伙企业的经营状况和财务状况,有权查阅合伙企业的会计账簿等财务资料;④合伙人分别执行合伙事务的,执行事务合伙人可以对其他合伙人执行的事务提出异议。提出异议时,应当暂停该项事务的执行;⑤受委托执行合伙事务的合伙人不按照合伙协议或者全体合伙人的决定执行事务的,其他合伙人可以决定撤销该委托。

合伙人的义务主要包括以下四个方面:①执行合伙事务的合伙人应当定期向其他不执行合伙事务的合伙人报告事务执行情况,以及合伙企业的经营和财务状况;②合伙人不得自营或者同他人合作经营与本合伙企业相竞争的业务;③除合伙协议另有约定或者经全体合伙人一致同意外,合伙人不得同本合伙企业进行交易;④不得从事损害本企业利益的活动。

4. 普通合伙企业的利润分配与亏损分担

合伙企业的利润分配、亏损分担,按照合伙协议的约定办理;合伙协议未约定或者约定不明确的,由合伙人协商决定;协商不成的,由合伙人按照实缴出资比例分配、分担;无法确定出资比例的,由合伙人平均分配、分担。合伙协议不得约定将全部利润分配给部分合伙人或者由部分合伙人承担全部亏损。

5. 普通合伙企业的债务清偿

合伙企业对其债务,应先以其全部财产进行清偿。合伙企业不能清偿到期债务的,合伙人承担无限连带责任。合伙人由于承担无限连带责任,清偿数额超过其亏损分担比例的,有权向其他合伙人追偿。

合伙人发生与合伙企业无关的债务,相关债权人不得以其债权抵销其对合伙企业的债务;也不得代位行使合伙人在合伙企业中的权利。

合伙人的自有财产不足清偿其与合伙企业无关的债务的,该合伙人可以以其从合伙企业中分取的收益用于清偿;债权人也可以依法请求人民法院强制执行该合伙人在合伙企业中的财产份额用于清偿。人民法院强制执行合伙人的财产份额时,应当通知全体合伙人,其他合伙人有优先购买权;其他合伙人未购买,又不同意将该财产份额转让给他人的,依照法律规定为该合伙人办理退伙结算,或者办理削减该合伙人相应财产份额的结算。

6. 普通合伙企业的入伙、退伙、退伙的法律后果

(1) 入伙。入伙是指合伙企业成立以后,合伙人以外的第三人加入合伙企业,取得合伙人资格的行为。新合伙人入伙,除合伙协议另有约定外,应当经全体合伙人一致同意,并依法订立书面入伙协议。订立入伙协议时,原合伙人应当向新合伙人如实告知原合伙企业的经营状况和财务状况。入伙的新合伙人与原合伙人享有同等权利,承担同等责任。入伙协议另有约定的,从其约定。新合伙人对入伙前合伙企业的债务承担无限连带责任。

(2) 退伙。退伙就是合伙人退出合伙企业,不再具有合伙人的资格。退伙一般包括自愿退伙、法定退伙和开除退伙。

① 自愿退伙。自愿退伙是指合伙人按照自己的意愿而退出合伙。自愿退伙的原因包括两种情况:第一种情况是,合伙协议约定合伙企业的经营期限的,如果有下列情形之一,合伙人可以退伙:合伙协议约定的退伙事由出现;经全体合伙人同意退伙;发生合伙人难以继续参加合伙企业的事由;其他合伙人严重违反合伙协议约定的义务。第二种情况是,合伙协议未约定合伙企业的经营期限的,合伙人在不给合伙企业事务造成不利影响的情况下,可以退伙,但应当提前 30 日通知其他合伙人。

② 法定退伙。法定退伙也称为当然退伙是指根据法律规定的原因而出现的退伙。《合伙企业法》第 48 条规定,合伙人有下列情形之一的,当然退伙:作为合伙人的自然人死亡或者被依法宣告死亡;个人丧失偿债能力;作为合伙人的法人或者其他组织依法被吊销营业执照、责令关闭撤销,或者被宣告破产;法律规定或者合伙协议约定合伙人必须具有相关资格而丧失该资格;合伙人在合伙企业中的全部财产份额被人民法院强制执行。

合伙人被依法认定为无民事行为能力人或者限制民事行为能力人的,经其他合伙人一致同意,可以依法转为有限合伙人,普通合伙企业依法转为有限合伙企业。其他合伙人未能一致同意的,该无民事行为能力或者限制民事行为能力的合伙人退伙。

合伙人死亡或者被依法宣告死亡的,对该合伙人在合伙企业中的财产份额享有合法继承权的继承人,按照合伙协议的约定或者经全体合伙人一致同意,从继承开始之日起,取得该合伙企业的合伙人资格。

有下列情形之一的,合伙企业应当向合伙人的继承人退还被继承合伙人的财产份额:继承人不愿意成为合伙人;法律规定或者合伙协议约定合伙人必须具有相关资格,而该继承人未取得该资格;合伙协议约定不能成为合伙人的其他情形。

合伙人的继承人为无民事行为能力人或者限制民事行为能力人的,经全体合伙人一致同意,可以依法成为有限合伙人,普通合伙企业依法转为有限合伙企业。全体合伙人未能一致同意的,合伙企业应当将被继承合伙人的财产份额退还该继承人。

③ 开除退伙。合伙人有下列情形之一的,经其他合伙人一致同意,可以决议将其除名:未履行出资义务;因故意或者重大过失给合伙企业造成损失;执行合伙企业事务有不正当行为;合伙协议约定的其他事由。

对合伙人的除名决议应当书面通知被除名人。被除名人接到除名通知之日,除名生效,被除名人退伙。被除名人对除名决议有异议的,可以自接到除名通知之日起 30 日内,向人民法院起诉。

(3) 退伙的法律后果。合伙人退伙,其他合伙人应当与该退伙人按照退伙时的合伙企业财产状况进行结算,退还退伙人的财产份额。退伙人对给合伙企业造成的损失负有赔偿责任的,相应扣减其应当赔偿的数额。

退伙时有未了结的合伙企业事务的,待该事务了结后进行结算。

退伙人在合伙企业中财产份额的退还办法,由合伙协议约定或者由全体合伙人决定,可以退还货币,也可以退还实物。

退伙人对基于其退伙前的原因发生的合伙企业债务,承担无限连带责任。

合伙人退伙时,合伙企业财产少于合伙企业债务的,退伙人应当依照法律规定分担亏损。

7. 特殊的普通合伙企业

《合伙企业法》规定:以专业知识和专门技能为客户提供有偿服务的专业服务机构,可以设立为特殊的普通合伙企业。特殊的普通合伙企业名称中应当标明"特殊普通合伙"字样。

特殊的普通合伙中,当一个合伙人或者数个合伙人在执业活动中因故意或者重大过失造成合伙企业债务时,应当承担无限责任或者无限连带责任,其他合伙人以其在合伙企业中的财产份额为限承担责任。合伙人在执业活动中非因故意或者重大过失造成的合伙企业债务以及合伙企业的其他债务,由全体合伙人承担无限连带责任。

4.3.3　有限合伙企业

1. 有限合伙企业的设立条件

(1) 有限合伙企业由 2 个以上 50 个以下合伙人设立,法律另有规定的除外。有限合伙企业至少应当有 1 个普通合伙人。国有独资公司、国有企业以及公益性的事业单位、社会团体不得成为有限合伙企业的普通合伙人。

(2) 有限合伙企业名称中应当标明"有限合伙"字样,不得使用"有限公司""有限责任公司"等字样。

(3) 有限合伙企业的合伙协议除符合普通合伙协议要求外,还应当载明下列事项:普通合伙人和有限合伙人的姓名或者名称、住所;执行事务合伙人应具备的条件和选择程序;执行事务合伙人权限与违约处理办法;执行事务合伙人的除名条件和更换程序;有限合伙人人伙、退伙的条件、程序以及相关责任；有限合伙人和普通合伙人相互转变程序。

（4）有限合伙人可以用货币、实物、知识产权、土地使用权或者其他财产权利作价出资，但有限合伙人不得以劳务出资。

有限合伙人应当按照合伙协议的约定按期足额缴纳出资；未按期足额缴纳的，应当承担补缴义务，并对其他合伙人承担违约责任。有限合伙企业登记事项中应当载明有限合伙人的姓名或者名称及认缴的出资数额。

2. 有限合伙企业事务的执行

有限合伙企业由普通合伙人执行合伙事务。执行事务的合伙人可以要求在合伙协议中确定执行事务的报酬及报酬提取方式。

有限合伙人不执行合伙事务，不得对外代表有限合伙企业。有限合伙人的下列行为，不视为执行合伙事务：参与决定普通合伙人入伙、退伙；对企业的经营管理提出建议；参与选择承办有限合伙企业审计业务的会计师事务所；获取经审计的有限合伙企业财务会计报告；对涉及自身利益的情况，查阅有限合伙企业财务会计账簿等财务资料；在有限合伙企业中的利益受到侵害时，向有责任的合伙人主张权利或者提起诉讼；执行事务合伙人怠于行使权利时，督促其行使权利或者为了本企业的利益以自己的名义提起诉讼；依法为本企业提供担保。

3. 有限合伙人的权利及与第三人的关系

除合伙协议另有约定外，有限合伙人可以同本有限合伙企业进行交易；有限合伙人可以自营或者同他人合作经营与本有限合伙企业相竞争的业务；有限合伙人可以将其在有限合伙企业中的财产份额出质。

有限合伙人可以按照合伙协议的约定向合伙人以外的人转让其在有限合伙企业中的财产份额，但应当提前 30 日通知其他合伙人。

有限合伙人的自有财产不足清偿其与合伙企业无关的债务的，该合伙人可以以其从有限合伙企业中分取的收益用于清偿；债权人也可以依法请求人民法院强制执行该合伙人在有限合伙企业中的财产份额用于清偿。人民法院强制执行有限合伙人的财产份额时，应当通知全体合伙人。在同等条件下，其他合伙人有优先购买权。

第三人有理由相信有限合伙人为普通合伙人并与其交易的，该有限合伙人对该笔交易承担与普通合伙人同样的责任。

有限合伙人未经授权以有限合伙企业名义与他人进行交易，给有限合伙企业或者其他合伙人造成损失的，该有限合伙人应当承担赔偿责任。

4. 有限合伙人的入伙与退伙

新入伙的有限合伙人对入伙前有限合伙企业的债务，以其认缴的出资额为限承担责任。

有限合伙人有以下情形之一的，当然退伙：作为合伙人的自然人死亡或者被依法宣告死亡；作为合伙人的法人或者其他组织依法被吊销营业执照、责令关闭撤销，或者被宣告破产；法律规定或者合伙协议约定合伙必须具有相关资格而丧失该资格；合伙人在合伙企业中的全部财产份额被人民法院强制执行。

作为有限合伙人的自然人在有限合伙企业存续期间丧失民事行为能力的，其他合伙人不得因此要求其退伙。

作为有限合伙人的自然人死亡、被依法宣告死亡或者作为有限合伙人的法人及其他组织终止时，其继承人或者权利承受人可以依法取得该有限合伙人在有限合伙企业中的资格。

有限合伙人退伙后，对基于其退伙前的原因发生的有限合伙企业债务，以其退伙时从有限合伙企业中取回的财产承担责任。

5. 有限合伙人与普通合伙人的资格转换

除合伙协议另有约定外，普通合伙人转变为有限合伙人，或者有限合伙人转变为普通合伙人，应当经全体合伙人一致同意。

有限合伙人转变为普通合伙人的，对其作为有限合伙人期间有限合伙企业发生的债务承担无限连带责任。

普通合伙人转变为有限合伙人的，对其作为普通合伙人期间合伙企业发生的债务承担无限连带责任。

 案例讨论4-3

张某、王某、李某、刘某四人出资设立江陵有限合伙企业，其中张某、王某为普通合伙人，李某、刘某为有限合伙人。合伙企业存续期间，发生以下事项。

（1）江陵合伙企业向银行贷款300万元。

（2）经全体合伙人一致同意，普通合伙人王某转变为有限合伙人，有限合伙人李某转变为普通合伙人。

经营一段时间假设出现以下情形：

（3）张某、刘某提出退伙。经结算，张某从合伙企业分回30万元，刘某从合伙企业分回40万元。

（4）戊、庚新入伙，戊为有限合伙人，庚为普通合伙人。其中，戊、庚的出资均为40万元。

（5）银行300万元的贷款到期，江陵合伙企业的全部财产只有200万元。

问题：对于合伙企业不能还清的100万元，分别说明银行能否要求合伙人张某、李某、刘某、戊或者庚清偿全部的100万元？并说明理由。

4.3.4　合伙企业的解散与清算

1. 合伙企业的解散

合伙企业的解散是指合伙企业的终止。合伙企业有下列情形之一的，应当解散：合伙期限届满，合伙人决定不再经营；合伙协议约定的解散事由出现；全体合伙人决定解散；合伙人已不具备法定人数满30天；合伙协议约定的合伙目的已经实现或者无法实现；依法被吊销营业执照、责令关闭或者被撤销；法律、行政法规规定的其他原因。

2. 合伙企业的清算

1）清算人的产生

合伙企业解散，应当由清算人进行清算。清算人由全体合伙人担任；经全体合伙人过半数同意，可以自合伙企业解散事由出现后15日内指定一个或者数个合伙人，或者委托第三人,担任清算人。自合伙企业解散事由出现之日起 15 日内未确定清算人的,合伙人或者其他利害关系人可以申请人民法院指定清算人。

2) 清算人的职责

清算人在清算期间执行下列事务:清理合伙企业财产,分别编制资产负债表和财产清单;处理与清算有关的合伙企业未了结事务;清缴所欠税款;清理债权、债务;处理合伙企业清偿债务后的剩余财产;代表合伙企业参加诉讼或者仲裁活动。

清算期间,合伙企业存续,但不得开展与清算无关的经营活动。

3) 债务清偿

合伙企业财产在支付清算费用和职工工资、社会保险费用、法定补偿金以及缴纳所欠税款、清偿债务后的剩余财产,依照法律的规定进行分配。

清算结束,清算人应当编制清算报告,经全体合伙人签名、盖章后,在 15 日内向企业登记机关报送清算报告,申请办理合伙企业注销登记。

合伙企业注销后,原普通合伙人对合伙企业存续期间的债务仍应承担无限连带责任。

合伙企业不能清偿到期债务的,债权人可以依法向人民法院提出破产清算申请,也可以要求普通合伙人清偿。

合伙企业依法被宣告破产的,普通合伙人对合伙企业债务仍应承担无限连带责任。

4.4　公　司　法

4.4.1　公司法概述

1. 公司的概念与特征

公司是指依法设立的以营利为目的的企业法人。公司具有以下法律特征:①公司应当依法设立;②公司以营利为目的,具有营利性;③公司具有法人性。

2. 公司的种类

根据不同的分类方法,可以将公司分为不同的种类。

(1) 按照公司的财产责任形式,可将公司分为无限责任公司、有限责任公司、股份有限责任公司和两合公司。我国公司法只确认了其中的两种公司形态,即有限责任公司和股份有限责任公司。

(2) 按照公司之间的相互控制与依附关系,可将公司分为母公司和子公司。母公司与子公司都是独立的法人,各自以其名义独立对外进行经营活动,各自以其财产对自己的债务独立承担责任。

(3) 按照公司内部的管辖关系,可将公司分为总公司和分公司。总公司具有法人资格,分公司一般没有法人资格,分公司没有自己独立的财产,不能独立对外承担民事责任。

除此之外,按照公司的信用基础,还可将公司分为人合公司、资合公司、人合兼资合公司;按照公司的国籍不同,可将公司分为本国公司、外国公司和跨国公司。

3. 公司法的概念

公司法是调整公司在设立、变更、终止以及营运过程中发生的社会关系的法律规范的总称。1993年12月29日,八届全国人大常委会第五次会议审议通过了《中华人民共和国公司法》(以下简称《公司法》),自1994年7月1日起施行,标志着我国公司法律制度的正式形成。该法分别于1999年、2005年、2013年、2018年进行了四次修正。

我国《公司法》的适用范围是在中国境内设立的有限责任公司和股份有限公司。

4.4.2　有限责任公司

1. 有限责任公司的概念和特征

有限责任公司是依照《公司法》设立的,股东以其出资额为限对公司承担责任,公司以其全部财产对公司债务承担责任的企业法人。

有限责任公司的特征包括:①股东数额的有限性;②股东责任的有限性;③公司具有封闭性;④公司组织的简便性;⑤是人合性与资合性相结合的公司。

2. 有限责任公司的设立

1) 有限责任公司的设立条件

(1) 股东符合法定人数。我国《公司法》规定,有限责任公司由50个以下股东出资设立。

(2) 有符合公司章程规定的全体股东认缴的出资额。新修订的《公司法》取消了一般公司的注册资本要求,一般公司在设立时已经无须事先实缴资本,只需认缴资本即可。但是,也并非所有公司的设立都没有最低注册资本要求和资本实缴要求,出于某些行业的市场监管需要,新修订的《公司法》第26条规定:有限责任公司的注册资本为在公司登记机关登记的全体股东认缴的出资额。法律、行政法规以及国务院决定对有限责任公司注册资本实缴、注册资本最低限额另有规定的,从其规定。

股东可以用货币出资,也可以用实物、知识产权、土地使用权等可以用货币估价并可以依法转让的非货币财产作价出资;但是,法律、行政法规规定不得作为出资的财产除外。对作为出资的非货币财产应当评估作价,核实财产,不得高估或者低估作价。法律、行政法规对评估作价有规定的,从其规定。

(3) 股东共同制定公司章程。有限责任公司章程应当载明下列事项:公司名称和住所;公司经营范围;公司注册资本;股东的姓名或者名称;股东的出资方式、出资额和出资时间;公司的机构及其产生办法、职权、议事规则;公司法定代表人;股东会会议认为需要规定的其他事项。

(4) 有公司名称,建立符合有限责任公司要求的组织机构。

(5) 有公司住所。

 案例讨论4-4

A、B、C三人经协商,准备成立一家有限责任公司甲,主要从事家具的生产,其中A为公司提供厂房和设备,经评估作价25万元,B从银行借款20万元现金作为出资,C原为一家国有企业的家具厂厂长,具有丰富的管理经验,提出以管理能力出资,作价15万元。A、B、C签订协议后,向工商局申请注册。

问题：本案中各投资人的出资形式是否合法？甲公司能否成立？为什么？

2）有限责任公司的设立程序

（1）订立公司章程。设立公司必须由全体股东共同制定订立章程，将要设立的公司的基本情况以及各方面的权利义务加以明确规定。

（2）股东缴纳出资。股东以货币出资的，应当将货币出资足额存入有限责任公司在银行开设的账户；以非货币财产出资的，应当依法办理其财产权的转移手续。股东不按照上述规定缴纳出资的，除应当向公司足额缴纳外，还应当向已按期足额缴纳出资的股东承担违约责任。

（3）申请设立登记。股东认足公司章程规定的出资后，由全体股东指定的代表或者共同委托的代理人向公司登记机关报送公司登记申请书、公司章程等文件，申请设立登记。公司登记机关审查后，对符合法定条件的予以登记并发给营业执照，公司营业执照签发日期为公司成立日期。

3. 有限责任公司的组织机构

1）股东会

（1）股东会的组成和职权。有限责任公司的股东会由全体股东组成，股东会是公司的权力机构，负责决定公司的重大事项。

股东会行使下列职权：决定公司的经营方针和投资计划；选举和更换非由职工代表担任的董事、监事，决定有关董事、监事的报酬事项；审议批准董事会的报告；审议批准监事会或者监事的报告；审议批准公司的年度财务预算方案、决算方案；审议批准公司的利润分配方案和弥补亏损方案；对公司增加或者减少注册资本作出决议；对发行公司债券作出决议；对公司合并、分立、解散、清算或者变更公司形式作出决议；修改公司章程；公司章程规定的其他职权。

（2）股东会会议。股东会会议分为定期会议和临时会议。定期会议应当依照公司章程的规定按时召开。代表 1/10 以上表决权的股东，1/3 以上的董事，监事会或者不设监事会的公司的监事提议召开临时会议的，应当召开临时会议。

股东会会议由股东按照出资比例行使表决权；但是，公司章程另有规定的除外。股东会的议事方式和表决程序，除《公司法》有规定的外，由公司章程规定。

股东会的决议，根据其议事方式和表决程序的不同，一般可以分为普通决议与特别决议两种。普通决议是就公司的一般事项所作的决议，需要代表 1/2 以上表决权的股东通过。特别决议是就公司特别重大的事项所作的决议，需要代表 2/3 以上表决权的股东通过，通过特别决议而决定的事项有：修改公司章程、增加或者减少注册资本、公司合并、分立、解散或者变更公司形式。

2）董事会

（1）董事会的组成和职权。董事会是股东会的常设执行机关，由股东选举产生，行使公司的经营管理权。董事会的成员为 3~13 人；股东人数较少或者规模较小的有限责任公司，可以设一名执行董事，不设董事会，执行董事可以兼任公司经理。两个以上的国有企业或者两个以上的其他国有投资主体投资设立的有限责任公司，其董事会成员中应当有公司职工代表；其他有限责任公司董事会成员中可以有公司职工代表。董事会中的职工代表由公司职工通过职工代表大会、职工大会或者其他形式民主选举产生。

董事会设董事长一人，可以设副董事长。董事长、副董事长的产生办法由公司章程规定。董事任期由公司章程规定，但每届任期不得超过3年。董事任期届满，连选可以连任。

董事会对股东会负责，行使下列职权：召集股东会会议，并向股东会报告工作；执行股东会的决议；决定公司的经营计划和投资方案；制订公司的年度财务预算方案、决算方案；制订公司的利润分配方案和弥补亏损方案；制订公司增加或者减少注册资本以及发行公司债券的方案；制订公司合并、分立、解散或者变更公司形式的方案；决定公司内部管理机构的设置；决定聘任或者解聘公司经理及其报酬事项，并根据经理的提名决定聘任或者解聘公司副经理、财务负责人及其报酬事项；制定公司的基本管理制度；公司章程规定的其他职权。

（2）董事会会议。董事会会议由董事长召集和主持；董事长不能履行职务或者不履行职务的，由副董事长召集和主持；副董事长不能履行职务或者不履行职务的，由半数以上董事共同推举一名董事召集和主持。

董事会的议事方式和表决程序，除《公司法》有规定的外，由公司章程规定。董事会决议的表决，实行一人一票。

3）监事会

（1）监事会的组成和职权。监事会是公司经营活动的监督机构，行使对经营管理者的监督权。根据《公司法》规定，有限责任公司设监事会，其成员不得少于3人。股东人数较少或者规模较小的有限责任公司，可以设1～2名监事，不设监事会。

监事会应当包括股东代表和适当比例的公司职工代表，其中职工代表的比例不得低于1/3，具体比例由公司章程规定。监事会中的职工代表由公司职工通过职工代表大会、职工大会或者其他形式民主选举产生。

监事的任期每届为三年。监事任期届满，连选可以连任。

监事会、不设监事会的公司的监事行使下列职权：检查公司财务；对董事、高级管理人员执行公司职务的行为进行监督，对违反法律、行政法规、公司章程或者股东会决议的董事、高级管理人员提出罢免的建议；当董事、高级管理人员的行为损害公司的利益时，要求董事、高级管理人员予以纠正；提议召开临时股东会会议，在董事会不履行本法规定的召集和主持股东会会议职责时召集和主持股东会会议；向股东会会议提出提案；依照法律规定，对董事、高级管理人员提起诉讼；公司章程规定的其他职权。

（2）监事会会议。监事会每年度至少召开一次会议，监事可以提议召开临时监事会会议。监事会的议事方式和表决程序，除《公司法》有规定的外，由公司章程规定。监事会决议应当经半数以上监事通过。

4）经理

经理是有限责任公司的辅助业务执行机关，是公司日常经营管理工作的负责人。经理由董事会聘任或解聘，对董事会负责。股东人数较少、规模较小的公司，执行董事可以兼任公司经理。经理列席董事会会议。

经理行使下列职权：主持公司的生产经营管理工作，组织实施董事会决议；组织实施公司年度经营计划和投资方案；拟订公司内部管理机构设置方案；拟订公司的基本管理制度；制定公司的具体规章；提请聘任或者解聘公司副经理、财务负责人；决定聘任或者解聘除应由董事会决定聘任或者解聘以外的负责管理人员；董事会授予的其他职权。

4. 有限责任公司的股权转让

1）内部股权转让

根据《公司法》规定,有限责任公司的股东之间可以相互转让其全部或者部分股权。

2）外部股权转让

股东向股东以外的人转让股权,应当经其他股东过半数同意,股东应就其股权转让事项书面通知其他股东征求同意,其他股东在接到书面通知之日起满 30 日未答复的,视为同意转让,其他股东半数以上不同意转让的,不同意的股东应当购买该转让的股权;不购买的,视为同意转让。

经股东同意转让的股权,在同等条件下,其他股东有优先购买权。两个以上股东主张行使优先购买权的,协商确定各自的购买比例;协商不成的,按照转让时各自的出资比例行使优先购买权。

 案例讨论4-5

周、吴、郑、王四人出资设立有限责任公司。公司注册资本 80 万元人民币,每人出资 20 万元。吴某欠刘某 30 万元,期限 1 年,到期吴某无法偿还欠款。于是吴某向刘某提出用自己的公司股权抵债。

问题:

(1) 吴某个人能否决定以自己 20 万元公司股权直接抵偿刘某的债务?

(2) 吴某向周某转让其在公司的股份,他个人能决定吗?

(3) 若吴某打算以其股份向刘某抵债,征求周某、郑某、王某意见,周某、王某同意,郑某不置可否,但也不愿意出资购买吴某股份。应当如何处理?

(4) 若郑某说:“我买吴某股份,但出价 10 万元。因为我有优先购买权。”而刘某出资 20 万元,该股份应转让给谁? 为什么?

5. 一人有限责任公司的特别规定

一人有限责任公司是指只有一个自然人股东或者一个法人股东的有限责任公司。

由于一人有限责任公司的特殊性,《公司法》对于一人有限责任公司作出了一些特别规定:①一个自然人只能投资设立一个一人有限责任公司,该一人有限责任公司不能投资设立新的一人有限责任公司;②一人有限责任公司应当在公司登记中注明自然人独资或者法人独资并在公司营业执照中载明;③一人有限责任公司章程由股东制定;④一人有限责任公司的股东不能证明公司财产独立于股东自己的财产的,应当对公司债务承担连带责任。

6. 国有独资公司的特别规定

国有独资公司是指国家单独出资、由国务院或者地方人民政府授权本级人民政府国有资产监督管理机构履行出资人职责的有限责任公司。

《公司法》对国有独资公司作出了一些特别规定,包括以下内容。

(1) 国有独资公司章程由国有资产监督管理机构制定,或者由董事会制定报国有资产监督管理机构批准。

（2）国有独资公司不设股东会，由国有资产监督管理机构行使股东会职权。国有资产监督管理机构可以授权公司董事会行使股东会的部分职权，决定公司的重大事项，但公司的合并、分立、解散、增加或者减少注册资本和发行公司债券，必须由国有资产监督管理机构决定；其中，重要的国有独资公司合并、分立、解散、申请破产的，应当由国有资产监督管理机构审核后，报本级人民政府批准。

（3）国有独资公司设董事会，董事会成员由国有资产监督管理机构委派；但是，董事会成员中的职工代表由公司职工代表大会选举产生。

董事会设董事长一人，可以设副董事长。董事长、副董事长由国有资产监督管理机构从董事会成员中指定。

（4）国有独资公司设经理，由董事会聘任或者解聘。经国有资产监督管理机构同意，董事会成员可以兼任经理。国有独资公司经理的职权与有限责任公司经理的职权基本相同。

国有独资公司的董事长、副董事长、董事、高级管理人员，未经国有资产监督管理机构同意，不得在其他有限责任公司、股份有限公司或者其他经济组织兼职。

（5）国有独资公司设监事会，其成员不得少于 5 人，其中职工代表的比例不得低于 1/3，具体比例由公司章程规定。监事会成员由国有资产监督管理机构委派；但是，监事会成员中的职工代表由公司职工代表大会选举产生。监事会主席由国有资产监督管理机构从监事会成员中指定。监事会依照法律规定行使职权。

4.4.3　股份有限责任公司

1. 股份有限责任公司的概念与特征

股份有限责任公司是指全部资本分为均等份额，股东以其所持股份为限对公司承担责任，公司以其全部资产对公司债务承担责任的企业法人。

股份有限责任公司具有以下法律特征：①股东数额的广泛性，公司法对股份有限责任公司的股东仅规定了最低限额，没有规定最高限额。我国《公司法》规定，股份有限责任公司的股东为 2 人以上。②股东责任的有限性。③公司股份的等额性。④公开性。⑤是最典型的资合公司。

2. 股份有限责任公司的设立

1）股份有限责任公司设立的条件

设立股份有限责任公司应符合以下条件。

（1）发起人符合法定人数。《公司法》第 78 条规定：设立股份有限责任公司，设立股份有限公司，应当有 2 人以上 200 人以下为发起人，其中须有半数以上的发起人在中国境内有住所。

（2）有符合公司章程规定的全体发起人认购的股本总额或者募集的实收股本总额。

（3）股份的发行、筹办事项符合法律规定。

（4）发起人制定公司章程，采用募集方式设立的经创立大会通过。

（5）有公司名称，建立符合股份有限公司要求的组织机构。

（6）有公司住所。公司应有相对稳定的地点开展经营活动。

2）股份有限责任公司设立的程序

（1）发起设立。发起设立是指由发起人认购公司应发行的全部股份而设立公司。

股份有限公司采取发起设立方式设立的，注册资本为在公司登记机关登记的全体发起人认购的股本总额。在发起人认购的股份缴足前，不得向他人募集股份。发起人应当书面认足公司章程规定其认购的股份。以非货币财产出资的，应当依法办理其财产权的转移手续。发起人不依照前款规定缴纳出资的，应当按照发起人协议承担违约责任。

发起人认足公司章程规定的出资后，应当选举董事会和监事会，由董事会向公司登记机关报送公司章程以及法律、行政法规规定的其他文件，申请设立登记。公司登记机关在收到公司设立登记的申请后，在法定的期间内应作出是否予以登记的决定，对于符合条件的，应予以登记，发给公司营业执照。

（2）募集设立。募集设立是指由发起人认购公司应发行股份的一部分，其余股份向社会公开募集或者向特定对象募集而设立公司。募集方式是股份有限责任公司设立的主要方式。

股份有限公司采取募集方式设立的，注册资本为在公司登记机关登记的实收股本总额。发起人认购的股份不得少于公司股份总数的 35%，法律、行政法规另有规定的，从其规定。

以募集方式设立股份有限公司公开发行股票的，还应当向公司登记机关报送国务院证券监督管理机构的核准文件。

发起人应当自股款缴足之日起 30 日内主持召开公司创立大会。创立大会由发起人、认股人组成。

董事会应于创立大会结束后 30 日内，向公司登记机关报送有关文件，申请设立登记。以募集方式设立股份有限公司公开发行股票的，还应当向公司登记机关报送国务院证券监督管理机构的核准文件。公司登记机关自收到股份有限公司设立申请之日起 30 日内，作出是否予以登记的决定。对符合条件的，予以登记，发给公司营业执照。

3. 股份有限责任公司的组织机构

股份有限责任公司的组织机构包括股东大会、董事会、监事会和经理，这些机构的组成、职权等与有限公司组织机构的规定基本相同。

1）股东大会

（1）股东大会的组成和职权。股份有限公司股东大会由全体股东组成。股东大会是公司的权力机构。有限责任公司股东会职权的规定，适用于股份有限公司股东大会，其职权与有限责任公司股东会的职权相同。

（2）股东大会会议。股东大会应当每年召开一次年会。有下列情形之一的，应当在 2 个月内召开临时股东大会：董事人数不足本法规定人数或者公司章程所定人数的 2/3 时；公司未弥补的亏损达实收股本总额 1/3 时；单独或者合计持有公司 10% 以上股份的股东请求时；董事会认为必要时；监事会提议召开时；公司章程规定的其他情形。

股东大会作出决议，必须经出席会议的股东所持表决权过半数通过。但是，股东大会作出修改公司章程、增加或者减少注册资本的决议，以及公司合并、分立、解散或者变更公司形式的决议，必须经出席会议的股东所持表决权的 2/3 以上通过。

2）董事会

（1）董事会的组成及职权。股份有限公司设董事会，其成员为5～19人。董事会成员中可以有公司职工代表。董事会中的职工代表由公司职工通过职工代表大会、职工大会或者其他形式民主选举产生。董事会设董事长一人，可以设副董事长。董事长和副董事长由董事会以全体董事的过半数选举产生。

股份有限公司董事会的职权与有限责任公司董事会的职权相同。

（2）董事会会议。董事会每年度至少召开两次会议，每次会议应当于会议召开10日前通知全体董事和监事。代表1/10以上表决权的股东、1/3以上董事或者监事会，可以提议召开董事会临时会议。董事长应当自接到提议后10日内，召集和主持董事会会议。

董事会会议应有过半数的董事出席方可举行。董事会作出决议，必须经全体董事的过半数通过。董事会决议的表决，实行一人一票。

3）监事会

（1）监事会的组成及职权。股份有限公司设监事会，其成员不得少于3人。监事会应当包括股东代表和适当比例的公司职工代表，其中职工代表的比例不得低于1/3，具体比例由公司章程规定。监事会中的职工代表由公司职工通过职工代表大会、职工大会或者其他形式民主选举产生。

监事会设主席一人，可以设副主席。监事会主席和副主席由全体监事过半数选举产生。

监事会的职权适用有限责任公司监事会职权的规定。

（2）监事会会议。监事会每6个月至少召开一次会议。监事可以提议召开临时监事会会议。监事会的议事方式和表决程序，除《公司法》有规定的外，由公司章程规定。监事会决议应当经半数以上监事通过。

4）经理

股份有限公司设经理，由董事会决定聘任或者解聘。《公司法》关于有限责任公司经理职权的规定，适用于股份有限公司经理。公司董事会可以决定由董事会成员兼任经理。

5）公司董事、监事、高级管理人员的任职资格和义务

（1）公司董事、监事、高级管理人员的任职资格。《公司法》第146条规定，有下列情形之一的，不得担任公司的董事、监事、高级管理人员：无民事行为能力或者限制民事行为能力；因贪污、贿赂、侵占财产、挪用财产或者破坏社会主义市场经济秩序，被判处刑罚，执行期满未逾5年，或者因犯罪被剥夺政治权利，执行期满未逾5年；担任破产清算的公司、企业的董事或者厂长、经理，对该公司、企业的破产负有个人责任的，自该公司、企业破产清算完结之日起未逾3年；担任因违法被吊销营业执照、责令关闭的公司、企业的法定代表人，并负有个人责任的，自该公司、企业被吊销营业执照之日起未逾3年；个人所负数额较大的债务到期未清偿。

除此之外，国家公务员不能兼任公司的董事、监事、高级管理人员。

（2）公司董事、监事、高级管理人员的义务。第一，忠实义务和勤勉义务。董事、监事、高级管理人员应当遵守法律、行政法规和公司章程，对公司负有忠实义务和勤勉义务。董事、监事、高级管理人员不得利用职权收受贿赂或者其他非法收入，不得侵占公司的财产。董事、高级管理人员不得有下列行为：挪用公司资金；将公司资金以其个人名义或者以其他个人名义开立账户存储；违反公司章程的规定，未经股东会、股东大会或者董事会同意，将公

司资金借贷给他人或者以公司财产为他人提供担保;违反公司章程的规定或者未经股东会、股东大会同意,与本公司订立合同或者进行交易;未经股东会或者股东大会同意,利用职务便利为自己或者他人谋取属于公司的商业机会,自营或者为他人经营与所任职公司同类的业务;接受他人与公司交易的佣金归为己有;擅自披露公司秘密;违反对公司忠实义务的其他行为。

董事、高级管理人员违反上述规定所得的收入应当归公司所有。

第二,注意义务。董事、监事、高级管理人员执行公司职务时违反法律、行政法规或者公司章程的规定,给公司造成损失的,应当承担赔偿责任。董事、高级管理人员违反法律、行政法规或者公司章程的规定,损害股东利益的,股东可以向人民法院提起诉讼。

4.4.4 公司的合并、分立、终止

1. 公司的合并

公司的合并是指两个以上的公司合并为一个公司的行为。

我国《公司法》规定,公司合并可以采取吸收合并或者新设合并。一个公司吸收其他公司为吸收合并,被吸收的公司解散。两个以上公司合并设立一个新的公司为新设合并,合并各方解散。

根据《公司法》第 173 条的规定,公司合并,应当由合并各方签订合并协议,并编制资产负债表及财产清单。公司应当自作出合并决议之日起 10 日内通知债权人,并于 30 日内在报纸上公告。债权人自接到通知书之日起 30 日内,未接到通知书的自公告之日起 45 日内,可以要求公司清偿债务或者提供相应的担保。

合并协议经各公司股东会批准后,应当依法向公司登记机关办理变更登记。存续公司应进行变更登记,新设公司进行设立登记注册,被解散的公司应进行解散登记。

公司合并时,合并各方的债权、债务,应当由合并后存续的公司或者新设的公司承继。

2. 公司的分立

公司的分立是指一个公司分为两个以上的公司。

公司分立可以采取存续分立和解散分立两种形式。存续分立是指一个公司分离成两个以上公司,原公司继续存在并设立一个以上新的公司。解散分立是指一个公司分解为两个以上公司,原公司解散并设立两个以上新的公司。

公司分立的程序与公司合并的程序基本相同。

公司分立前的债务由分立后的公司承担连带责任。但是,公司在分立前与债权人就债务清偿达成的书面协议另有约定的除外。

 案例讨论4-6

2020 年 3 月 1 日,某有限责任公司甲经董事会 2/3 以上董事决议,分立为两个有限责任公司乙和丙。其中,甲企业的厂房、机器设备和人员等主要资源都分给了乙公司,只有一小部分资产分给了丙公司,甲公司同时终止。公司在 2020 年 3 月 13 日,通知原甲公司的债权人丁和戊,并分别于 3 月 10 日、3 月 30 日、4 月 10 日三次在报纸上公告了其分立的事项。

丁于 2020 年 4 月 3 日向原甲公司发出公函,要求对其所持有的 10 万元债权提供担保。2020 年 5 月 30 日,原甲公司的债权人 A 向原甲公司提出要求对其 15 万元的债权予以清偿。但原甲公司对丁和 A 的要求未予理睬。乙公司和丙公司于 2015 年 6 月 1 日正式挂牌营业,未进行登记。

问题: 甲公司的分立行为有哪些违法之处? 甲公司的分立是否有效?

3. 公司的终止

1) 公司终止的原因

公司的终止是指公司资格的消灭。公司终止的原因包括:公司章程规定的营业期限届满或者公司章程规定的其他解散事由出现;股东会或者股东大会决议解散;因公司合并或者分立需要解散;依法被吊销营业执照、责令关闭或者被撤销;公司经营管理发生严重困难,继续存续会使股东利益受到重大损失,通过其他途径不能解决的,持有公司全部股东表决权 10% 以上的股东,可以请求人民法院解散公司。

2) 公司的清算

公司的清算是指公司终止时对其财产进行清理的过程。公司终止后,应指定清算人对公司的债权、债务和公司财产进行清理。

《公司法》规定,公司解散的,应当在解散事由出现之日起 15 日内成立清算组,开始清算。有限责任公司的清算组由股东组成,股份有限公司的清算组由董事或者股东大会确定的人员组成。逾期不成立清算组进行清算的,债权人可以申请人民法院指定有关人员组成清算组进行清算。人民法院应当受理该申请,并及时组织清算组进行清算。

清算组在清算期间行使下列职权:①清理公司财产,分别编制资产负债表和财产清单;②通知、公告债权人;③处理与清算有关的公司未了结的业务;④清缴所欠税款以及清算过程中产生的税款;⑤清理债权、债务;⑥处理公司清偿债务后的剩余财产;⑦代表公司参与民事诉讼活动。

清算的具体步骤如下。

第一,登记、申报债权。清算组应当自成立之日起 10 日内通知债权人,并于 60 日内在报纸上公告。债权人应当自接到通知书之日起 30 日内,未接到通知书的自公告之日起 45 日内,向清算组申报其债权。债权人申报债权,应当说明债权的有关事项,并提供证明材料。清算组应当对债权进行登记。

在申报债权期间,清算组不得对债权人进行清偿。

第二,清理公司财产,制订清算方案。清算组在清理公司财产、编制资产负债表和财产清单后,应当制订清算方案,并报股东会、股东大会或者人民法院确认。

第三,清偿公司债务。公司财产在分别支付清算费用、职工的工资、社会保险费用和法定补偿金,缴纳所欠税款,清偿公司债务后的剩余财产,有限责任公司按照股东的出资比例分配,股份有限公司按照股东持有的股份比例分配。

清算期间,公司存续,但不得开展与清算无关的经营活动。公司财产在未依照上述规定清偿前,不得分配给股东。

第四,注销公司登记并公告。公司清算结束后,清算组应当制作清算报告,报股东会、股东大会或者人民法院确认,并报送公司登记机关,申请注销公司登记,公告公司终止。

4.5 产品质量法

4.5.1 产品质量法概述

1. 产品质量法的概念

产品质量法是调整产品质量监督管理关系和产品责任关系的法律规范的总称,一般包括产品质量监督和管理、生产者和销售者的产品质量责任和义务、违反产品质量法的法律责任等方面的法律规定。

1993年2月22日第七届全国人民代表大会常务委员会第三十次会议通过了《中华人民共和国产品质量法》(以下简称《产品质量法》),该法于2000年、2009年、2018年进行了三次修正。

《产品质量法》中的产品是指经过加工、制作,用于销售的产品,不包括初级农产品和不动产。建设工程不适用产品质量法的规定,但是,建设工程使用的建筑材料、建筑构配件和设备属于产品定义范围的,适用产品质量法的规定。

产品质量通常是指产品满足需要的适用性、安全性、可靠性、耐用性、可维修性、经济性等特征和特性的总和。

2. 产品质量法的立法宗旨

产品质量法的立法宗旨是:加强对产品质量的监督管理,明确产品质量责任,保护用户、消费者的合法权益,维护社会经济秩序。

4.5.2 产品质量监督管理

1. 产品质量监督管理体制

产品质量监督管理体制是指产品质量监督管理组织机构的设置及其职权划分制度的统称。

我国产品质量监督管理实行统一管理与分工管理、层次管理与地域管理相结合的原则。根据我国《产品质量法》第8条的规定,产品质量监督管理机构包括:

(1) 国务院市场监督管理部门主管全国产品质量监督工作;

(2) 县级以上市场监督管理部门(即县级以上地方政府设置的质量监督与检验检疫机构)主管本行政区域内的产品质量监督工作;

(3) 县级以上地方人民政府有关部门(即县级以上地方政府设置的行业主管部门)在各自的职责范围内负责产品质量监督工作;

(4) 法律对产品质量的监督部门另有规定的,依照有关法律的规定执行。

2. 产品质量监督管理制度

1) 产品质量标准化制度

产品质量标准化管理是工业产品质量标准的制定、实施、监督、检查的各项规定的总和,是产品质量监督管理的依据和基础。我国现行标准化体系分为国家标准、行业标准、地方标准和企业标准。

产品质量标准制度的主要内容包括：产品质量应当检验合格，不得以不合格产品冒充合格产品。可能危及人体健康和人身、财产安全的工业产品，必须符合保障人体健康和人身、财产安全的国家标准、行业标准；未制定国家标准、行业标准的，必须符合保障人体健康和人身、财产安全的要求。禁止生产、销售不符合保障人体健康和人身、财产安全的标准和要求的工业产品。

2）企业质量体系认证制度

产品质量法规定，国家根据国际通用的质量管理标准，推行企业质量体系认证制度。所谓企业质量体系认证，是指由国家认可的认证机构，根据企业申请，依据认证标准，按照规定的程序，对企业的质量保证体系，包括企业的质量管理制度、企业的生产、技术条件等保证产品质量的诸因素进行全面的评审，对符合认证要求的，通过颁发认证证明书的形式，证明企业的质量保证能力符合相应标准的活动。

3）产品质量认证制度

产品质量认证，是由依法取得产品质量认证资格的认证机构，依据有关的产品标准和要求，按照规定的程序，对申请认证的产品进行工厂审查和产品检验等，对符合条件要求的，通过颁发认证证书和认证标志以证明该产品符合相应标准要求的活动。

产品质量法规定，国家参照国际先进的产品标准和技术要求，推行产品质量认证制度。企业根据自愿原则可以向国务院产品质量监督部门认可的或者国务院产品质量监督部门授权的部门认可的认证机构申请产品质量认证。经认证合格的，由认证机构颁发产品质量认证证书，准许企业在产品或者其包装上使用产品质量认证标志。

4）产品质量监督的抽查制度

国家对产品质量实行以抽查为主要方式的监督检查制度，对可能危及人体健康和人身、财产安全的产品，影响国计民生的重要工业产品以及消费者、有关组织反映有质量问题的产品进行抽查。抽查的样品应当在市场上或者企业成品仓库内的待销产品中随机抽取。监督抽查工作由国务院产品质量监督部门规划和组织。县级以上地方产品质量监督部门在本行政区域内也可以组织监督抽查。法律对产品质量的监督检查另有规定的，依照有关法律的规定执行。

国家监督抽查的产品，地方不得另行重复抽查；上级监督抽查的产品，下级不得另行重复抽查。对依法进行的产品质量监督检查，生产者、销售者不得拒绝。抽查的产品质量不合格的，由实施监督抽查的产品质量监督部门责令其生产者、销售者限期改正。逾期不改正的，由省级以上人民政府产品质量监督部门予以公告；公告后经复查仍不合格的，责令停业，限期整顿；整顿期满后经复查产品质量仍不合格的，吊销营业执照。

4.5.3　生产者、销售者的产品质量责任和义务

1. 生产者的产品质量责任和义务

（1）生产者应当对其生产的产品质量负责，产品质量应当符合下列要求。

① 不存在危及人身、财产安全的不合理的危险，有保障人体健康和人身、财产安全的国家标准、行业标准的，应当符合该标准。

② 具备产品应当具备的使用性能,但是,对产品存在使用性能的瑕疵作出说明的除外。

③ 符合在产品或者其包装上注明采用的产品标准,符合以产品说明、实物样品等方式表明的质量状况。

(2) 产品或者其包装上的标识必须真实。

① 有产品质量检验合格证明。

② 有中文标明的产品名称、生产厂厂名和厂址。

③ 根据产品的特点和使用要求,需要标明产品规格、等级、所含主要成分的名称和含量的,用中文予以标明;需要事先让消费者知晓的,应当在外包装上标明,或者预先向消费者提供有关资料。

④ 限期使用的产品,应当在显著位置清晰地标明生产日期和安全使用期或者失效日期。

⑤ 使用不当,容易造成产品本身损坏或者可能危及人身、财产安全的产品,应当有警示标志或者中文警示说明。

⑥ 易碎、易燃、易爆、有毒、有腐蚀性、有放射性等危险物品以及储运中不能倒置和其他有特殊要求的产品,其包装质量必须符合相应要求,依照国家有关规定作出警示标志或者中文警示说明,标明储运注意事项。

(3) 不得从事法律禁止实施的行为。

① 生产者不得生产国家明令淘汰的产品。

② 生产者不得伪造产地,不得伪造或者冒用他人的厂名、厂址。

③ 生产者不得伪造或者冒用认证标志等质量标志。

④ 生产者生产产品,不得掺杂、掺假,不得以假充真、以次充好,不得以不合格产品冒充合格产品。

2. 销售者的产品质量责任和义务

销售者的产品质量责任和义务主要包括:

(1) 销售者应当建立并执行进货检查验收制度,验明产品合格证明和其他标识;

(2) 销售者应当采取措施,保持销售产品的质量;

(3) 销售者销售的产品的标识应当符合法律的规定,具体要求和生产者的产品标识义务相同;

(4) 不得从事法律禁止实施的行为。具体包括:不得销售国家明令淘汰并停止销售的产品和失效、变质的产品;不得伪造产地,不得伪造或者冒用他人的厂名、厂址;不得伪造或者冒用认证标志等质量标志;销售者销售产品,不得掺杂、掺假,不得以假充真、以次充好,不得以不合格产品冒充合格产品。

4.5.4 违反产品质量法的责任

违反产品质量法的责任是指产品的生产者、销售者以及对产品质量负有直接责任的其他主体违反《产品质量法》的规定而应当承担的法律责任。产品质量责任主要包括民事责任、行政责任和刑事责任。

1. 民事责任

违反产品质量法的民事责任分为两种：一种是产品瑕疵担保责任；另一种是产品缺陷责任。

（1）产品瑕疵担保责任。产品瑕疵担保责任是指生产、销售的产品存在瑕疵，违反了产品明示或默示的担保义务，生产者或销售者应当承担的法律责任。这种责任实际上是一种合同责任。

我国《产品质量法》第40条规定，售出的产品有下列情形之一的，销售者应当负责修理、更换、退货；给购买产品的消费者造成损失的，销售者应当赔偿损失：①不具备产品应当具备的使用性能而事先未作说明的；②不符合在产品或者其包装上注明采用的产品标准的；③不符合以产品说明、实物样品等方式表明的质量状况的。

销售者依照前款规定负责修理、更换、退货、赔偿损失后，属于生产者的责任或者属于向销售者提供产品的其他销售者（即供货者）的责任的，销售者有权向生产者、供货者追偿。

销售者未按照上述规定给予修理、更换、退货或者赔偿损失的，由产品质量监督部门或者工商行政管理部门责令改正。

生产者之间，销售者之间，生产者与销售者之间订立的买卖合同、承揽合同有不同约定的，合同当事人按照合同约定执行。

（2）产品缺陷责任。产品缺陷责任一般也称为产品责任，是指产品的生产者、销售者因产品存在缺陷而给消费者造成人身伤害或者缺陷产品以外的其他财产损失时所应承担的赔偿责任，这种责任实质上是一种侵权责任。

① 产品缺陷责任的构成要件。根据《产品质量法》的规定，产品缺陷责任的构成要件包括：

第一，产品存在缺陷。产品缺陷是指产品存在危及人身、他人财产安全的不合理的危险；产品有保障人体健康、人身安全的国家标准、行业标准的，是指不符合该标准。具体可包括：设计上的缺陷、制造上的缺陷和指示上的缺陷三种；

第二，损害事实存在，即已经造成了他人人身或财产上的损害；

第三，产品缺陷与损害事实之间存在因果关系。

② 产品缺陷责任的归责原则。根据我国产品质量法的规定，产品生产者适用的是无过错责任，销售者适用的是过错责任。具体体现为：因产品存在缺陷造成他人人身、缺陷产品以外的其他财产损害的，生产者应承担赔偿责任。由于销售者的过错使产品存在缺陷，造成人身、他人财产损害的，销售者应当承担赔偿责任。

③ 产品缺陷责任的责任主体。因产品存在缺陷造成人身、缺陷产品以外的其他财产损害的，受害人可以向产品的生产者要求赔偿，也可以向产品的销售者要求赔偿。属于产品的生产者的责任，由产品的销售者进行赔偿的，产品的销售者有权向产品的生产者追偿；反之，属于产品的销售者的责任，由产品的生产者进行赔偿的，产品的生产者有权向产品的销售者追偿。

④ 损害赔偿范围。因产品存在缺陷造成受害人人身伤害的，侵害人应当赔偿医疗费、治疗期间的护理费、因误工减少的收入等费用；造成残疾的，还应当支付残疾者生活自助器具费、生活补助费、残疾赔偿金以及由其扶养的人所必需的生活费等费用；造成受害

人死亡的,并应当支付丧葬费、死亡赔偿金以及由死者生前扶养的人所必需的生活费等费用。

因产品存在缺陷造成受害人财产损失的,侵害人应当恢复原状或者折价赔偿。受害人因此遭受其他重大损失的,侵害人应当赔偿损失。

⑤ 生产者的免责情形。我国产品质量法规定,生产者能够证明下列情形之一的,不承担赔偿责任:未将产品投入流通的;产品投入流通时的科学技术水平尚不能发现缺陷存在的;产品投入流通时,引起损害的缺陷尚不存在的。

⑥ 诉讼时效。按照《产品质量法》的规定,因产品存在缺陷受到损害要求赔偿的诉讼时效期间为2年,自当事人知道或者应当知道其权利受到损害时起计算。因产品存在缺陷受到损害要求赔偿的请求权,在造成损害的产品交付最初用户消费者满10年后丧失;但是,尚未超过明示的安全使用期的除外。

 案例讨论4-7

2018年6月5日,吴某从某商场买回一台彩电,保修期为一年。开始,该彩电的图像、音响效果都不错。2020年1月3日,当吴某全家人正在收看节目时,发现彩电后面突然冒出黑烟,吴某赶紧叫家人都躲开,自己上前拔电源。但是还未等吴某切断电源,电视"轰"的一声发生了爆炸,将家中的家具和冰箱等炸坏,吴某由于躲避及时,只受了一点轻伤。事故发生后,吴某找到彩电生产厂家要求赔偿;该厂家认为吴某买的彩电早已过了保修期,因此对发生的损害不负责任。后吴某经多次交涉未果,向人民法院提起诉讼。

问题: 彩电生产厂家的理由是否成立?本案应如何处理?

2. 行政责任

生产者、销售者违反产品质量法的行政责任主要包括:警告,罚款,没收违法所得,责令停止生产、销售,吊销营业执照等。

3. 刑事责任

生产者、销售者、产品质量检验机构、认证机构、产品质量监督部门或其他国家机关及其工作人员的违法行为,如果已经触犯刑法,构成犯罪的,依照《中华人民共和国刑法》的规定依法追究刑事责任。

4.6 消费者权益保护法

4.6.1 消费者权益保护法概述

1. 消费者和消费者权益的概念

消费者是指为生活消费需要,购买、使用商品或者接受服务的人。消费者权益是指消费者在购买、使用商品或接受服务时依法享有的受法律保护的权利。

2. 消费者权益保护法的概念和适用范围

消费者权益保护法是调整在保护消费者权益过程中发生的社会关系的法律规范的总称。消费者权益保护法有广义、狭义之分,1993 年 10 月 31 日八届全国人大常委会第四次会议通过了《中华人民共和国消费者权益保护法》,以下简称《消费者权益保护法》,该法自 1994 年 1 月 1 日起施行。2013 年 10 月 25 日十二届全国人大常委会第五次会议对《消费者权益保护法》进行了修订,修订后的《消费者权益保护法》自 2014 年 3 月 15 日起施行。

《消费者权益保护法》从主体和行为的角度明确了该法的适用范围:消费者为生活消费需要购买、使用商品或者接受服务,其权益受本法保护;经营者为消费者提供商品或服务,应当遵守本法;另外,农民购买、使用直接用于农业生产的生产资料所产生的社会关系也适用消费者权益保护法。

3. 消费者权益保护法的立法宗旨及基本原则

消费者权益保护法的立法宗旨是:保护消费者的合法权益,维护社会经济秩序,促进社会主义市场经济健康发展。

消费者权益保护法的基本原则有:自愿、平等、公平、诚实信用的原则;国家保护消费者的合法权益不受侵害的原则;国家保护与社会监督相结合的原则。

4.6.2 消费者的权利与经营者的义务

1. 消费者的权利

消费者权利是指消费者在消费领域中,即在购买、使用商品或者接受服务中所享有的权利。消费者的权利是保护消费者的权益的核心问题。《消费者权益保护法》规定了消费者享有的九项权利,即安全权、知情权、自主选择权、公平交易权、求偿权、结社权、获取知识权、维护尊严权、监督权。

(1)安全权。安全权是消费者首要的、第一位的权利,是指消费者在购买、使用商品和接受服务时享有人身、财产安全不受损害的权利。消费者有权要求经营者提供的商品和服务,符合保障人身、财产安全的要求。否则,造成损失,消费者有权要求经营者予以赔偿。《消费者权益保护法》第 7 条规定:"消费者在购买、使用商品和接受服务时享有人身、财产安全不受损害的权利。"

(2)知情权。知情权是指消费者在购买、使用商品或接受服务时,了解与其购买、使用的商品或接受的服务有关的真实情况的权利。消费者有权根据商品或者服务的不同情况,要求经营者提供商品的价格、产地、生产者、用途、性能、规格、等级、主要成分、生产日期、有效期限、检验合格证明、使用方法说明书、售后服务,或者服务的内容、规格、费用等有关情况。

(3)自主选择权。消费者享有自主选择商品或者服务的权利。消费者有权自主选择提供商品或者服务的经营者,自主选择商品品种或者服务方式,自主决定购买或者不购买任何一种商品,接受或者不接受任何一项服务。消费者在自主选择商品或者服务时,有权进行比较、鉴别和挑选。

(4)公平交易权。公平交易权是指消费者在购买商品或者接受服务时,有权获得质量保障、价格合理、计量正确等公平交易条件,有权拒绝经营者的强制交易行为。

(5)求偿权。消费者因购买、使用商品或者接受服务受到人身、财产损害的,享有依法获得赔偿的权利。商品的购买者、商品的使用者、服务的接受者,以及在他人购买、使用商品或接受服务的过程中受到人身或财产损害的人,只要其人身、财产损害是因购买、使用商品或接受服务而引起的,都享有求偿权。除了因为人身或财产受到损害而要求获得赔偿损失外,消费者还可以要求其他经营者承担其他责任,如修理、重做、更换、恢复原状、消除影响、恢复名誉、赔礼道歉等。

(6)结社权。结社权是指消费者为维护自身合法权益而依法建立社会团体的权利。消费者依法成立维护自身合法权益的社会团体,通过有组织的活动,维护自身的合法权益,既是一项权利,也是国家鼓励全社会共同保护消费者合法权益的体现。

(7)获取知识权。获取知识权是指消费者有获得消费者权益保护方面的知识,包括有关商品和服务的基本知识、有关消费者权益保护方面的知识等。消费者应当努力掌握所需商品或者服务的知识和使用技能,正确使用商品,提高自我保护意识。

(8)维护尊严权。消费者在购买、使用商品和接受服务时,享有人格尊严、民族风俗习惯得到尊重的权利,享有个人信息依法得到保护的权利。人格尊严包括姓名权、名誉权、荣誉权、肖像权等。民族风俗习惯受尊重权是坚持民族团结和民族平等原则,尊重民族感情和民族尊严的体现。在市场交易过程中,消费者的人格尊严、民族风俗习惯依法应当受到商家的尊重和保护。

(9)监督权。消费者享有对商品和服务以及保护消费者权益工作进行监督的权利。消费者有权检举,控告侵犯消费者权益的行为和国家机关及其工作人员在保护消费者权益工作中的违法失职行为,有权对保护消费者权益工作提出批评、建议。

2. 经营者的义务

经营者是与消费者相对应的一方主体,经营者义务的履行,是保障消费者权利实现的首要条件。根据《消费者权益保护法》的规定,经营者应承担以下义务。

(1)履行法定义务和约定义务。经营者向消费者提供商品或者服务,应当依照《产品质量法》和其他有关法律、法规的规定履行义务。经营者和消费者有约定的,应当按照约定履行义务,但双方的约定不得违背法律、法规的规定。

经营者向消费者提供商品或者服务,应当恪守社会公德,诚信经营,保障消费者的合法权益;不得设定不公平、不合理的交易条件,不得强制交易。

(2)接受监督的义务。经营者应当听取消费者对其提供的商品或者服务的意见,接受消费者的监督。这是基于对消费者的监督权提出的对经营者的要求。

(3)保证消费者人身和财产安全的义务。保证消费者人身和财产安全的义务是与消费者安全权相对应的经营者的义务。经营者应当保证其提供的商品或者服务符合保障人身、财产安全的要求。对可能危及人身、财产安全的商品和服务,应当向消费者作出真实的说明和明确的警示,并说明和标明正确使用商品或者接受服务的方法以及防止危害发生的方法。

宾馆、商场、餐馆、银行、机场、车站、港口、影剧院等经营场所的经营者,应当对消费者尽到安全保障义务。

经营者发现其提供的商品或者服务存在缺陷,有危及人身、财产安全危险的,应当立即向有关行政部门报告和告知消费者,并采取停止销售、警示、召回、无害化处理、销毁、停止生产或者服务等措施。采取召回措施的,经营者应当承担消费者因商品被召回支出的必要费用。

(4)提供真实信息的义务。经营者向消费者提供有关商品或者服务的质量、性能、用途、有效期限等信息,应当真实、全面,不得作虚假或者引人误解的宣传。经营者提供商品或者服务应当明码标价。

采用网络、电视、电话、邮购等方式提供商品或者服务的经营者,以及提供证券、保险、银行等金融服务的经营者,应当向消费者提供经营地址、联系方式、商品或者服务的数量和质量、价款或者费用、履行期限和方式、安全注意事项和风险警示、售后服务、民事责任等信息。

(5)标明真实名称和标记的义务。经营者应当标明其真实名称和标记。租赁他人柜台或者场地的经营者,应当标明其真实名称和标记。

(6)出具购货凭证或服务单据的义务。经营者提供商品或者服务,应当按照国家有关规定或者商业惯例向消费者出具发票等购货凭证或者服务单据;消费者索要发票等购货凭证或者服务单据的,经营者必须出具。

(7)保证商品和服务质量的义务。经营者应当保证在正常使用商品或者接受服务的情况下其提供的商品或者服务应当具有的质量、性能、用途和有效期限;但消费者在购买该商品或者接受该服务前已经知道其存在瑕疵,且存在该瑕疵不违反法律强制性规定的除外。

经营者以广告、产品说明、实物样品或者其他方式表明商品或者服务的质量状况的,应当保证其提供的商品或者服务的实际质量与标明的质量状况相符。

提供的机动车、计算机、电视机、电冰箱、空调器、洗衣机等耐用商品或者装饰装修等服务,消费者自接受商品或者服务之日起六个月内发现瑕疵,发生争议的,由经营者承担有关瑕疵的举证责任。

 案例讨论4-8

2020年4月,张先生在某商场促销活动中购买了一台迷你小冰箱,可使用两个月后,小冰箱内壁便出现了裂痕。张先生拿着发票找到商场,但商场认为小冰箱系张先生人为损坏,不同意帮张先生免费修理。张先生无奈将商场告上了法庭。

问题：本案应由谁举证冰箱存在质量问题?

(8)三包义务。经营者提供的商品或者服务不符合质量要求的,消费者可以依照国家规定、当事人约定退货,或者要求经营者履行更换、修理等义务。没有国家规定和当事人约定的,消费者可以自收到商品之日起七日内退货;七日后符合法定解除合同条件的,消费者可以及时退货,不符合法定解除合同条件的,可以要求经营者履行更换、修理等义务。依照前述规定进行退货、更换、修理的,经营者应当承担运输等必要费用。

经营者采用网络、电视、电话、邮购等方式销售商品,消费者有权自收到商品之日起七日内退货,且无须说明理由,但下列商品除外：①消费者定做的;②鲜活易腐的;③在线下载或者消费者拆封的音像制品、计算机软件等数字化商品;④交付的报纸、期刊。

除前款所列商品外,其他根据商品性质并经消费者在购买时确认不宜退货的商品,不适用无理由退货。

消费者退货的商品应当完好。经营者应当自收到退回商品之日起七日内返还消费者支付的商品价款。退回商品的运费由消费者承担;经营者和消费者另有约定的,按照约定。

 案例讨论4-9

2020 年"双十一"购物节时,王小姐在某大型购物网站上看到一双高跟鞋,款式新颖,价格也很便宜,王小姐毫不犹豫点击了购买,并支付了货款。收到货后,王小姐觉得这双高跟鞋虽然新颖,但颜色跟网页上的图片出入很大,于是便联系网店店主,要求退货,并愿意承担来回的运费,但遭到店主的拒绝。

问题:店主的行为是否合法?

(9)不得从事不公平、不合理交易的义务。经营者在经营活动中使用格式条款的,应当以显著方式提请消费者注意商品或者服务的数量和质量、价款或者费用、履行期限和方式、安全注意事项和风险警示、售后服务、民事责任等与消费者有重大利害关系的内容,并按照消费者的要求予以说明。

经营者不得以格式条款、通知、声明、店堂告示等方式,作出排除或者限制消费者权利、减轻或者免除经营者责任、加重消费者责任等对消费者不公平、不合理的规定,不得利用格式条款并借助技术手段强制交易。

格式条款、通知、声明、店堂告示等含有前款所列内容的,其内容无效。

(10)不得侵犯消费者人身权的义务。经营者不得对消费者进行侮辱、诽谤,不得搜查消费者的身体及其携带的物品,不得侵犯消费者的人身自由。

 案例讨论4-10

王先生到某大酒楼用餐时自带了一瓶白酒。用餐后,酒楼服务员向他收取了 296 元餐费,王先生发现其中包含了 100 元的"开瓶服务费"。王先生认为,该酒楼向其收取"开瓶费"是带有强制性的行为,侵害了其公平交易权,要求对方返还"开瓶费"100 元,并赔礼道歉。该大酒楼辩称,酒楼菜谱中已经注明"客人自带酒水按本酒楼售价的 50% 另收取服务费,本酒楼没有的酒水按 100 元每瓶收取服务费"内容,故不应返还。双方争执不下,王先生于是向当地人民法院提起诉讼。

问题:法院应如何判决?

(11)正确使用消费者个人信息的义务。经营者收集、使用消费者个人信息,应当遵循合法、正当、必要的原则,明示收集、使用信息的目的、方式和范围,并经消费者同意。经营者收集、使用消费者个人信息,应当公开其收集、使用规则,不得违反法律、法规的规定和双方的约定收集、使用信息。

经营者及其工作人员对收集的消费者个人信息必须严格保密,不得泄露、出售或者非法向他人提供。经营者应当采取技术措施和其他必要措施,确保信息安全,防止消费者个人信息泄露、丢失。在发生或者可能发生信息泄露、丢失的情况时,应当立即采取补救措施。

经营者未经消费者同意或者请求,或者消费者明确表示拒绝的,不得向其发送商业性信息。

 案例讨论4-11

2020年1月,乌海市的云女士通过某购物网站购买商品,付款不久后接到一自称网站客服的电话,对方核对了云女士的订单号,告知她付款时出了问题,需重新付款。云女士信以为真,结果被骗走1000多元钱。云女士怀疑网站泄露了自己的信息,不然对方如何知道自己的电话号码和订单号? 但网站坚持说不会泄露客户信息,苦于没有证据,云女士只能自认倒霉。

2020年春节前,陈某向某银行贷款10万元。节后,贷款到手,但陈某每天都会接到一些小贷公司和担保公司的电话或短信问他:"有资金需求吗?"陈某很纳闷,这些公司怎么知道自己需要钱? 经反复追问,一小贷公司客服告诉他,"从银行了解到这个信息的。"陈某说,自己问过银行,被对方矢口否认,想维权,又没证据。其实这类"银行出卖个人信息"的恶性事件发生过多起。

问题:消费者应如何保护个人信息权?

4.6.3　消费者权益争议的解决与法律责任

1. 消费者权益争议的解决途径

《消费者权益保护法》第6章对争议的解决作了专门规定,消费者和经营者发生消费者权益争议的,可以通过下列途径解决:①与经营者协商和解;②请求消费者协会调解;③向有关行政部门申诉;④根据与经营者达成的仲裁协议提请仲裁机构仲裁;⑤向人民法院提起诉讼。

2. 承担责任的主体

1) 生产者、销售者、服务者、网络交易平台提供者

消费者在购买、使用商品时,其合法权益受到损害的,可以向销售者要求赔偿。销售者赔偿后,属于生产者的责任或者属于向销售者提供商品的其他销售者的责任的,销售者有权向生产者或者其他销售者追偿。

消费者或者其他受害人因商品缺陷造成人身、财产损害的,可以向销售者要求赔偿,也可以向生产者要求赔偿。属于生产者责任的,销售者赔偿后,有权向生产者追偿。属于销售者责任的,生产者赔偿后,有权向销售者追偿。

消费者在接受服务时,其合法权益受到损害的,可以向服务者要求赔偿。

消费者通过网络交易平台购买商品或者接受服务,其合法权益受到损害的,可以向销售者或者服务者要求赔偿。网络交易平台提供者不能提供销售者或者服务者的真实名称、地址和有效联系方式的,消费者也可以向网络交易平台提供者要求赔偿;网络交易平台提供者作出更有利于消费者的承诺的,应当履行承诺。网络交易平台提供者赔偿后,有权向销售者

或者服务者追偿。网络交易平台提供者明知或者应知销售者或者服务者利用其平台侵害消费者合法权益,未采取必要措施的,依法与该销售者或者服务者承担连带责任。

 案例讨论4-12

刘女士在某大型网购平台上的一家手表网店中购买了一款某知名进口品牌手表。实际收货后,刘女士发现自己购买的手表并非正品。于是联系卖家退货,但通过网店中所留的电话、邮件等均无法联系上。刘女士向网购平台工作人员反映,他们在核实后表示,对方当时提供验证的身份证件系假冒,目前他们能做的只是将这家网店关闭,刘女士所遭受的损失只能由她自己承担。

问题:某网购平台是否应该承担赔偿责任?

2)变更后的企业

消费者在购买、使用商品或者接受服务时,其合法权益受到损害,因原企业分立、合并的,可以向变更后承受其权利义务的企业要求赔偿。

3)营业执照的使用人或持有人

使用他人营业执照的违法经营者提供商品或者服务,损害消费者合法权益的,消费者可以向其要求赔偿,也可以向营业执照的持有人要求赔偿。

4)展销会的举办者、柜台出租者

消费者在展销会、租赁柜台购买商品或者接受服务,其合法权益受到损害的,可以向销售者或者服务者要求赔偿。展销会结束或者柜台租赁期满后,也可以向展销会的举办者、柜台的出租者要求赔偿。展销会的举办者、柜台的出租者赔偿后,有权向销售者或者服务者追偿。

5)经营者、广告经营者、发布者

消费者因经营者利用虚假广告或者其他虚假宣传方式提供商品或者服务,其合法权益受到损害的,可以向经营者要求赔偿。广告经营者、发布者发布虚假广告的,消费者可以请求行政主管部门予以惩处。广告经营者、发布者不能提供经营者的真实名称、地址和有效联系方式的,应当承担赔偿责任。

广告经营者、发布者设计、制作、发布关系消费者生命健康商品或者服务的虚假广告,造成消费者损害的,应当与提供该商品或者服务的经营者承担连带责任。

社会团体或者其他组织、个人在关系消费者生命健康的商品或者服务的虚假广告或者其他虚假宣传中向消费者推荐商品或者服务,造成消费者损害的,应当与提供该商品或者服务的经营者承担连带责任。

3.法律责任

1)民事责任

(1)侵犯消费者人身权需承担以下民事责任。

第一,经营者提供商品或者服务,造成消费者或者其他受害人人身伤害的,应当赔偿医疗费、护理费、交通费等为治疗和康复支出的合理费用,以及因误工减少的收入。造成残疾的,还应当赔偿残疾生活辅助具费和残疾赔偿金。造成死亡的,还应当赔偿丧葬费和死亡赔偿金。第二,经营者侵害消费者的人格尊严、侵犯消费者人身自由或者侵害消费者个人信息依法得到保护的权利的,应当停止侵害、恢复名誉、消除影响、赔礼道歉,并赔偿损失。第三,经营者有侮辱诽谤、搜查身体、侵犯人身自由等侵害消费者或者其他受害人人身权益的行为,造成严重精神损害的,受害人可以要求精神损害赔偿。

(2) 侵犯消费者财产权的民事责任。经营者侵犯消费者的财产权应承担以下责任。

第一,经营者提供商品或者服务,造成消费者财产损害的,应当按照消费者的要求,以修理、重作、更换、退货、补足商品数量、退还货款和服务费用或者赔偿损失等方式承担民事责任。

第二,经营者对国家规定或者与消费者约定包修、包换、包退的商品,必须按约定履行"三包"义务。在保修期内两次修理仍不能正常使用的,经营者应当负责更换或者退货。对包修、包换、包退的大件商品,消费者要求经营者修理、更换、退货的,经营者应当承担运输等合理费用。

第三,经营者以邮购方式提供商品的,应当按照约定提供。未按照约定提供的,应当按照消费者的要求履行约定或者退回货款;并应当承担消费者必须支付的合理费用。

第四,经营者以预收款方式提供商品或者服务的,应当按照约定提供。未按照约定提供的,应当按照消费者的要求履行约定或者退回预付款;并应当承担预付款的利息、消费者必须支付的合理费用。

第五,依法经有关行政部门认定为不合格的商品,消费者要求退货的,经营者应当负责退货。

第六,经营者提供商品或者服务有欺诈行为的,应当按照消费者的要求增加赔偿其受到的损失,增加赔偿的金额为消费者购买商品的价款或者接受服务的费用的 3 倍;增加赔偿的金额不足 500 元的,为 500 元。法律另有规定的,依照其规定。经营者明知商品或者服务存在缺陷,仍然向消费者提供,造成消费者或者其他受害人死亡或者健康严重损害的,受害人有权要求经营者依照《消费者权益保护法》第 49 条、第 51 条等法律规定赔偿损失,并有权要求所受损失二倍以下的惩罚性赔偿。

2) 行政责任

经营者承担行政责任的形式主要有:责令改正、警告、没收非法所得、罚款、责令停业整顿、吊销营业执照等。

3) 刑事责任

违反《消费者权益保护法》,构成犯罪的行为包括:①经营者提供商品或者服务,造成消费者或其他受害人受伤、残疾、死亡的;②以暴力、威胁等方法阻碍有关行政部门工作人员依法执行职务的;③国家机关工作人员玩忽职守或者包庇经营者侵害消费者合法权益的。对这些行为应根据情节依法追究刑事责任。

知识练习与技能训练

一、概念与知识

1. 基本概念

经济法律关系　个人独资企业　合伙企业　普通合伙企业　有限合伙企业　公司

有限责任公司　股份有限责任公司　产品　产品质量　产品缺陷　产品缺陷责任
消费者　安全权　知情权

2．问答题

（1）经济法的调整对象有哪些？

（2）经济法律关系的构成要素有哪些？

（3）个人独资企业的设立条件有哪些？

（4）普通合伙企业的设立条件有哪些？

（5）有限合伙企业的设立条件有哪些？

（6）有限责任公司设立的条件有哪些？

（7）股份有限责任公司的设立条件有哪些？

（8）有限责任公司的组织机构有哪些？其各自职权是什么？

（9）公司董事、监事、高级管理人员的任职资格和义务有哪些规定？

（10）生产者、销售者的产品质量责任和义务有哪些？

（11）产品缺陷责任的构成要件有哪些？

（12）消费者的权利有哪些？经营者的义务有哪些？

（13）消费争议的解决途径有哪些？侵犯消费者权益的责任主体有哪些？

二、分析与应用

1．案例分析题

案例 1

甲、乙、丙、丁共同投资设立了 A 有限合伙企业（以下简称"A 企业"）。合伙协议约定：甲、乙为普通合伙人，分别出资 10 万元；丙、丁为有限合伙人，分别出资 15 万元；甲执行合伙企业事务，对外代表 A 企业。2020 年 A 企业发生下列事实。

2 月，甲以 A 企业的名义与 B 公司签订了一份 12 万元的买卖合同。乙获知后，认为该买卖合同损害了 A 企业的利益，且甲的行为违反了 A 企业内部规定的甲无权单独与第三人签订超过 10 万元合同的限制，遂要求各合伙人作出决议，撤销甲代表 A 企业签订合同的资格。

4 月，乙、丙分别征得甲的同意后，以自己在 A 企业中的财产份额出质，为自己向银行借款提供质押担保。丁对上述事项均不知情，乙、丙之间也对质押担保事项互不知情。

8 月，丁退伙，从 A 企业取得退伙结算财产 12 万元。

9 月，A 企业吸收庚作为普通合伙人入伙，庚出资 8 万元。

10 月，A 企业的债权人 C 公司要求 A 企业偿还 6 月份所欠款项 50 万元。

11 月，丙因所设个人独资企业发生严重亏损不能清偿 D 公司到期债务，D 公司申请人民法院强制执行丙在 A 企业中的财产份额用于清偿其债务。人民法院强制执行丙在 A 企业中的全部财产份额后，甲、乙、庚决定 A 企业以现有企业组织形式继续经营。

经查：A 企业内部约定，甲无权单独与第三人签订超过 10 万元的合同，B 公司与 A 企业签订买卖合同时，不知 A 企业该内部约定。合伙协议未对合伙人以财产份额出质事项进行约定。

问题：

（1）甲以 A 企业的名义与 B 公司签订的买卖合同是否有效？说明理由。

（2）合伙人对撤销甲代表 A 企业签订合同的资格事项作出决议，在合伙协议未约定表决办法的情况下，应当如何表决？

（3）乙、丙的质押担保行为是否有效？分别说明理由。

（4）如果 A 企业的全部财产不足清偿 C 公司的债务，对不足清偿的部分，哪些合伙人应当承担清偿责任？如何承担清偿责任？

（5）人民法院强制执行丙在 A 企业中的全部财产份额后，甲、乙、庚决定 A 企业以现有企业组织形式继续经营是否合法？说明理由。

案例 2

某食品公司与某农业技术研究院共同设立从事食品生产的有限责任公司甲公司。协议内容如下。

（1）公司注册资本为 1000 万元，食品公司以货币出资，金额 200 万元，另外以某食品商标作价 300 万元，研究所以新型食品加工专利技术出资，该技术作价 500 万元（有评估机构出具的评估证明）。

（2）公司董事会由 5 名董事组成，分别由双方按出资比例选派。董事长由食品公司推荐，公司的经理、财务负责人由董事长直接任命。

（3）双方按 5∶5 的出资比例分享利润、支付设立费用，分担风险。甲公司于 2020 年 4 月登记成立，并指派丁某任公司董事长。丁某聘任汪某为公司经理。食品公司方面的某一董事王某称，有证据证明丁某原是研究所下属公司的承包人，承包期曾因贪污行为受到刑事处罚，2018 年 3 月刑满释放，且于 1 年前向朋友借钱 5 万元炒股，被套牢，借款仍未还清。另外汪某原先担任某公司的经理，由于管理水平低下，致使该公司经营困难，该公司于 2019 年 3 月宣告破产。据上述两个理由，董事 A 认为丁某无权担任董事长，汪某无权担任公司经理。

（4）食品公司方面另一些董事怀疑公司账目有假，有 3 人退出董事会，其中一名董事 B 提出，现董事会成员已不足公司章程所定人数的 2/3，应依法召开临时股东会，更换公司领导。

问题：

（1）食品公司与研究所的协议中，有关出资方式、比例及董事长的产生方式是否合法？说明理由。

（2）丁某是否有资格担任董事长？为什么？

（3）汪某是否有资格担任公司经理？为什么？

（4）董事 B 的提议是否符合法律规定？

案例 3

郭女士在北京市某区买手机时，见某移动电话超市入口处的玻璃上贴有一张 A 公司发布的告示："郑重承诺：手机三包，七天包退、假一罚十。"因为有这个承诺，郭女士便花 2525 元现金在 A 公司购买了一部某品牌手机。不久，她将手机送给朋友。在给手机充电时，郭女士的朋友发现手机电池鼓起了一块。

经手机生产企业鉴定，这个手机不是该企业原装手机。而 A 公司只同意双倍赔偿，并称

"五一"期间广告已过时。郭女士便以对方存在欺诈行为为由诉至法院。

  问题：本案应如何处理？为什么？

  2. 实训题

  （1）模拟设立一家有限责任公司。

  （2）开展一次"消费维权"法律咨询活动。

  实训要求：熟悉公司设立的条件与程序,熟悉消费者权益的保护方式。

第5章

劳 动 法

 学习目标

1. 掌握劳动法的适用范围,熟悉劳动法律关系的构成要素。
2. 掌握劳动合同的内容、形式。
3. 熟悉劳动合同的效力。
4. 掌握劳动合同解除的情形。
5. 掌握休息休假制度,熟悉工资制度。
6. 掌握劳动争议的解决方式。

 引导案例

近年来,随着国内民航事业的快速发展,飞行员成了人才市场上抢手的"香饽饽"。飞行员人才培养周期长、成本高,与旺盛的市场需求相比,人才供应却相对滞后。供需的不平衡导致各航空公司间"高薪挖角",飞行员跳槽事件频频发生,并由此引发了一系列劳动合同纠纷。

2005年10月1日,马某入职东航云南分公司(以下简称"东航")从事飞机驾驶工作,双方签订了无固定期限的书面劳动合同,合同约定:"合同期从2005年10月1日起至法定或约定的解除(终止)合同条件出现时止,必须服务期从2005年10月1日起至2013年10月1日止。乙方从获得机长资格之日起为甲方工作的必须服务期为8年,若乙方获得机长以上的技术等级,其必须服务期在上述约定的基础上再增加8年"。同时,合同要求马某在从事飞行驾驶工作期间每参加一次机型复训或转机型培训,增加一年的必须服务期。而对于违约金的要求,合同中规定,飞行教员违约金为500万元,责任机长为450万元,飞行员正驾驶为350万元,飞行员副驾驶为250万元,同时飞行员自获得以上几项资格起,每增加一公历年,分别在该项违约金标准上追加5%。

2013年1月,马某被聘为B737机型机长。2017年1月马某提出辞职,东航不同意。随后,马某向云南省劳动人事争议仲裁院申请仲裁,仲裁机构裁决马某向东航支付225万元培训费违约金,双方均不服该裁决,遂诉至法院。法院认为,按照合同规定,责任机长承担违约责任的标准为450万元,飞行员系特殊行业,其从业具有较强的专业技术性,航空公司势必要为其提供专业技术培训并产生相应费用。最终判决马某应向东航支付违约金378万元。

根据权利义务对等的原则,飞行员有权辞职,但同时也要承担违约责任,需要赔偿东航相应的违约金。作为用人单位,东航公司既有要求辞职员工支付赔偿金的权利,也有为其办理离职手续的义务。由于劳动的给付和劳动者的人身不可分离,因此劳动合同的约束力和劳动者的人身自由是劳动合同法必须权衡的问题。现行法律选择了优先保护劳动者的人身自由、择业自由,同时兼顾用人单位的经济利益。劳动者可以选择支付违约金而再次获得择业的机会。

5.1 劳动法概述

5.1.1 劳动法的概念和调整对象

劳动法是调整劳动关系以及与劳动关系密切相联系的其他社会关系的法律规范的总称。狭义的劳动法是指 1994 年 7 月 5 日八届全国人大常委会第八次会议通过,于 1995 年 1 月 1 日起正式生效的《中华人民共和国劳动法》(以下简称《劳动法》)该法于 2009 年、2018 年进行了两次修正。广义的劳动法还应包括:全国人民代表大会及其常务委员会制定的劳动法律,国务院制定的劳动行政法规,国务院所属各部委制定的劳动规章,地方性劳动法规和劳动规章,我国批准的国际劳工公约,其他规范性或准规范性文件。例如,由中华人民共和国第十届全国人民代表大会常务委员会第二十八次会议于 2007 年 6 月 29 日通过的《中华人民共和国劳动合同法》(以下简称《劳动合同法》),该法于 2012 年进行了修正。

劳动法的调整对象是劳动关系以及与劳动关系有密切联系的其他关系。劳动关系是指在社会劳动过程中劳动者与用人单位之间发生的社会关系。与劳动关系有密切联系的其他关系包括:处理劳动争议而发生的关系;执行社会保险方面的关系;监督劳动法执行方面的关系;工会与企业之间的关系;劳动管理方面发生的关系。

5.1.2 劳动法的适用范围

《劳动法》第 2 条明确规定:在中华人民共和国境内的企业、个体经济组织(以下统称"用人单位")和与之形成劳动关系的劳动者,适用本法。国家机关、事业组织、社会团体和与之建立劳动合同关系的劳动者,依照本法执行。根据这一规定及有关劳动行政法规和劳动规章的规定,劳动法对人的适用范围如下。

(1) 在中华人民共和国境内的企业、个体经济组织和与之形成劳动关系的劳动者适用劳动法。

(2) 国家机关、事业组织、社会团体实行劳动合同制度的以及按规定应实行劳动合同制度的工勤人员;其他通过劳动合同与国家机关、事业组织、社会团体建立劳动关系的劳动者,适用劳动法。

(3) 实行企业化管理的事业组织的人员适用劳动法。

不适用劳动法的情形:农村劳动者(乡镇企业职工和进城务工、经商的农民除外)、现役军人和家庭保姆、在中华人民共和国境内享有外交特权和豁免权的外国人等不适用我国劳动法。

案例讨论5-1

龙某系某市从事货物运输经营活动的个体经营者,长期雇用3个人为其工作,并为3人缴纳社会保险费。2019年11月,龙某承接了一项运输水泥电线杆的业务。11月12日开始运输后,龙某认为3人无法完成预定的运输任务,其雇工之一张某介绍自己的邻居钟某参加运输,龙某同意,并与钟某约定完成这次运输任务后即不再雇用钟某,费用一次性付给钟某。钟某在卸车过程中,不慎被水泥电线杆压死。2020年1月9日,钟某家属向某市劳动局申请,要求对钟某死亡作出工伤事故认定。

问题：龙某与钟某的关系是劳务关系还是劳动关系?

5.2 劳动法律关系

5.2.1 劳动法律关系的概念和特征

劳动法律关系是劳动法调整劳动关系所形成的劳动者与用人单位之间在实现劳动过程中的权利和义务关系。

劳动法律关系特征包括：①劳动法律关系主体双方具有平等性和隶属性；②劳动法律关系具有以国家意志为主导、当事人意志为主体的特征；③劳动法律关系是在社会劳动中形成和实现的。

5.2.2 劳动法律关系的构成要素

劳动法律关系的要素是指构成各种劳动法律关系不可缺少的组成部分。任何一种劳动法律关系,都是由劳动法律关系主体、劳动法律关系内容和劳动法律关系客体这三个基本要素构成的。

1. 劳动法律关系主体

劳动法律关系主体是指在实现社会劳动过程中依照劳动法律规范享受权利和承担义务的当事人。劳动法律关系的主体,一方是劳动者,另一方是用人单位。

1) 劳动者

劳动者是具有劳动能力,以从事劳动获取合法劳动报酬的自然人。自然人要成为劳动者,须具备主体资格,即须具有劳动权利能力和劳动行为能力。所谓劳动权利能力,是指自然人能够依法享有劳动权利和承担劳动义务的资格或能力;所谓劳动行为能力,是指自然人能够以自己的行为依法行使劳动权利和履行劳动义务的能力。依我国劳动法规定,凡年满16周岁、有劳动能力的公民是具有劳动权利能力和劳动行为能力的人。除法律另有规定以外,任何单位不得与未满16周岁的未成年人(即童工)发生劳动法律关系。

2) 用人单位

用人单位包括企业、事业、机关、团体、民办非企业单位等单位及个体经营组织。

2. 劳动法律关系内容

劳动法律关系内容是指劳动法律关系主体双方享有的权利和承担的义务。

1）劳动者的权利与义务

根据劳动法的规定,劳动者的劳动权利主要有:①平等就业和选择职业的权利;②取得劳动报酬的权利;③休息休假的权利;④获得劳动安全卫生保护的权利;⑤接受职业技能培训的权利;⑥享受社会保险和福利的权利;⑦依法参加工会和职工民主管理的权利;⑧提请劳动争议处理的权利;⑨法律规定的其他劳动权利。

劳动者的劳动义务主要有:①按时完成劳动任务;②提高职业技能;③执行劳动安全卫生规程;④遵守劳动纪律和职业道德;⑤爱护和保卫公共财产;⑥保守国家秘密和用人单位商业秘密。

2）用人单位的权利与义务

用人单位的权利包括:①劳动用工权;②依法解除劳动合同的权利;③工资奖金分配权。

用人单位的义务包括:①为劳动者劳动权利的实现提供条件保障;②建立职业培训制度,有计划地对劳动者进行职业培训;③认真履行劳动合同,不擅自或非法解除劳动合同和辞退劳动者;④为劳动者组建工会及为工会依法开展的活动提供帮助,就职工参与民主管理和保护劳动者合法权益等事宜,依法与工会或职工代表进行平等协商;⑤依法保证并合理安排劳动者的休息和休假,遵守国家规定的工作时间;⑥按照按劳分配的原则,按时足额支付劳动者工资及各项待遇;⑦保护劳动者身体健康和生命安全,依法建立各项安全卫生制度及内部规章制度和劳动纪律,严格执行国家安全卫生标准,督促劳动者履行劳动义务;⑧依法保障女职工和未成年劳动者享有特殊的劳动保护待遇;⑨建立职业培训制度,按国家规定提取和使用职业培训经费,并有计划地对劳动者进行职业培训;⑩依据国家规定参加社会保险,缴纳社会保险费,同时创造条件兴办集体福利事业,改善和提高劳动者的福利待遇。

另外,用人单位招用劳动者,不得扣押劳动者的居民身份证和其他证件,不得要求劳动者提供担保或者以其他名义向劳动者收取财物。

3. 劳动法律关系客体

劳动法律关系客体是指劳动法律关系主体双方的权利义务共同指向的对象。

5.3 劳 动 合 同

5.3.1 劳动合同法概述

1. 劳动合同的概念

劳动合同也称劳动契约、劳动协议或雇用契约,是指劳动者与用人单位之间为确立劳动关系,明确双方权利义务的协议。

2. 劳动合同的特征

（1）劳动合同的主体是特定的,劳动合同的一方当事人是企业、个体经济组织、事业单位、国家机关、社会团体等用人单位,另一方是劳动者本人,即劳动关系是在拥有生产条件的用人单位与具有劳动权利能力、劳动行为能力的劳动者之间形成的。

（2）劳动合同当事人法律地位是平等的,劳动合同是双方当事人在平等自愿、协商一致的基础上达成的协议,是双方意思一致的产物,劳动合同的订立真正实现了企业的用工自主权和劳动者的择业自主权。

（3）劳动合同当事人在职责上具有从属关系,即劳动合同订立后,劳动者一方成为该用人单位的一名职工;用人单位则依据劳动法律、法规和劳动合同,有权利也有义务组织和管理本单位职工。

（4）订立劳动合同的目的,在于劳动过程的实现,而不仅仅是劳动成果的给付。劳动合同的目的主要是使劳动者与用人单位构成具体的劳动关系,实现单位生产（工作）所需的劳动过程。这一特征使劳动合同区别于仅仅是成果给付的承揽形式的劳动合同。

3. 劳动合同法的概念及适用范围

劳动合同法是指关于调整劳动合同关系的法律规范的总称。《劳动合同法》第 2 条规定,我国劳动合同法的适用范围包括:①中华人民共和国境内的企业、个体经济组织、民办非企业单位等组织;②国家机关、事业单位、社会团体;③非全日制用工和劳务派遣工。

5.3.2　劳动合同的订立

1. 劳动合同的内容

1）劳动合同的必备条款

劳动合同应当具备以下条款:①用人单位的名称、住所和法定代表人或者主要负责人;②劳动者的姓名、住址和居民身份证或者其他有效身份证件号码;③劳动合同期限;④工作内容和工作地点;⑤工作时间和休息休假;⑥劳动报酬;⑦社会保险;⑧劳动保护、劳动条件和职业危害防护;⑨法律、法规规定应当纳入劳动合同的其他事项。

2）劳动合同的约定条款

劳动合同除前款规定的必备条款外,用人单位与劳动者可以约定试用期、培训、保守秘密、补充保险和福利待遇等其他事项。

（1）试用期条款。《劳动合同法》规定,劳动合同期限三个月以上不满一年的,试用期不得超过一个月;劳动合同期限一年以上不满三年的,试用期不得超过二个月;三年以上固定期限和无固定期限的劳动合同,试用期不得超过六个月。

同一用人单位与同一劳动者只能约定一次试用期。以完成一定工作任务为期限的劳动合同或者劳动合同期限不满三个月的,不得约定试用期。

试用期包含在劳动合同期限内。劳动合同仅约定试用期的,试用期不成立,该期限为劳动合同期限。

劳动者在试用期的工资不得低于本单位相同岗位最低档工资或者劳动合同约定工资的80%,并不得低于用人单位所在地的最低工资标准。

在试用期中,除劳动者有法律规定的情形外,用人单位不得解除劳动合同。用人单位在试用期解除劳动合同的,应当向劳动者说明理由。

（2）服务期条款。用人单位为劳动者提供专项培训费用,对其进行专业技术培训的,可以与该劳动者订立协议,约定服务期。

劳动者违反服务期约定的,应当按照约定向用人单位支付违约金。违约金的数额不得超过用人单位提供的培训费用。用人单位要求劳动者支付的违约金不得超过服务期尚未履行部分所应分摊的培训费用。

用人单位与劳动者约定服务期的,不影响按照正常的工资调整机制提高劳动者在服务期期间的劳动报酬。

（3）保密条款。用人单位与劳动者可以在劳动合同中约定保守用人单位的商业秘密和与知识产权相关的保密事项。

对负有保密义务的劳动者,用人单位可以在劳动合同或者保密协议中与劳动者约定竞业限制条款,并约定在解除或者终止劳动合同后,在竞业限制期限内按月给予劳动者经济补偿。劳动者违反竞业限制约定的,应当按照约定向用人单位支付违约金。

（4）竞业限制条款。竞业限制的人员限于用人单位的高级管理人员、高级技术人员和其他负有保密义务的人员。竞业限制的范围、地域、期限由用人单位与劳动者约定,竞业限制的约定不得违反法律、法规的规定。

在解除或者终止劳动合同后,前述规定的人员到与本单位生产或者经营同类产品、从事同类业务的有竞争关系的其他用人单位,或者自己开业生产或者经营同类产品、从事同类业务的竞业限制期限,不得超过 2 年。

2. 劳动合同的形式

劳动合同应当采用书面形式。《劳动合同法》第 10 条规定,建立劳动关系,应当订立书面劳动合同。已建立劳动关系,未同时订立书面劳动合同的,应当自用工之日起 1 个月内订立书面劳动合同。用人单位与劳动者在用工前订立劳动合同的,劳动关系自用工之日起建立。

 案例讨论5-2

深圳 A 公司员工张某,在 A 公司工作了 4 年,公司一直没有与张某签订劳动合同。公司以经济性裁员为由辞退张某,并不给张某经济补偿金。公司的理由是:双方没有签订劳动合同,即对双方都没有合同期限的限制,公司可以随时通知员工解除劳动关系而无须支付员工经济补偿金。后张某向劳动争议仲裁委员会申请仲裁,要求公司支付解除劳动关系的经济补偿金。

问题:张某与 A 公司之间是否存在劳动关系？劳动争议委员会应如何裁决？

3. 劳动合同的期限

劳动合同的期限是指合同的有效时间,它一般始于合同的生效之日,终于合同的终止之时。劳动合同分为固定期限劳动合同、无固定期限劳动合同和以完成一定工作任务为期限的劳动合同。

（1）固定期限劳动合同。其是指用人单位与劳动者约定合同终止时间的劳动合同。用人单位与劳动者协商一致,可以订立固定期限劳动合同。

（2）无固定期限劳动合同。其是指用人单位与劳动者约定无确定终止时间的劳动合同。用人单位与劳动者协商一致，可以订立无固定期限劳动合同。有下列情形之一，劳动者提出或者同意续订、订立劳动合同的，除劳动者提出订立固定期限劳动合同外，应当订立无固定期限劳动合同：①劳动者在该用人单位连续工作满10年的；②用人单位初次实行劳动合同制度或者国有企业改制重新订立劳动合同时，劳动者在该用人单位连续工作满10年且距法定退休年龄不足10年的；③连续订立两次固定期限劳动合同，且劳动者没有《劳动法》第39条和第40条第一项、第二项规定的情形，续订劳动合同的。

用人单位自用工之日起满一年不与劳动者订立书面劳动合同的。视为用人单位与劳动者已订立无固定期限劳动合同。

（3）以完成一定工作任务为期限的劳动合同。其是指用人单位与劳动者约定以某项工作的完成为合同期限的劳动合同。用人单位与劳动者协商一致，可以订立以完成一定工作任务为期限的劳动合同。一般在以下几种情况下，用人单位与劳动者可以签订以完成一定工作任务为期限的劳动合同：①以完成单项工作任务为期限的劳动合同；②以项目承包方式完成承包任务的劳动合同；③因季节原因临时用工的劳动合同；④其他双方约定的以完成一定工作任务为期限的劳动合同。

5.3.3 劳动合同的效力

1. 劳动合同的生效

劳动合同的生效是指劳动合同对当事人产生的约束力。除了有法律规定和当时人约定的特殊情形外，一般而言，劳动合同依法订立后即生效。特殊规定如：合同需要见证或公证的，在见证和公证后合同生效。

2. 劳动合同的无效

无效劳动合同是指不能发生法律效力的合同。无效合同从订立时起就没有法律约束力。根据《劳动合同法》的规定，以下劳动合同无效。

（1）以欺诈、胁迫的手段或者乘人之危，使对方在违背真实意思的情况下订立或者变更劳动合同的。

（2）用人单位免除自己的法定责任、排除劳动者权利的。

（3）违反法律、行政法规强制性规定的。

如果劳动合同部分无效，不影响其余部分的效力。对劳动合同的无效或者部分无效有争议的，由劳动争议仲裁机构或者人民法院确认；劳动合同部分无效，不影响其他部分效力的，其他部分仍然有效。

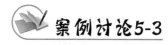 **案例讨论5-3**

2019年7月杨某在向某公司应聘时，称自己毕业于北京某名牌大学并提供学历证明，后公司将杨某录用为公司企划部部长。2020年7月，杨某被发现学历作假，他原本毕业于某专科院校。同年8月，公司与杨某解除了劳动合同。后杨某向劳动争议仲裁委员会申请仲裁，要求公司支付2.8万元经济补偿金。

问题：杨某与公司的劳动合同是否生效？仲裁委员会应如何裁决？

5.3.4　劳动合同的履行和变更

1. 劳动合同的履行

《劳动合同法》规定，用人单位与劳动者应当按照劳动合同的约定，全面履行各自的义务。用人单位应当按照劳动合同约定和国家规定，向劳动者及时足额支付劳动报酬。用人单位拖欠或者未足额支付劳动报酬的，劳动者可以依法向当地人民法院申请支付令，人民法院应当依法发出支付令。

用人单位应当严格执行劳动定额标准，不得强迫或者变相强迫劳动者加班。用人单位安排加班的，应当按照国家有关规定向劳动者支付加班费。

劳动者拒绝用人单位管理人员违章指挥、强令冒险作业的，不视为违反劳动合同。

用人单位发生合并或者分立等情况，原劳动合同继续有效，劳动合同由承继其权利和义务的用人单位继续履行。

2. 劳动合同的变更

劳动合同的变更是指当事人双方对依法成立、尚未履行的劳动合同条款所作的修改或增减。只限于劳动合同条款内容的变更，不包括当事人的变更。

1）劳动合同变更的情形

（1）当事人双方协商同意。《劳动合同法》第 35 条规定，用人单位与劳动者协商一致，可以变更劳动合同约定的内容。变更劳动合同，应当采用书面形式。

（2）在履行合同过程中，客观情况发生重大变化。包括：第一，订立劳动合同时所依据的法律、法规已经修改或废止；第二，企业经有关部门批准转产、调整生产任务，或者由于上级主管机关决定改变单位的工作任务；第三，企业严重亏损或发生自然灾害，确实无法履行劳动合同规定的义务。

2）劳动合同变更的效力

劳动合同的变更只是对原劳动合同的部分内容作修改、补充或者删减，而不是对合同内容的全部变更。变更后的内容对于已经履行的部分往往不发生效力，仅对将来发生效力，同时，劳动合同未变更的部分，劳动合同双方还应当履行。

5.3.5　劳动合同的解除与终止

1. 劳动合同的解除

劳动合同的解除是指劳动合同生效以后，尚未履行完毕之前，由于一定事由的出现，提前终止劳动合同的法律行为。劳动合同的解除，只对未履行部分发生法律效力，不涉及已经履行的部分。

1）劳动合同解除的情形

根据《劳动合同法》的规定，劳动合同解除分为：约定解除、劳动者提前通知单方解除即劳动者主动辞职、劳动者单方被迫随时通知解除、用人单位单方随时通知解除、用人单位提前 30 日通知单方解除。

（1）约定解除。用人单位与劳动者协商一致，可以解除劳动合同。

（2）劳动者提前通知单方解除。劳动者提前30日以书面形式通知用人单位，可以解除劳动合同。劳动者在试用期内提前3日通知用人单位，可以解除劳动合同。

（3）劳动者单方被迫随时通知解除。主要包括以下情形：第一，未按照劳动合同约定提供劳动保护或者劳动条件的；第二，未及时足额支付劳动报酬的；第三，未依法为劳动者缴纳社会保险费的；第四，用人单位的规章制度违反法律、法规的规定，损害劳动者权益的；第五，以欺诈、胁迫的手段或者乘人之危，使对方在违背真实意思的情况下订立或者变更劳动合同，致使劳动合同无效的；第六，法律、行政法规规定劳动者可以解除劳动合同的其他情形。

另外，在用人单位以暴力、威胁或者非法限制人身自由的手段强迫劳动者劳动，或者用人单位违章指挥、强令冒险作业危及劳动者人身安全情形的，劳动者可以立即解除劳动合同，不需事先告知用人单位。

（4）用人单位单方随时通知解除。主要包括以下情形：第一，在试用期间被证明不符合录用条件的；第二，严重违反用人单位的规章制度的；第三，严重失职，营私舞弊，给用人单位造成重大损害的；第四，劳动者同时与其他用人单位建立劳动关系，对完成本单位的工作任务造成严重影响，或者经用人单位提出，拒不改正的；第五，以欺诈、胁迫的手段或者乘人之危，使对方在违背真实意思的情况下订立或者变更劳动合同，致使劳动合同无效的；第六，被依法追究刑事责任的。

（5）用人单位提前30日通知解除。有下列情形之一的，用人单位提前30日以书面形式通知劳动者本人或者额外支付劳动者一个月工资后，可以解除劳动合同：第一，劳动者患病或者非因工负伤，在规定的医疗期满后不能从事原工作，也不能从事由用人单位另行安排的工作的；第二，劳动者不能胜任工作，经过培训或者调整工作岗位，仍不能胜任工作的；第三，劳动合同订立时所依据的客观情况发生重大变化，致使劳动合同无法履行，经用人单位与劳动者协商，未能就变更劳动合同内容达成协议的。

此外，用人单位在出现经营困难等情形，需要裁减人员，解除与劳动者劳动关系时，用人单位也需要提前30日通知全体劳动者或工会。

2）禁止解除劳动合同的情形

根据《劳动合同法》的规定，出现下列情形时，用人单位不得单方解除劳动合同：①从事接触职业病危害作业的劳动者未进行离岗前职业健康检查，或者疑似职业病病人在诊断或者医学观察期间的；②在本单位患职业病或者因工负伤并被确认丧失或者部分丧失劳动能力的；③患病或者非因工负伤，在规定的医疗期内的；④女职工在孕期、产期、哺乳期的；⑤在本单位连续工作满15年，且距法定退休年龄不足5年的；⑥法律、行政法规规定的其他情形。

 案例讨论5-4

陈某自2019年1月29日起进入上海某酒店工作，任行政人事部门主管，工资每月8600元，2019年10月25日，酒店向陈某发出辞退通知，解除与陈某之间的劳动关系，这时，陈某已经怀孕，接到辞退通知后，陈某自行填写了离职通知单，再交由酒店审批，双方于当日结清工资,陈某也领取了相当于一个月工资的经济补偿金。

2019年12月21日,陈某向上海市某劳动争议仲裁委员会申请仲裁,要求:①恢复劳动关系;②按每月8600元的标准支付自2019年10月25日至恢复劳动关系止的工资。该仲裁委员会未支持陈某的仲裁请求,陈某不服,于2020年4月8日诉至上海市某区人民法院,提出了与仲裁时相同的诉讼请求。陈某认为:企业单方解除劳动合同,是无效的,因此要求恢复劳动关系。

问题:法院应如何判决? 为什么?

2. 劳动合同的终止

劳动合同的终止是指劳动合同期限届满或当事人约定的事由出现使合同的法律效力停止。

1) 劳动合同终止的法定条件

①劳动合同期满的;②劳动者开始依法享受基本养老保险待遇的;③劳动者死亡,或者被人民法院宣告死亡或者宣告失踪的;④用人单位被依法宣告破产的;⑤用人单位被吊销营业执照、责令关闭、撤销或者用人单位决定提前解散的;⑥法律、行政法规规定的其他情形。

2) 劳动合同终止的例外情况

劳动合同期满,但对有从事接触职业病危害作业的劳动者未进行离岗前职业健康检查,或者疑似职业病病人在诊断或者医学观察期间的;在本单位患职业病或者因工负伤并被确认丧失或者部分丧失劳动能力的;患病或者非因工负伤,在规定的医疗期内的;女职工在孕期、产期、哺乳期的;在本单位连续工作满15年,且距法定退休年龄不足5年的;法律、行政法规规定的其他情形的,劳动合同应当续延至相应的情形消失时终止劳动合同才能终止。

3. 劳动合同的解除、终止时的经济补偿

劳动合同经济补偿是指用人单位在协议解除劳动合同、非过错性解除合同和经济性裁员的情况下,依法向劳动者支付一定数额的经济补偿金的法律制度。

(1) 经济补偿的法定情形。经济补偿的法定情形包括:①协商解除劳动合同的,用人单位需支付经济补偿;②劳动者被迫解除劳动合同的,用人单位需支付经济补偿;③非过失性辞退,用人单位需支付经济补偿;④用人单位依法裁员,需支付经济补偿;⑤终止固定期限劳动合同时,用人单位需支付经济补偿;⑥特殊情形下劳动合同终止,用人单位需支付经济补偿。

(2) 经济补偿的计算标准。经济补偿按劳动者在本单位工作的年限,每满一年支付一个月工资的标准向劳动者支付。六个月以上不满一年的,按一年计算;不满六个月的,向劳动者支付半个月工资的经济补偿。

劳动者月工资高于用人单位所在直辖市、设区的市级人民政府公布的本地区上年度职工月平均工资三倍的,向其支付经济补偿的标准按职工月平均工资三倍的数额支付,向其支付经济补偿的年限最高不超过十二年。

月工资是指劳动者在劳动合同解除或者终止前十二个月的平均工资。

5.4 工作时间和休息休假

5.4.1 工作时间

工作时间又称劳动时间，是指法律规定的劳动者在一昼夜和一周内从事劳动的时间。工作时间的长度由法律直接规定，或由集体合同或劳动合同直接规定。劳动者或用人单位不遵守工作时间的规定或约定，要承担相应的法律责任。

工作时间具体包括以下几种。

1. 标准工作时间

标准工作时间是指法律规定的在一般情况下普遍适用的，按照正常作息办法安排的工作日和工作周的工时制度。我国的标准工时为劳动者每日工作 8 小时，每周工作 40 小时，在 1 周内工作 5 天。实行计件工作的劳动者，用人单位应当根据每日工作 8 小时、每周工作 40 小时的工时制度，合理确定其劳动定额和计件报酬标准。

2. 缩短工作时间

缩短工作时间是指法律规定的在特殊情况下劳动者的工作时间长度少于标准工作时间的工时制度，即每日工作少于 8 小时。缩短工作日适用于：①从事矿山井下、高温、有毒有害、特别繁重或过度紧张等作业的劳动者；②从事夜班工作的劳动者；③哺乳期内的女职工。

3. 延长工作时间

延长工作时间是指超过标准工作日的工作时间，即日工作时间超过 8 小时，每周工作时间超过 40 小时。延长工作时间必须符合法律、法规的规定。

4. 不定时工作时间和综合计算工作时间

不定时工作时间又称不定时工作制，是指无固定工作时数限制的工时制度。适用于工作性质和职责范围不受固定工作时间限制的劳动者，如企业中的高级管理人员、外勤人员、推销人员部分值班人员，从事交通运输的工作人员以及其他因生产特点、工作特殊需要或职责范围的关系，适合实行不定时工作制的职工等。

综合计算工作时间又称综合计算工时工作制，是指以一定时间为周期，集中安排并综合计算工作时间和休息时间的工时制度。即分别以周、月、季、年为周期综合计算工作时间，但其平均日工作时间和平均周工作时间应与法定标准工作时间基本相同。对符合下列条件之一的职工，可以实行综合计算工作日：①交通、铁路、邮电、水运、航空、渔业等行业中因工作性质特殊，需连续作业的职工；②地质及资源勘探、建筑、制盐、制糖、旅游等受季节和自然条件限制的行业的部分职工；③其他适合实行综合计算工时工作制的职工。

5.4.2 休息休假

休息休假是指劳动者为行使休息权在国家规定的法定工作时间以外，不从事生产或工作而自行支配的时间。

1．休息时间的种类

（1）工作日内的间歇时间。是指在工作日内给予劳动者休息和用膳的时间。一般为1～2小时，最少不得少于半小时。

（2）工作日间的休息时间。即两个邻近工作日之间的休息时间。一般不少于16小时。

（3）公休假日，又称周休息日。是劳动者在1周（7日）内享有的休息日，公休假日一般为每周2日，一般安排在周六和周日休息。不能实行国家标准工时制度的企业和事业组织，可根据实际情况灵活安排周休息日，应当保证劳动者每周至少休息1日。

2．休假的种类

（1）法定节假日。是指法律规定用于开展纪念、庆祝活动的休息时间。我国劳动法规定的法定节假日有：元旦、春节、清明节、端午节、中秋节、劳动节、国庆节，还有法律、法规规定的其他休假节日。

（2）探亲假。是指劳动者享有保留工资、工作岗位而同分居两地的父母或配偶团聚的假期。探亲假适用于在国家机关、人民团体、全民所有制企业、事业单位工作满1年的固定职工。

（3）年休假。是指职工工作满一定年限，每年可享有的带薪连续休息的时间。根据劳动法的规定，机关、团体、企业、事业单位、民办非企业单位、有雇工的个体工商户等单位的职工连续工作1年以上的，享受带薪年休假。单位应当保证职工享受年休假。职工在年休假期间享受与正常工作期间相同的工资收入。

5.4.3 加班加点

加班加点统称为延长工作时间，其中加班是指劳动者在法定节日或公休假日从事生产或工作，加点是指劳动者在标准工作日以外延长工作的时间。

为保证劳动者休息权的实现，劳动法规定任何单位和个人不得擅自延长职工工作时间。《劳动法》关于加班加点的规定主要有以下几种情形。

1．一般情况下加班加点的规定

《劳动法》第41条规定：用人单位由于生产经营需要，经与工会和劳动者协商后可以延长工作时间，一般每日不得超过1小时；因特殊原因需要延长工作时间的，在保障劳动者身体健康的条件下延长工作时间每日不得超过3小时，但是每月不得超过36小时。

2．特殊情况下的加班加点

特殊情况下，延长工作时间不受《劳动法》第41条的限制。《劳动法》规定在下述特殊情况下，延长工作时间不受《劳动法》第41条的限制：①发生自然灾害、事故或者因其他原因，威胁劳动者生命健康和财产安全，需要紧急处理的；②生产设备、交通运输线路、公共设施发生故障，影响生产和公众利益，必须及时抢修的；③法律、行政法规规定的其他情形。

3．加班加点的工资标准

《劳动法》第44条规定：安排劳动者延长工作时间的，支付不低于工资的150%的报酬；休息日安排劳动者工作又不能安排补休的，支付不低于工资的200%的报酬；法定休假日安排劳动者工作的，支付不低于工资的300%的报酬。

案例讨论5-5

李大姐在一家私营工厂上班,2020年3月的一个星期五,快下班时,经理通知李大姐和同车间的周大姐等另外几名工人周六、周日要加班。经过两天加班加点的工作,几名工人终于完成了生产任务。正要准备下班回家时,经理又来了,告诉李大姐和几位工人,周一、周二可以补休2天,工厂不支付加班费了。李大姐因为家里比较困难,本以为加班能多挣点钱,所以不同意补休,要求工厂支付加班费。而周大姐则相反,她提出不要加班费,但要补休4天。双方发生争执。

问题:工厂的做法是否正确?假如这次加班是发生在春节法定假日期间,工厂答应给工人安排补休但不给工人支付加班费合法吗?

5.5 工 资 制 度

工资是用人单位按照法定和约定的标准,以货币形式向劳动者支付的劳动报酬。工资制度是指与工资决定和工资分配相关的一系列原则、标准和方法。它包括工资原则、工资水平、工资形式、工资等级、工资标准、工资发放等内容。

1. 工资原则与工资水平

根据《劳动法》的规定,工资分配应当遵循按劳分配原则,实行同工同酬。工资水平在经济发展的基础上逐步提高。国家对工资总量实行宏观调控。用人单位根据本单位的生产经营特点和经济效益,依法自主确定本单位的工资分配方式和工资水平。

2. 工资形式

工资形式一般有以下几种:计时工资、计件工资、定额工资、浮动工资、奖金、津贴。《劳动法》第50条规定:"工资应当以货币形式按月支付给劳动者本人。不得克扣或者无故拖欠劳动者的工资。"

3. 工资标准

国家实行最低工资保障制度。最低工资的具体标准由省、自治区、直辖市人民政府规定,报国务院备案。用人单位支付劳动者的工资不得低于当地最低工资标准。

确定和调整最低工资标准应当综合参考下列因素:①劳动者本人及平均赡养人口的最低生活费用;②社会平均工资水平;③劳动生产率;④就业状况;⑤地区之间经济发展水平的差异。

 案例讨论5-6

张娟到一家网络公司应聘,这家公司是专门为单位做网站的,她应聘销售人员的职位,工资是责任底薪加提成,每联系做成一个网站可以提若干,而责任底薪是800元。张娟以为,责任底薪就是无论是否签到订单都可以拿到的保底工资。一个月下来,张娟未签到订单,但把联系的客户资料都交给了公司。到了发工资的日子,张娟来领工资,被告知责任底薪不是底薪,未与业务单位签合同一分钱工资也不给。不只是这一家公司,现在不少单位的业务营销类岗位,经常采用底薪加提成或无底薪的提成工资制,在劳动合同中约定"未能完成额定销售量的业务员,当月不计发工资"。

问题:"无底薪工资"合法吗?

5.6 劳动安全卫生

劳动安全卫生又称劳动保护,以保障职工在职业活动过程中的安全与健康为目的的工作领域及在法律、技术、设备、组织制度和教育等方面所采取的相应措施。《劳动法》对劳动安全卫生作了如下规定。

(1) 用人单位必须建立、健全劳动安全卫生制度,严格执行国家劳动安全卫生规程和标准,对劳动者进行劳动安全卫生教育,防止劳动过程中的事故,减少职业危害。

(2) 劳动安全卫生设施必须符合国家规定的标准。新建、改建、扩建工程的劳动安全卫生设施必须与主体工程同时设计、同时施工、同时投入生产和使用。

(3) 用人单位必须为劳动者提供符合国家规定的劳动安全卫生条件和必要的劳动防护用品,对从事有职业危害作业的劳动者应当定期进行健康检查。从事特种作业的劳动者必须经过专门培训并取得特种作业资格。

(4) 劳动者在劳动过程中必须严格遵守安全操作规程。劳动者对用人单位管理人员违章指挥、强令冒险作业,有权拒绝执行;对危害生命安全和身体健康的行为,有权提出批评、检举和控告。

5.7 劳动争议的解决

5.7.1 劳动争议的概念及类型

劳动争议又称劳动纠纷,是指劳动关系当事人之间因劳动的权利与义务发生分歧而引起的争议。

劳动争议主要包括以下几种:因确认劳动关系发生的争议;因订立、履行、变更、解除和终止劳动合同发生的争议;因除名、辞退和辞职、离职发生的争议;因工作时间、休息休假、社会保险、福利、培训以及劳动保护发生的争议;因劳动报酬、工伤医疗费、经济补偿或者赔偿金等发生的争议;法律、法规规定的其他劳动争议。

5.7.2 劳动争议的解决方式

《劳动法》第 79 条规定:劳动争议发生后,当事人可以向本单位劳动争议调解委员会申请调解;调解不成,当事人一方要求仲裁的,可以向劳动争议仲裁委员会申请仲裁。当事人一方也可以直接向劳动争议仲裁委员会申请仲裁。对仲裁裁决不服的,可以向人民法院提出诉讼。根据该规定,劳动争议的解决途径为一调一裁两审,即调解、仲裁和诉讼。

1. 劳动争议调解

劳动争议调解是指在查明事实、分清是非、明确责任的基础上，依照劳动法的规定以及劳动合同约定的权利和义务，推动用人单位和劳动者之间相互谅解，解决争议的方式。

根据《劳动法》第80条规定：在用人单位内，可以设立劳动争议调解委员会。劳动争议调解委员会由职工代表、用人单位代表和工会代表组成。劳动争议调解委员会主任由工会代表担任。

劳动争议的调解应当遵循当事人双方自愿的原则。需注意的是，调解委员会只能起调解作用，它本身并无决定权，不能强迫双方接受自己的意见，也无权作出对双方具有法律约束力的文件。但是如果双方经调解达成了调解协议，调解委员会应当制作调解协议书，对于协议书，双方当事人应当自觉履行。

2. 劳动争议仲裁

劳动争议仲裁是指劳动争议仲裁委员会根据当事人的申请，依法对劳动争议在事实上作出判断、在权利义务上作出裁决的一种法律制度。

劳动争议仲裁委员会由劳动行政部门代表、同级工会代表、用人单位代表方面的代表组成。劳动争议仲裁委员会主任由劳动行政部门代表担任。

提出仲裁要求的一方应当自劳动争议发生之日起60日内向劳动争议仲裁委员会提出书面申请。仲裁裁决一般应在收到仲裁申请的60日内作出。对仲裁裁决无异议的，当事人必须履行。

劳动争议当事人对仲裁裁决不服的，可以自收到仲裁裁决书之日起15日内向人民法院提起诉讼。一方当事人在法定期限内不起诉又不履行仲裁裁决的，另一方当事人可以申请强制执行。

3. 劳动争议诉讼

虽然仲裁委员会可以对劳动争议作出有法律效力的裁决，但是依照我国的法律，只有法院才享有对劳动争议的最后决定权。仲裁委员会依法裁决后，如果当事人一方或双方不服，在法定期限内有权向法院起诉。当事人起诉后，原裁决即无约束力，人民法院有权对该劳动争议独立审判，并作出判决。在诉讼阶段，如当事人不服一审法院的判决，还可以提出上诉，由二审法院作出最终裁决。

5.8　违反劳动法的法律责任

5.8.1　用人单位违反劳动法的法律责任

（1）用人单位制定的劳动规章制度违反法律、法规规定的，由劳动行政部门给予警告，责令改正；对劳动者造成损害的，应当承担赔偿责任。

（2）用人单位自用工之日起超过1个月不满1年未与劳动者订立书面劳动合同的，应当向劳动者每月支付2倍的工资。

用人单位违反规定不与劳动者订立无固定期限劳动合同的，自应当订立无固定期限劳动合同之日起向劳动者每月支付 2 倍的工资。

（3）用人单位违反规定与劳动者约定试用期的，由劳动行政部门责令改正；违法约定的试用期已经履行的，由用人单位以劳动者试用期满月工资为标准，按已经履行的超过法定试用期的期间向劳动者支付赔偿金。

（4）用人单位违反规定，扣押劳动者居民身份证等证件的，由劳动行政部门责令限期退还劳动者本人，并依照有关法律规定给予处罚。

用人单位违反规定，以担保或者其他名义向劳动者收取财物的，由劳动行政部门责令限期退还劳动者本人，并以每人 500 元以上 2000 元以下的标准处以罚款；给劳动者造成损害的，应当承担赔偿责任。

劳动者依法解除或者终止劳动合同，用人单位扣押劳动者档案或者其他物品的，依照前述规定处罚。

（5）用人单位违反法律规定，延长劳动者工作时间的，由劳动行政部门给予警告，责令改正，并可以处以罚款。

（6）用人单位有下列侵害劳动者合法权益情形之一的，由劳动行政部门责令支付劳动者的工资报酬、经济补偿，并可以责令支付赔偿金：①克扣或者无故拖欠劳动者工资的；②拒不支付劳动者延长工作时间工资报酬的；③低于当地最低工资标准支付劳动者工资的；④解除劳动合同后，未依照本法规定给予劳动者经济补偿的。

（7）用人单位的劳动安全设施和劳动卫生条件不符合国家规定或者未向劳动者提供必要的劳动防护用品和劳动保护设施的，由劳动行政部门或者有关部门责令改正，可以处以罚款；情节严重的，提请县级以上人民政府决定责令停产整顿；对事故隐患不采取措施，致使发生重大事故，造成劳动者生命和财产损失的，对责任人员比照刑法的规定追究刑事责任。

（8）用人单位强令劳动者违章冒险作业，发生重大伤亡事故，造成严重后果的，对责任人员依法追究刑事责任。

（9）用人单位非法招用未满 16 周岁的未成年人的，由劳动行政部门责令改正，处以罚款；情节严重的，由工商行政管理部门吊销营业执照。

（10）用人单位违反对女职工和未成年工的保护规定，侵害其合法权益的，由劳动行政部门责令改正，处以罚款；对女职工或者未成年工造成损害的，应当承担赔偿责任。

（11）用人单位有下列行为之一，由公安机关对责任人员处以 15 日以下拘留、罚款或者警告；构成犯罪的，对责任人员依法追究刑事责任：①以暴力、威胁或者非法限制人身自由的手段强迫劳动的；②侮辱、体罚、殴打、非法搜查和拘禁劳动者的。

（12）由于用人单位的原因订立的无效合同，对劳动者造成损害的，应当承担赔偿责任。

（13）用人单位违反法律规定的条件解除劳动合同或者故意拖延不订立劳动合同的，由劳动行政部门责令改正；对劳动者造成损害的，应当承担赔偿责任。

（14）用人单位招用尚未解除劳动合同的劳动者，对原用人单位造成经济损失的，该用人单位应当依法承担连带赔偿责任。

（15）用人单位无故不缴纳社会保险费的，由劳动行政部门责令其限期缴纳；逾期不缴的，可以加收滞纳金。

5.8.2　劳动者违反劳动法的法律责任

劳动者违反法律规定的条件解除劳动合同或者违反劳动合同中约定的保密事项,给用人单位造成经济损失的,应当依法承担赔偿责任。

 知识练习与技能训练

一、概念与知识

1. 基本概念

劳动法　劳动合同　劳动法律关系　工作时间　工资　劳动争议调解　劳动争议仲裁

2. 问答题

(1) 劳动法的适用范围包括哪些?

(2) 劳动者的权利与义务有哪些?

(3) 劳动合同的内容有哪些?

(4) 无效劳动合同包括哪些?

(5) 劳动合同解除的情形有哪些? 哪些情况下禁止解除劳动合同?

(6) 劳动争议的解决方式有哪几种?

二、分析与应用

1. 案例分析题

杨小姐大学毕业后应聘到一家出版公司工作,与其订了一份为期1年的劳动合同,其中约定试用期为3个月(从2020年1月1日到2020年3月31日)。签订合同后,杨小姐按要求向公司交了500元的抵押金。在2020年2月15日公司突然向杨小姐发出了辞退通知,告知杨小姐工作表现不理想,不符合录用条件,发给她半个月工资,要求其立刻办理交接手续。

问题: 该公司的哪些行为违反了劳动法的规定? 杨小姐应如何维护自己的权利?

2. 实训题

模拟签订劳动合同。

实训要求: 熟悉劳动合同签订的程序及劳动合同的内容。

第6章

行　政　法

 学习目标

1. 掌握行政法的特征和基本原则。
2. 掌握行政法律关系的构成要素。
3. 掌握行政行为的特征、构成要件,熟悉行政许可、行政处罚、行政强制等具体行政行为的规定。
4. 掌握行政责任的构成要件及责任承担方式。

 引导案例

某省甲、乙、丙三名律师决定出资合伙成立"新华夏律师事务所",于是向该省司法厅口头提出申请成立律师事务所,并提供了律师事务所章程、发起人名单、简历、身份证明、律师资格证书、能够专职从事律师业务的保证书、资金证明、办公场所的使用证明、合伙协议。但被告知根据该省地方政府相关规定,设立合伙制律师事务所必须有一名以上律师具有硕士以上学位并且需要填写省司法厅专门设计的申请书格式文本。刚好乙为法学博士,于是三人交了50元工本费后领取了专用申请书,带回补正。次日,三人带了补正后的材料前来申请,工作人员 A 受理了申请,并出具了法律规定的书面凭证。后司法厅指派工作人员 B 对申请材料进行审查,发现申请人提供的资金证明系伪造,但其碍于与甲三人是好朋友,隐瞒了真实情况,在法定期限内作出了准予设立律师事务所的决定并颁发了律师事务所执业证书。1 个月后,资金证明被司法厅发现系伪造,遂撤销了"新华夏律师事务所"的律师事务所执业证书。此间,甲、乙、丙三人已付办公场所租金 2 万元,装修费 3 万元。三人认为司法厅撤销律师事务所执业证书给他们造成了损失,应予赔偿。

本案中,双方当事人的行为均存在违法之处。首先,该省地方政府作出的"设立合伙制律师事务所必须有一名以上律师具有硕士以上学位"的规定不合法。根据《中华人民共和国行政许可法》(以下简称《行政许可法》)的规定,行政许可项目应由法律设定,而只有尚未制定法律的,行政法规才可以设定行政许可,尚未制定法律、行政法规的,地方性法规才可以设定行政许可,而对律师事务所的成立,已经有国家法律约束,地方法规是不能再加限制条件的。同时,《行政许可法》中明确规定,地方性法规和省、自治区、直辖市人民政府规章,不得设定应当由国家统一确定的公民、法人或者其他组织的资格、资质的行政许可;不得设定企业或者其他组织的设立登记及其前置性行政许可。其次,该省地方规章规定"设立律师事务所,需要填写省司法厅专门设计的申请书格式文本"合法,但规定收取 50 元工本费是违法的,因为《行政许可法》明确规定:行政机关提供行政许可申请书格式文本,不得收费。

本案中,甲、乙、丙三人伪造资金证明的行为违反法律规定,该省司法厅有权依法撤销"新华夏律师事务所"的律师事务所执业证书,而且不需要赔偿。因为造成利益损失的是由于申请人提供的资金证明系伪造,而不是由于行政机关的违法行为造成的。根据《行政许可法》的规定,只有行政机关违法实施行政许可给当事人的合法权益造成损害的,才需要依照国家赔偿法的规定给予赔偿。

通过本案例,我们应该知道,行政机关应当依法行政,行政管理的相对人也必须遵守法律的规定,正确行使自己的合法权利。

6.1　行政法概述

6.1.1　行政法的概念和特征

1. 行政法的概念

行政法是指调整国家行政机关在行使其职权过程中发生的各种社会关系以及在此基础上产生的监督行政关系的法律规范的总称。

2. 行政法的特征

(1) 行政法没有统一、完整的法典。

(2) 行政法规范是以多种多样的法律形式表现出来的,是由多种不同效力等级的行为规范组成的统一体。

(3) 行政法规范的数量多,内容广泛。

(4) 行政法规范具有明显的易变性。

(5) 实体性规范与程序性规范交织在一起。

6.1.2　行政法的基本原则

行政法的基本原则贯穿于全部行政法律规范之中,既是具体行政法律规范的立法准则,又是所有行政主体在国家行政管理中必须遵循的基本行为准则。行政法的基本原则有:行政合法性原则、行政合理性原则和社会公益性原则。

1. 行政合法性原则

行政合法性原则是指行政权的设立、运用必须依据法律,符合法律要求,不能与法律相抵触。这里的法律应作广义的理解。

行政合法性原则是法治原则在行政法上的体现,是行政法治的核心内容。行政合法性原则的具体要求如下。

(1) 行政职权必须依法设定和依法授予。行政行为的基础是行政职权。行政主体的行政职权必须由法律设定,或由有关机关依法授予,没有法律根据的职权是不存在的。行政主体只能在法定的职权范围内行事,法定权限以外的行为将构成无效的或可撤销的行政行为。这是依法行政的前提。

(2) 行政职权必须依法行使。行政主体不享有行政法规范以外的特权,在依法行政的同时还应做到守法行政。行政主体行使行政职权既要遵循法定实体原则,又要遵循法定程序规则,不按法定程序进行的行政行为同样违法。总之,行政职权不得滥用。这是依法行政的核心。

(3) 行政主体必须对违法的行政行为承担法律责任。行政法治要求政府和公民一样,如其违法行为侵犯了他人的合法权益,应依法承担侵权赔偿责任。所以,行政主体的行政行为若违法,不仅其行为应被确认为无效,同时还应追究行为责任者相应的法律责任。这是依法行政的保障。

2. 行政合理性原则

行政合理性原则是指行政机关作出行政决定不仅应当按照法律的规定,而且应当符合法律宗旨,做到客观、适当、公正、符合理性。

(1) 行政行为必须符合法律目的。任何法律的制定都基于一定的社会需要。法律授予行政机关一定的权力,也是为了达到一定的管理目的。所以,实施行政行为,必须符合行政立法的目的。凡是有悖于法律目的的行为都是不合法的。

(2) 行政行为必须有合理的动机。行政行为的动机,必须符合法律要求,不能以执行法律的名义,将其个人意志强加于大众,甚至假公济私。否则,行政行为便具有了双重动机。所以,行政行为的动机必须是正当的,不得考虑法律规定以外的因素、条件,必须客观,实事求是。

(3) 行政行为的内容应合乎情理。行政主体作出行政行为,应最大限度地尊重行政相对人的权利和自由,不能要求其承担无法履行或违背情理的义务。行政行为的内容不得违背社会公平观念或法律精神。总之,不符合法律目的、具有不正当动机或不合理内容的行政决定,通常是滥用行政自由裁量权的结果。

3. 社会公益性原则

行政主体在实施行政行为时,除了应当严格遵守法律的规定,作出适当的处置之外,还应当全面考虑行政行为是否符合社会公共利益。按照我国《宪法》的规定,一切国家机关和国家工作人员必须努力为人民服务。所以,从根本上讲,行政行为是为社会服务、为人民服务的活动。公益性原则要求行政行为必须服从社会公共利益,即行政行为必须有利于社会发展、社会进步和人民生活。行政主体行使职权都必须以社会公共利益为重,法律不允许任何行政行为的实施者只考虑本单位、本部门或者本地区的局部利益,更不允许行政主体为推卸责任而人为制造事端。一切行政行为必须出之于社会公共利益的要求,出之于建立稳定的社会公共秩序的要求。总之,社会公共性原则是合法性原则和合理性原则的重要补充,也是行政行为之根本目的和宗旨的体现。

6.1.3　行政法律关系

1. 行政法律关系的概念

行政法律关系是指由行政法调整的、具有行政法上权利与义务内容的各种社会关系。

简而言之,行政法律关系就是受行政法调整的社会关系。

2. 行政法律关系的特点

（1）行政法律关系中必有一方是行政主体。行政关系得以发生的客观前提是行政职权的行使,而行政主体是行政职权的行使者。所以在行政法律关系双方当事人中,必有一方是行政主体。行政主体主要是国家行政机关。

（2）行政法律关系当事人的权利和义务由行政法律规范预先规定。行政法律关系当事人之间不能相互协商约定权利和义务,不能自由选择权利和义务,也不能随意放弃权利、转让义务,而必须依据行政法律规范的规定享有权利或承担义务。这是行政法律关系区别于民事法律关系的主要特征。

（3）行政法律关系具有不对等性。行政法律关系具有明显的不对等性,行政主体始终处于主导地位,如行政法律关系的产生、变更或消灭大多取决于行政主体的单方行为,不以双方的意思表示一致为必要条件,再如行政主体可以对拒绝履行义务的相对人行使强制权,而相对人不具有这种手段。

（4）行政主体实体上的权利与义务具有统一性。行政主体在行政法律关系中的权利和义务很难分开,行政主体行使职权的行为,往往也是其履行职责的行为。如查处违法犯罪行为,维护社会治安,既是公安机关的职权,也是公安机关的义务。

（5）行政法律关系引起的争议多由行政机关依照行政程序自己解决。

3. 行政法律关系的构成要素

同其他的法律关系一样,行政法律关系也由三个必不可少的要素构成,即主体、客体和内容。

1）行政法律关系主体

行政法律关系主体是指在具体的行政法律关系中权利的享有者和义务的承担者。行政法律关系主体由行政主体和行政相对方两方构成。

行政主体是指依法享有行政职权,能代表国家以自己的名义从事行政管理活动,并能对行为后果独立承担责任的组织。在我国,行政主体包括国家行政机关和法律、法规授权的组织。行政机关包括中央行政机关和地方行政机关。法律、法规授权的组织,如国家知识产权局专利申请委员会、国家工商行政管理局商标评审委员会、消防机构、自治组织、公安派出所等。

行政相对方是指在行政法律关系中与行政主体相对应的另一方当事人,是其权益受行政主体的行政行为影响的个人或组织。依据行政相对方是否为一定的组织为标准,可以分为个人相对方与组织相对方。

 案例讨论6-1

2020年6月,某区公安分局大江路派出所以"造谣惑众,煽动闹事"为由,对张某实施罚款200元的行政处罚。根据《公安派出所条例》的规定,公安派出所是县级公安局和城区公安分局设立的派出机构,代表县级公安机关行使职权和履行职责;根据《治安管理处罚法》,县级公安局和城区公安分局是治安管理处罚的实施机关,但公安派出所可以实施警告、500元以下罚款的治安管理处罚权。

　　问题：①该公安派出所是否具有行政主体资格？为什么？②该公安派出所实施的治安处罚行为属于越权违法还是主体资格违法？为什么？

　　2）行政法律关系客体

　　行政法律关系客体是指行政法律关系当事人权利、义务所指向的对象，包括物、行为和精神财富。

　　3）行政法律关系内容

　　行政法律关系内容是指行政法律关系主体间权利义务。行政法律关系既然是一种权利义务关系，那么，由权利、义务构成的行政法律关系的内容，也是行政法律关系不可缺少的要素。

6.2 行 政 行 为

6.2.1　行政行为概述

1. 行政行为的概念和特征

　　行政行为是指行政主体行使行政职权，作出的能够产生行政法律效果的行为。

　　行政行为具有以下主要特征。

　　（1）行政行为是执行法律的行为，任何行政行为均须有法律根据，具有从属法律性，没有法律的明确规定或授权，行政主体不得作出任何行政行为。

　　（2）行政行为具有一定的裁量性，这是由立法技术本身的局限性和行政管理的广泛性、变动性、应变性所决定的。

　　（3）行政主体在实施行政行为时具有单方意志性，不必与行政相对方协商或征得其同意，即可依法自主作出。

　　（4）行政行为是以国家强制力保障实施的，带有强制性，行政相对方必须服从并配合行政行为。

2. 行政行为的构成要件

　　1）主体合法

　　所谓主体合法，是指作出行政行为的组织必须具有行政主体资格，能以自己的名义作出行政行为，并能独立承担法律责任。

　　2）内容合法

　　内容合法包括行为有确凿的证据证明，有充分的事实根据、行为有明确的依据，正确适用了法律、法规、规章和其他规范性文件和行为必须公正、合理，符合立法目的和立法精神。

　　3）程序合法

　　程序合法是指行政行为符合行政程序法确定的基本原则和制度以及行政行为应当符合法定的步骤和顺序。

3. 行政行为的种类

（1）行政行为以其对象是否特定为标准，分为抽象行政行为和具体行政行为。抽象行政行为是行政主体针对不特定行政管理对象实施的行政行为，如制定行政规范性文件包括行政立法、决定、命令等；具体行政行为是指行政主体针对特定行政管理对象实施的行为，如行政许可、行政处罚、行政强制、行政确认、行政征收等。

（2）行政行为以受法律规范拘束的程度为标准，分为羁束行政行为和自由裁量行政行为。羁束行政行为是指法律规范对其范围、条件、标准、形式、程序等做了详细、具体、明确的行政行为；自由裁量行政行为是指法律规范仅对行为目的、行为范围等做一些原则性规定，而具体的条件、标准、幅度、方式等留给行政机关自行选择、决定的行政行为。

（3）行政行为以有无法定形式要求为标准，分为要式行政行为与非要式行政行为。要式行政行为是指法律规定必须以某种方式或形式进行的行政行为；非要式行政行为是指法律未规定一定具体方式，而允许行政机关自行选择的行政行为。

（4）行政行为以其启动是否需要行政相对人先行申请为标准，分为依职权的行政行为与依申请的行政行为。

6.2.2 行政立法

1. 行政立法的概念与特征

行政立法是指国家行政机关依照法律规定的权限和程序，制定行政法规和行政规章的活动。这个概念体现了行政立法的特征：行政立法既有行政的性质，是一种抽象行政行为，又具有立法的性质，是一种准立法行为。

2. 行政立法主体及立法权限划分

行政立法主体是指依法取得行政立法权，可以制定行政法规或行政规章的国家行政机关。根据我国宪法、组织法以及有关法律、法规的规定，我国行政立法主体如下。

1）国务院

国务院是我国中央人民政府，是最高国家权力机关的执行机关，是国家最高行政机关，是最高的行政立法主体，既有依职权立法的权力，又有依国家权力机关和法律授权立法的权力，享有较为完全的行政立法权。包括：依职权制定行政法规，其形式一般为"条例""规定""办法"；根据全国人大及其常委会的授权制定某些具有法律效力的行政法规。

2）国务院各部门

根据《中华人民共和国立法法》（以下简称立法法）第71条的规定，国务院各部、委员会、中国人民银行、审计署和具有行政管理职能的直属机构，可以根据法律和国务院的行政法规、决定、命令，在本部门的权限范围内，制定规章。部门规章规定的事项应当属于执行法律或者国务院的行政法规、决定、命令的事项。

3）省、自治区、直辖市人民政府和较大市的人民政府

根据我国《立法法》第73条的规定，省、自治区、直辖市人民政府和较大市的人民政府可以根据法律、行政法规和本省、自治区、直辖市的地方性法规制定规章。

地方政府规章可以就下列事项作出规定：为执行法律、行政法规、地方性法规的规定需

要制定规章的事项;属于本行政区域的具体行政管理事项。

6.2.3 行政许可

1. 行政许可的概念与特征

行政许可是指行政主体根据行政相对方的申请,依照有关法律、法规的规定,通过颁发许可证、执照或批准、登记、认可等方式,允许其从事某项活动,行使某项权利,获得某种资格和能力的具体行政行为。

行政许可的特征包括:第一,行政许可是依申请的行政行为;第二,行政许可是一种经依法审查的行为;第三,行政许可是准予从事特定活动的行为。

2. 行政许可的分类

(1) 以许可的性质为标准,行政许可分为行为许可和资格许可。

行为许可是指允许符合条件的申请人从事某项活动的许可,如生产、经营许可。这类许可在内容上仅限于许可被许可人进行某种行为活动,不包含资格权能的特别证明内容,也无须对被许可人进行资格能力方面的考核。

资格许可是指行政主体应申请人的申请,经过一定的考核程序核发一定的证明文书,允许其享有某种资格或具备某种能力的许可,如律师证、会计师执照、驾驶执照等。一般来说,资格许可中同时也包含了对被许可人的行为许可。

(2) 以许可的书面形式及其能否单独使用为标准,分为独立许可和附文件许可。

(3) 以许可是否附有附加义务为标准,分为权利性许可和附义务许可。

(4) 以许可享有的程度为标准,分为排他性许可和非排他性许可。

(5) 以许可的范围为标准,分为一般许可和特殊许可。

(6) 以许可有效期的长短,分为长期许可和短期许可。

3. 行政许可的范围

根据《行政许可法》第12条的规定,下列事项可以设定行政许可。

(1) 直接涉及国家安全、公共安全、经济宏观调控、生态环境保护以及直接关系人身健康、生命财产安全等特定活动,需要按照法定条件予以批准的事项。

(2) 有限自然资源开发利用、公共资源配置以及直接关系公共利益的特定行业的市场准入等,需要赋予特定权利的事项。

(3) 提供公众服务并且直接关系公共利益的职业、行业,需要确定具备特殊信誉、特殊条件或者特殊技能等资格、资质的事项。

(4) 直接关系公共安全、人身健康、生命财产安全的重要设备、设施、产品、物品,需要按照技术标准、技术规范,通过检验、检测、检疫等方式进行审定的事项。

(5) 企业或者其他组织的设立等,需要确定主体资格的事项。

(6) 法律、行政法规规定可以设定行政许可的其他事项。

但是,《行政许可法》又规定,通过下列方式能够予以规范的,可以不设行政许可。

(1) 公民、法人或者其他组织能够自主决定的。

(2) 市场竞争机制能够有效调节的。

（3）行业组织或者中介机构能够自律管理的。

（4）行政机关采用事后监督等其他行政管理方式能够解决的。

4. 行政许可的实施

1）行政许可的实施主体

行政许可实施主体是指行使行政许可权并承担相应责任的行政机关和法律、法规授权的具有管理公共事务职能的组织。

行政许可的实施主体主要有三种：①法定的行政机关。行政许可一般由具有行政许可权的行政机关在其法定职权范围内实施。②被授权的具有管理公共事务职能的组织。法律、法规授权的具有管理公共事务职能的组织，在法定授权范围内，以自己的名义实施行政许可。③被委托的行政机关。行政机关在其法定职权范围内，依照法律、法规、规章的规定，可以委托其他行政机关实施行政许可。受委托行政机关在委托范围内，以委托行政机关的名义实施行政许可。

2）行政许可实施的程序

行政许可的实施通常应当按照以下程序和要求进行。

（1）申请与受理。公民、法人或者其他组织从事特定活动，依法需要取得行政许可的，应当向行政机关提出申请，如实向行政机关提交有关材料和反映真实情况，并对其申请材料实质内容的真实性负责。行政机关对申请人提出的行政许可申请应当根据不同情况分别作出受理或不受理的处理，并出具加盖本行政机关专用印章和注明日期的书面凭证。

（2）审查与决定。行政机关应当对申请人提交的申请材料进行审查。申请人提交的申请材料齐全、符合法定形式，行政机关能够当场作出决定的，应当当场作出书面的行政许可决定；不能当场作出行政许可决定的，应当在法定期限内按照规定程序作出行政许可决定。根据法定条件和程序，需要对申请材料的实质内容进行核实的，行政机关应当指派两名以上工作人员进行核查。行政机关对行政许可申请进行审查时，发现行政许可事项直接关系他人重大利益的，应当告知该利害关系人。申请人、利害关系人有权进行陈述和申辩。行政机关应当听取申请人、利害关系人的意见。

对申请人的行政许可申请进行审查后，行政机关应当依法作出准予行政许可或不予行政许可的书面决定。准予行政许可，需要颁发行政许可证件的，应当向申请人颁发相应的加盖本行政机关印章的行政许可证件。不予行政许可的，应当说明理由，并告知申请人享有依法申请行政复议或者提起行政诉讼的权利。准予行政许可的决定应当公开，公众有权查阅。

除当场作出行政许可决定的外，行政机关应当自受理行政许可申请之日起20日内作出行政许可决定。20日内不能作出决定的，经本行政机关负责人批准，可以延长10日，并将延长期限的理由告知申请人。法律、法规另有规定的，依照其规定。行政许可采取统一办理或者联合办理、集中办理的，办理的时间不得超过45日；45日内不能办结的，经本级人民政府负责人批准，可以延长15日，并将延长期限的理由告知申请人。依法需要听证、招标、拍卖、检验、检测、检疫、鉴定和专家评审的，所需时间不计算在规定的期限内，但行政机关应将所需时间书面告知申请人。

行政机关作出准予行政许可的决定，应当自作出决定之日起10日内向申请人颁发、送达行政许可证件,或者加贴标签、加盖检验、检测、检疫印章。

6.2.4　行政强制

1. 行政强制的概念与特征

行政强制是指行政主体为了保障行政管理的顺利进行,通过依法采取强制手段迫使拒不履行行政法义务的相对方履行义务或达到与履行义务相同的状态;或者出于维护社会秩序或保护公民人身健康和安全的需要,对相对方的人身或财产采取紧急性、即时性强制措施的具体行政行为的总称。

行政强制的特征包括:第一,行政强制的主体是行政主体,即行政机关或法律、法规授权的组织;第二,行政强制的对象是相对方的财物和人身自由;第三,行政强制的目的是为了实现一定的行政目的,保障行政管理的顺利进行。

2. 行政强制的种类

行政强制包括行政强制执行、行政强制措施。

1) 行政强制执行

行政强制执行是指公民、法人或其他组织拒不履行行政法上的义务,行政机关或人民法院依法采取强制措施,迫使其履行义务的具体行政行为。

行政强制执行包括间接强制执行和直接强制执行。

间接强制执行是指行政主体通过间接手段迫使义务人履行其应当履行的法定义务或者达到与履行义务相同状态的行政强制措施。

间接强制又可以分为代执行和执行罚两种制度。代执行是指行政强制执行机关或者第三人代替义务人履行法定义务,并向义务人征收必要费用的强制执行措施。执行罚是指行政强制执行机关对拒不履行不作为义务或不可替代的作为义务的义务主体,科以金钱给付义务,以促使其履行义务的强制执行措施。

直接强制执行是指义务人拒不履行其应履行的义务时,行政强制执行机关对其人身或财产施以强制力,直接强制义务人履行义务,或通过强制手段达到与义务人履行义务相同状态的一种强制执行措施。直接强制执行可分为人身强制执行与财产强制执行两种。

2) 行政强制措施

行政强制措施是指行政机关为了预防、制止或者控制危害社会行为的发生,以及确保行政执法的顺利进行和行政决定的执行,依法对有关对象的人身或财产加以暂时的限制,使其保持一定的状态所采取的强制措施。

行政强制措施可以分为对人身采取的行政强制措施和对财产采取的行政强制措施,前者包括遣送出境、强制遣回原地、强制隔离治疗、扣留或管束,后者包括查封、扣留、冻结、强制收购、强制收兑。

行政强制措施的程序一般要经立案、调查、决定、执行四个阶段。

6.2.5　行政处罚

1. 行政处罚的概念和特征

行政处罚是行政主体对违反行政法律规范的公民、法人或其他组织给予制裁的具体行政行为。

行政处罚的特征如下。

（1）行政处罚是以对违法行为人的惩戒为目的，而不是以实现义务为目的。行政处罚的这一特征使其与行政强制执行区别开来。

（2）行政处罚的适用主体是行政机关或法律、法规授权的组织。司法机关不能作为行政处罚的适用主体。这一特点将行政处罚与刑罚区别开来。

（3）行政处罚的适用对象是作为行政相对方的公民、法人或其他组织，属于外部行政行为。这一特点将行政处罚与行政处分区别开来。

2. 行政处罚的种类

行政处罚的种类主要是指行政处罚机关对违法行为的具体惩戒制裁手段。在我国行政处罚可以分为以下几种。

1）人身罚

人身罚也称自由罚，是指特定行政主体限制和剥夺违法行为人的人身自由的行政处罚。人身罚是最严厉的行政处罚。人身罚主要有行政拘留和劳动教养两种形式。

行政拘留也称治安拘留，是特定的行政主体依法对违反行政法律规范的公民，在短期内剥夺或限制其人身自由的行政处罚。

劳动教养这里指行政机关对习惯性违法或有轻微犯罪行为，尚不够刑事处罚且又具有劳动能力的人所实施的一种处罚改造措施。劳动教养的期限最长是 3 年，必要时可延长 1 年。

2）行为罚

行为罚又称能力罚，是指行政主体限制或剥夺违法行为人特定的行为能力的制裁形式。它是仅次于人身罚的一种较为严厉的行政处罚措施。行为罚的主要表现形式为吊销营业执照和许可证以及责令停产停业。

3）财产罚

财产罚是行政主体依法对违法行为人给予的剥夺财产权的处罚形式。财产罚是运用得最广泛的一种行政处罚，财产罚的形式主要有罚款和没收财物（没收违法所得、没收非法财物等）两种。

4）申诫罚

申诫罚又称精神罚、声誉罚，是指行政主体对违反行政法律规范的公民、法人或其他组织的谴责和警戒，是对违法者的名誉、荣誉、信誉或精神上的利益造成一定损害的处罚方式，其具体形式主要有：警告和通报批评。

3. 行政处罚的程序

1）简易程序

简易程序又称为当场处罚程序，是指行政处罚主体对于事实清楚、情节简单、后果轻微的行政违法行为，当场作出行政处罚决定的程序。简易程序的适用条件很严格，《行政处罚法》第 33 条规定："违法事实确凿并有法定依据，对公民处以 50 元以下、对法人或其他组织处以 1000 元以下罚款或者警告的行政处罚的，可以当场作出行政处罚决定。"可见，可以适用简易程序的行政处罚案件，必须符合三个条件：违法事实确凿；对该违法行为处以行政处罚有明确、具体的法定依据;处罚较为轻微,即对个人处以 50 元以下的罚款或者警告,对组织处以 1000 元以下的罚款或者警告。

行政执法人员当场作出行政处罚决定的,应当严格遵循以下程序:出示执法证件,表明执法人员的身份;告知作出行政处罚决定的事实、理由和根据;听取当事人的陈述和申辩;填写预定格式、编有号码的行政处罚决定书;将行政处罚决定书当场交付当事人。

行政执法人员当场作出行政处罚决定,必须报其所属行政机关备案。当事人对以简易程序作出的行政处罚决定不服的,可以依法申请行政复议和提起行政诉讼。

 案例讨论6-2

郭甲是运煤司机,一日他运煤经过 309 国道某交通检查站时,执勤人员宋丙(身着交通警察制服,佩戴执勤袖章)向郭甲走过来,递给了郭甲一张处罚决定书,说:"交 20 元钱再走。"郭甲接过处罚决定书,见上面印的全部内容是:根据有关规定罚款 20 元。决定书印着某省某市交通大队的印章。郭甲对宋丙说:"为什么要罚我?"宋丙说:"你超载。"郭甲辩称:"我只拉半车煤,怎么就超载?"宋丙不耐烦地说:"让你交你就交,啰唆什么。"郭甲说:"不说清楚,我就不交。"这时,宋丙又递过来一张处罚决定书,并说:"就你这态度,再罚 20 元。"郭甲怕争辩不下,又要罚款,只好交了 40 元钱离去,宋丙未出具收据。

问题:本案中的行政处罚行为哪些地方违反《行政处罚法》的规定?

2) 一般程序

一般程序是行政机关进行行政处罚的基本程序。根据行政处罚法的规定,行政机关通常是按照一般程序作出行政处罚决定,简易程序属于特殊情况。

一般程序的适用范围包括:处罚较重的案件,即对个人处以警告和 50 元以下罚款以外的所有行政处罚,对组织处以警告和 1000 元以下罚款以外的所有行政处罚;情节复杂的案件,即需要经过调查才能弄清楚的处罚案件;当事人对于执法人员给予当场处罚的事实认定有分歧而无法作出行政处罚决定的案件。

一般程序的具体步骤包括:调查取证;告知处罚事实、理由、依据和有关权利;听取陈述、申辩或者举行听证会;作出行政处罚决定;作出行政处罚决定书。

3) 行政处罚的听证程序

行政处罚的听证程序是指行政处罚决定在被作出之前,在非本案调查人员的主持下,举行由该案的调查人员和当事人参加的公开听取当事人陈述、申辩以及与调查人员辩论的公听会。听证程序是一般程序的一个中间程序,在特殊情况下才采用。

6.2.6 行政征收

1. 行政征收的概念

行政征收是指行政机关根据法律规定,以强制方式取得行政相对方财产所有权的一种具体行政行为。

2. 行政征收的种类

(1)税的征收。包括国税、地税和关税三大类。

（2）行政性收费的征收。包括：环保费的征收，如排污费的征收等；资源费的征收，如矿产资源费、水资源费的征收等；建设资金费的征收，如重点水利、电力建设项目的资金征收、重点能源项目、交通项目的建设资金项目的征收等；使用费的征收，如土地使用费、车辆通行费和公路养路费的征收等；管理费的征收，如工商管理费、城建管理费的征收等；滞纳金征收。

6.2.7　行政给付

1. 行政给付的概念

行政给付是指行政机关对公民在年老、疾病或丧失劳动能力等情况或其他特殊情况下，依照有关法律、法规规定，赋予其一定的物质权益或与物质有关的权益的具体行政行为。主要包括抚恤金、离退休金、社会救济金、自然灾害救济金等。

2. 行政给付的形式

行政给付具体表现形式：安置、补助、抚恤、优待、救灾扶贫等。

6.2.8　行政裁决

1. 行政裁决的概念

行政裁决是指行政机关依据法律授权，对发生在行政管理活动中的平等主体间的特定民事争议进行审查并作出裁决的具体行政行为。具体有对土地、矿藏、水流、森林、山岭、草原、荒地、滩涂、海域等权属纠纷的裁决。

2. 行政裁决的范围

（1）对自然资源的确权裁决，如对土地、矿藏、水流、森林、山岭、草原、荒地、滩涂、海域等自然资源的所有权、使用权的裁决。

（2）民事赔偿的裁决，如治安管理处罚条例中关于民事赔偿的裁决。

（3）根据专利法、商标法的规定，由行政机关组织的专利复审委员会和商标评审委员会对专利和商标纠纷案件，包括行政争议和民事确权纠纷的裁判。

6.2.9　行政确认

1. 行政确认的概念

行政确认是指行政机关依法对相对人的法律地位、权利义务和相关的法律事实进行甄别，予以确定、许可证明并予以宣告的具体行政行为。

2. 行政确认的形式

（1）确定。如颁发房屋产权证、土地使用证、宅基地使用证、专利证、商标专用权证等。

（2）认可。如对产品质量的认证等。

（3）证明。如学历、学位证明、居民身份证明、亲属关系的证明、货物原产地证明等。

（4）登记。如产权登记、户籍登记、婚姻登记等。

3. 行政确认的内容

（1）对法律上主体资格、身份及法律地位的确认。如通过企业、公司登记对企业、公司经营主体资格的确认。

（2）对权属的确认。如对土地所有权、使用权的确认、对房屋所有权的确认。

（3）对法律关系的确认。如婚姻登记就是对合法有效的婚姻关系的确认。

（4）对法律事实的确认。如出租车出城登记就是对出租车驾驶出城这一法律事实的确认。

（5）对法律责任的确认。如医疗事故鉴定、交通事故的认定便是对法律责任的确认。

（6）对能力的确认。如技术鉴定即是对个人是否具有从事某种行为的能力的确认。

6.2.10　行政监督检查

行政监督检查是指行政机关依法定职权，对相对人遵守法律、法规、规章的情况进行检查、了解、监督的行政行为。如产品质量的抽查。

6.3　行政责任与行政救济

6.3.1　行政责任

1. 行政责任的概念

行政责任是指行政主体及其执行公务的人员因行政违法或行政不当，违反其法定职责和义务而应依法承担的否定性的法律后果。

2. 行政责任的构成要件

（1）行政责任的主体是行政主体及其执行公务的人员。

（2）行政责任产生的前提条件是行政违法或行政不当。

（3）行政主体主观上有过错。

3. 行政责任的种类和方式

（1）行政主体承担行政责任的方式。包括：①通报批评；②赔礼道歉，承认错误；③恢复名誉，消除影响；④返还权益；⑤恢复原状；⑥停止违法行为；⑦履行职务；⑧撤销违法的行政行为；⑨纠正不适当的行政行为；⑩行政赔偿；等等。

（2）公务员承担行政责任的方式。包括：①通报批评；②赔偿损失；③行政处分等。

6.3.2　行政救济

1. 行政救济的概念

行政救济是国家为了排除行政行为对公民、法人和其他组织合法权益造成的侵害而采取的各种事后法律补救手段和措施。

2. 行政救济的方式

行政救济主要包括行政赔偿、行政补偿、行政复议、行政诉讼等。

1）行政赔偿

行政赔偿是行政机关及其公务员违法行使职权侵犯公民、法人和其他组织的合法权益，由国家给予受害人的赔偿。行政赔偿的主要特点是：行政赔偿必须是由国家行政机关及其公务员的行为引起的；行政机关及其公务员的行为必须是行使职权的行为；行政机关的行为具有违法性；损害的事实已经发生；赔偿责任由国家承担。

关于行政赔偿的范围、行政赔偿请求人、行政赔偿义务机关、赔偿的程序等问题，在国家赔偿法中有具体规定。

2）行政补偿

行政补偿是行政机关及其公务员在行使职权的过程中，因其合法行为给无义务的特定公民、法人或者其他组织的合法权益造成损失，依法由国家给予的补偿。行政补偿的主要特点是：它是对因合法行使行政职权而造成的损失所给予的补救；它是为了公共利益不得已才损害了相关的利益，作为受损害的相对人并没有特别的义务承受这一负担；它主要是一种财产上的补偿，且一般是事前补偿。

我国法律、法规规定了一些应给予行政补偿的情形：土地征用、房屋拆迁、军事征调、公用征收（如对外资企业的征收）、公用征调（如因防震、防汛等事件而对财务或人力的紧急征用）、公务合作行为（如公民或组织因协助人民警察执行任务而造成人身或财产损失的，可给予抚恤或补偿）等。

我国对行政合法行为所造成的损失一般给予相应补偿、合理补偿或适当补偿。如《中华人民共和国城市房地产管理法》第19条规定："国家对土地使用者依法取得的土地使用权，在出让合同约定的使用年限届满前不收回；在特殊情况下，根据社会公共利益的需要，可以依照法律程序提前收回，并根据土地使用者使用土地的实际年限和开发土地的实际情况给予相应的补偿。"《中华人民共和国水法》第39条规定："在汛情紧急的情况下，防汛指挥机构有权在其管辖范围内调用所需的物资、设备和人员，事后应当即时归还或者给予适当补偿。"

3）行政复议

行政复议是行政机关系统内部自我监督的一种主要形式，也是行政相对人对其被侵犯权益的一种救济手段。行政复议是指公民、法人或者其他组织认为行政机关的具体行政行为侵犯其合法权益，依法向上级行政机关提出申请，由受理申请的行政机关对具体行政行为依法进行审查并作出处理决定的活动。行政复议的主要特点是：它是一种行政行为；它是一种由行政相对人提起的依申请而产生的行为；它是一种行政司法行为或"准司法行为"。行政复议的主要原则有：合法原则、公正原则、公开原则、及时原则、便民原则等。

4）行政诉讼

行政诉讼是公民、法人或者其他组织在认为行政机关或者法律、法规授权的组织所作出的具体行政行为侵犯自己的合法权益时，依法定程序向人民法院起诉，由人民法院对争议问题进行审理并作出裁决的活动。关于行政诉讼的具体内容，本书将在第9章具体介绍。

知识练习与技能训练

一、概念与知识

1. 基本概念

行政法　行政法律关系　行政法律关系主体　行政行为　抽象行政行为

具体行政行为　行政处罚　行政复议　行政赔偿

2. 问答题

(1) 行政法的特点有哪些？

(2) 行政法的基本原则有哪些？

(3) 行政法律关系的构成要素有哪些？

(4) 行政行为的分类有哪些？

(5) 行政救济的方式有哪些？

二、分析与应用

1. 案例分析题

某村农民多年以种植粮棉为主，但收益不大。该乡人民政府为让农民尽快富裕起来，解放思想，动脑筋。经多次到外地考察，乡政府认为种植花木比种植粮棉赚钱，便向全乡农民发出《倡议书》，号召农民改种花木；还在某村作试点，向某村 66 户农民强制性推广种花木。可经营一年后，他们不仅没有盈利，反而亏损。于是，该村 66 户农民不断上访，要求乡政府赔偿损失。上访无果后，最后 66 户农民便以乡政府为被告，向当地人民法院提起行政诉讼。一审人民法院以被告的行为属于行政指导，不属于具体行政行为为由，裁定"不予受理"。原告不服，上诉至上一级人民法院。

问题：本案中乡政府作出的"倡议"行为是否属于行政指导？一审法院的裁定是否正确？为什么？

2. 实训题

交通警察在主要路口执行交通法规，对违章的司机和行人进行教育和处罚。在这一行政关系中，交通警察代表行政主体行使的是什么权？违章的司机和行人是这一行政关系中的主体吗？

实训要求：结合这两个小事例分析生活中哪些事情受行政法的调整，进一步掌握行政法的基本知识。

第7章

刑　　法

 学习目标

1. 掌握刑法的效力范围。
2. 掌握犯罪的构成要件。
3. 掌握正当防卫和紧急避险的构成要件。
4. 掌握刑罚的种类。
5. 掌握累犯的适用条件。

 引导案例

吴某(男,45岁)为减少继承父亲遗产的法定继承人的人数,分得更多的遗产,极力怂恿其兄乘坐飞机出差。为达到此目的,吴某甚至自己掏钱为其兄购买飞机票,因为最近一段时间,民航客机频繁出事,吴某便希望通过让其兄乘坐飞机而飞机失事,从而达到杀死其兄的目的。其兄为吴某表面的热情所动,遂乘坐飞机外出。果然,飞机因遇到强烈风暴坠毁,其兄也死于空难。吴某突然良心不安,于是到公安机关自首,以致案发。

对于此案,公安机关内部就能否立案发生了分歧。一种观点认为应当立案侦查。理由在于:在此案中,行为人有故意杀人的主观罪过,又实施了一定的行为,而被害人又因为听了吴某的怂恿乘坐了飞机并发生了死亡结果,吴某的行为与其兄的死亡之间存在因果关系。所以,吴某的行为符合故意杀人罪的构成要件,应当立案。另一种观点认为不应该立案。理由在于:吴某的劝导行为并不必然导致被害人的死亡,被害人的死亡纯属意外,因而吴某的劝导行为并不是被害人死亡的原因,二者之间并没有刑法上的因果关系。

根据犯罪构成理论,当事人的行为不构成犯罪,不应当立案。本案中当事人吴某虽然有犯罪的动机,却没有对死者采取任何的侵犯行为,吴某的劝导行为并不必然导致被害人的死亡,死者最后死于空难是一种自然的不可抗力的行为,也就是说吴某的行为与其兄长的死亡没有刑法上的因果关系。

7.1 刑法概述

7.1.1 刑法的概念

刑法是国家基本法律之一,是规定犯罪和刑罚的法律。确切地说,刑法是关于犯罪、刑事责任和刑罚的法律。

刑法有广义和狭义之分。广义的刑法,就是指以国家名义颁布的规定犯罪与刑罚的一切法律规范的总称。狭义的刑法,是指国家立法机关制定的、把规定犯罪与刑罚的一般原则和各种具体犯罪与刑罚的法律规范加以条理化和系统化的刑法典。

1979 年 7 月 1 日,中华人民共和国第五届全国人大二次会议通过了《中华人民共和国刑法》(以下简称《刑法》)。1997 年 3 月 14 日,第八届全国人民代表大会第五次会议通过了修订后的新《刑法》,自 1997 年 10 月 1 日起施行。修订后的刑法分总则和分则两篇,并增加了附则。总则分 5 章 101 条,分则分 10 章 350 条,连同附则共 452 条。为修改、补充《刑法》中有关条文,全国人大常委会又通过了《刑法修正案(一)》(1999 年)、《刑法修正案(二)》(2001 年)、《刑法修正案(三)》(2001 年)、《刑法修正案(四)》(2002 年)、《刑法修正案(五)》(2005 年)、《刑法修正案(六)》(2006 年)、《刑法修正案(七)》(2009 年)、《刑法修正案(八)》(2011 年)、《刑法修正案(九)》(2015 年)、《刑法修正案(十)》(2017 年)、《刑法修正案(十一)》(2020 年)。

7.1.2 刑法的任务

我国《刑法》第 2 条明确规定了我国刑法的任务,即:"中华人民共和国刑法的任务,是用刑罚同一切犯罪行为作斗争,以保卫国家安全,保卫人民民主专政的政权和社会主义制度,保护国有财产和劳动群众集体所有的财产,保护公民私人所有的财产,保护公民的人身权利、民主权利和其他权利,维护社会秩序、经济秩序,保障社会主义建设事业的顺利进行。"

7.1.3 我国刑法的效力范围

刑法的效力范围,是指刑法在什么地方、对什么人、在什么时间内具有效力。我国《刑法》第 6 条至第 12 条对刑法的效力作了明确规定。

刑法的效力包括空间效力和时间效力。

1. 空间效力

刑法的空间效力是指刑法对地和对人的效力,也就是刑事管辖权的范围。

我国刑法关于空间效力的规定如下。

(1) 凡在中华人民共和国领域内犯罪的,除法律有特别规定的以外,都适用我国刑法。

(2) 我国公民在我国领域外犯我国刑法规定之罪的,适用我国刑法,但是按我国刑法规定法定最高刑为三年以下有期徒刑的,可以不予追究。

为体现对国家工作人员和军人从严要求的精神,又规定我国国家工作人员和军人在我国领域外犯我国刑法规定之罪的,一律适用我国刑法。

（3）外国人在我国领域外对我国国家或者公民犯罪,而按我国刑法规定的最低刑为三年以上有期徒刑的,可以适用我国刑法,但是按照犯罪地的法律不受处罚的除外。

（4）对于我国缔结或者参加的国际条约所规定的罪行,我国在所承担条约义务的范围内行使刑事管辖权的,适用我国刑法。

2. 时间效力

刑法的时间效力也就是指刑法的生效时间、失效时间,以及对刑法生效前的行为有无溯及力。

刑法的时间效力,始于施行之时,止于废止之时。

刑法有无溯及力,即刑法生效后,对它生效前未经审判或者判决尚未确定的行为是否适用。

我国《刑法》第12条规定:"中华人民共和国成立以后本法施行以前的行为,如果当时的法律不认为是犯罪的,适用当时的法律;如果当时的法律认为是犯罪的,依照本法总则第四章第八节之规定应当追诉的,按照当时的法律追究刑事责任,但是如果本法不认为是犯罪或者处刑较轻的,适用本法。本法施行以前,依照当时的法律已经作出的生效判决,继续有效。"

由此可见,我国刑法规定的溯及力的原则是从旧兼从轻的原则,也即原则上刑法对其施行前发生的行为不能适用,但是如果适用新法律对行为人更有利,则要按照新法处理。

7.1.4 刑法的解释

刑法的解释是指对刑法规范含义的阐明。

刑法的条文大多是抽象的,有的抽象用语具有多义性,难免使人们产生不同的理解。而社会现实生活是丰富多彩和复杂多变的,要把抽象的法条适用于具体的案件,需要对刑法规范进行解释。

刑法的解释可以按解释的效力不同,分为立法解释、司法解释和学理解释。

1. 立法解释

立法解释是指由立法机关对刑法所作的解释。在我国,只有全国人大及其常委会才有对刑法作立法解释的权力。

2. 司法解释

司法解释是指由最高司法机关对刑法所作的解释。在我国,有权进行司法解释的机关是最高人民法院和最高人民检察院。

在实践中,最高人民法院对审判工作中具体应用法律问题和最高人民检察院对检察工作中具体应用法律问题所作的司法解释是很多的,对审判和检察工作起到了重要的指导作用。

3. 学理解释

学理解释就是由宣传机构、教学科研机构或者专家学者及法律工作者从理论上对刑法所作的解释,比如教科书、论文、专著等。

立法解释和司法解释都是具有法律约束力的,所以又称有权解释。学理解释没有法律约束力,所以也称无权解释。但是,无权解释对立法工作和司法实践具有重要的参考作用。

7.1.5　刑法的基本原则

刑法的基本原则是刑法的核心,是指在刑法的创制与适用中应当严格遵循的准则。

我国刑法规定的基本原则有三条,即罪刑法定原则、罪刑相适应原则与适用刑法人人平等原则。

1. 罪刑法定原则

罪刑法定原则的基本含义是,法律明文规定为犯罪行为的,依照法律定罪处刑;法律没有明文规定为犯罪行为的,不得定罪处刑。简而言之,法无明文规定不为罪,法无明文规定不处罚。

罪刑法定原则要求禁止类推。所谓类推,就是对刑法没有明文规定为犯罪的行为,可以比照刑法分则最相类似的条文定罪判刑。

罪刑法定原则还禁止溯及既往。所谓溯及既往,是指对于未经审判的行为或者判决尚未确定的行为适用审判时的法律,而不是适用行为时的法律。刑法若溯及既往,则不仅违背了罪刑法定原则,而且用事后法惩治先前的行为,等于是要求行为人去遵守将来的尚未公布的法律,这对行为人是不公平的。

2. 罪刑相适应原则

罪刑相适应原则是指犯多大的罪,便应当承担多大的刑事责任,就判处轻重相当的刑罚,重罪重罚,轻罪轻罚,罪刑相称,罚当其罪。

3. 适用刑法人人平等原则

适用刑法人人平等原则的含义是,对任何人犯罪,在适用法律上一律平等,不允许任何人有超越法律的特权。

7.2　犯　　　罪

7.2.1　犯罪的概念和特征

1. 犯罪的概念

我国《刑法》第 13 条规定:"一切危害国家主权、领土完整和安全,分裂国家、颠覆人民民主专政的政权和推翻社会主义制度、破坏社会秩序和经济秩序,侵犯国有财产或者劳动群众集体所有的财产,侵犯公民私人所有的财产,侵犯公民的人身权利、民主权利和其他权利,以及其他危害社会的行为,依照法律应当受到刑罚处罚的,都是犯罪,但是情节显著轻微危害不大的,不认为是犯罪。"可见,我国刑法中犯罪概念是指严重危害社会,触犯刑法并应受刑罚处罚的行为。

2. 犯罪的特征

1）犯罪的社会危害性

所谓社会危害性，是指犯罪会对刑法所保护的社会关系造成一定的损害，也就是说，犯罪是反社会的行为。社会危害性，是对犯罪的否定的社会政治评价。

2）犯罪的刑事违法性

刑事违法性是指犯罪都是触犯刑法的行为。

刑事违法性是犯罪的法律特征，是刑法对具有严重社会危害性的行为的否定的法律评价，它是社会危害性在法律上的表现。

3）犯罪的应受刑罚惩罚性

应受刑罚惩罚性是指犯罪是应当受到刑罚惩罚的行为。应受刑罚惩罚性是犯罪的法律后果，它表明国家对于具有社会危害性和刑事违法性的行为的应有的立场和态度。

7.2.2　犯罪构成

犯罪构成是指刑法规定的，决定某一行为的社会危害性及其程度而为该行为构成犯罪所必须具备的一切主观要件和客观要件的总和。犯罪构成是犯罪概念及其基本特征的具体化。只有对行为的社会危害性及其程度具有决定意义，而为该行为成立犯罪所必需的那些事实特征才是犯罪构成的要件。

犯罪是具体的，犯罪构成也是具体的，不同的犯罪，其构成要件都是各不相同的。但是，通过对各种具体犯罪构成要件的抽象和概括，可以发现各种犯罪都必须具备以下四个方面的要件：犯罪客体、犯罪客观方面、犯罪主体、犯罪主观方面，这四个方面就是犯罪构成的共同要件。

1. 犯罪客体

1）犯罪客体的概念

犯罪客体是指刑法所保护的、为犯罪所侵害的社会关系。犯罪客体是行为构成犯罪的必备要件之一。某种行为，如果没有危害刑法所保护的社会关系，就不可能构成犯罪。犯罪客体表明，犯罪是有社会危害性的行为，它侵犯了一定的社会利益。

2）犯罪客体的种类

根据犯罪行为所侵害的社会关系的范围，可以把犯罪客体分为三类，即犯罪的一般客体、犯罪的同类客体和犯罪的直接客体。犯罪的一般客体是指我国刑法所保护的社会关系的整体。犯罪的同类客体是指为某一类犯罪行为所侵害的我国刑法所保护的社会关系的某一部分或者某一方面。犯罪的同类客体是对犯罪进行分类的根据。我国刑法根据犯罪所侵犯的同类客体，把犯罪分为十大类。犯罪的直接客体是指某一种犯罪行为所直接侵害的我国刑法所保护的具体的社会关系，也就是为刑法所保护的社会关系的某个具体种类。

2. 犯罪客观方面

犯罪客观方面是指犯罪活动的客观外在表现，包括危害行为、危害结果、危害行为与危害结果之间的因果关系以及犯罪的时间、地点、方法等。

1）危害行为

刑法所规定的危害社会的行为是多种多样的。可以将刑法上的危害行为分为两种基本表现形式：作为与不作为。作为即行为人用积极的行为所实施的刑法所禁止的危害社会的行为。作为形式在犯罪行为中是最为常见的，如抢劫、强奸、盗窃等。不作为即行为人有特定义务实施并且能够实施某种积极的行为而未实施。如遗弃、玩忽职守等。这里所说的特定义务包括：法律明文规定的作为义务；职务或者业务要求的作为义务；法律行为引起的义务；先行行为引起的作为义务。

 案例讨论7-1

某市幼儿园保育员王某(女,30 岁)于某日下午带领 14 名儿童外出游玩,途中幼女李某(女,约 3 岁)失足堕入路旁粪池,王某高声呼救。其时,一中学生刘某(男,17 岁)路过此地,闻声即跑到粪池观看,并同王某在附近农田内拔得小竹竿一根,经探测得知粪水约有 80 厘米(半人)深,但王、刘二人均嫌脏不肯下粪池救人,只共同高呼求救,待农民张某赶来跳下粪池救人,幼儿李某已被溺死。

问题：王某、刘某的行为是否构成犯罪？为什么？

2）危害结果

危害结果通常就是指危害行为对直接客体所造成的危害。

危害结果可以分为有形的、可以具体测量的危害结果与无形的、不能具体测量的危害结果。前者可以称为物质性的危害结果,如故意杀人罪中被害人死亡,盗窃罪中财物被偷走,这些犯罪的结果都是有形的,可以具体测量的；后者可以称为非物质性的危害结果,如诽谤罪、传授犯罪方法罪,它们给直接客体造成的危害是无形的、不能具体测量的。

3. 犯罪主体

犯罪主体是指实施危害社会的行为依法应当负刑事责任的自然人和单位。

任何犯罪行为都是由一定的主体实施的,没有主体的犯罪行为是不存在的。我国刑法规定的犯罪主体主要是自然人,少数犯罪也可以由单位构成。

1）自然人犯罪主体

虽然危害社会的行为大多是由自然人实施的,但其中的情形却各有不同。我国《刑法修正案(十一)》对刑事责任年龄作出了新的规定：第一,完全负刑事责任年龄阶段：已满 16 周岁的人犯罪,应当负刑事责任。即：已满 16 周岁是完全负刑事责任年龄阶段。第二,相对负刑事责任年龄阶段：已满 14 周岁不满 16 周岁的人,犯故意杀人、故意伤害致人重伤或者死亡、强奸、抢劫、贩卖毒品、放火、爆炸、投放危险物质罪的,应当负刑事责任。已满 12 周岁不满 14 周岁的人,犯故意杀人、故意伤害罪,致人死亡或者以特别残忍手段致人重伤造成严重残疾,情节恶劣,经最高人民检察院核准追诉的,应当负刑事责任。第三,完全不负刑事责任年龄阶段：不满 12 周岁的人,完全不负刑事责任。对依照上述规定追究刑事责任的不满 18 周岁的人,应当从轻或者减轻处罚。因不满 16 周岁不予刑事处罚的,责令其父母或者其他监护人加以管教；在必要的时候,依法进行专门矫治教育。

刑事责任能力是指行为人构成犯罪和承担刑事责任所必需的、行为人所具备的刑法意义上辨认和控制自己行为的能力。简而言之，就是在刑法意义上，行为人辨认和控制自己行为的能力。一般情况下，刑事责任能力和刑事责任年龄是相对应的，即达到一定的年龄，就具有了相应的能力。根据刑法的规定，年满16周岁的人就具有完全的刑事责任能力。但有些时候，比如在疾病或者生理功能有缺陷的状态下，行为人控制和辨认自己行为的能力就会发生困难。我国刑法对几种特别情况下的刑事责任能力作了特别的规定：第一，精神病人的刑事责任能力：精神病人在不能辨认或者控制自己行为的时候，造成危害结果的，不负刑事责任；间歇性的精神病人在精神正常的时候犯罪，应当负刑事责任；尚未完全丧失辨认或者控制自己行为能力的精神病人犯罪的，应当负刑事责任，但可以从轻或者减轻处罚。第二，醉酒的人的刑事责任能力：醉酒的人犯罪，应当负刑事责任。第三，又聋又哑的人或者盲人的刑事责任能力：又聋又哑的人或者盲人犯罪的，可以从轻、减轻或者免除处罚。

 案例讨论7-2

（1）刘某在过16周岁生日的晚上，和另外三名15岁的同学到火车铁轨沿线玩耍（在该铁轨上行驶的火车很少）。刘某提出在铁轨上放一些石头，看火车来时是刹车还是冲过去。刘某等人搬了5块大石头放在铁轨上，然后站在旁边观看。由于一直没有来火车，四人就回家了。次日上午9时左右，一辆货车经过，造成火车出轨和严重的经济损失。

（2）赵某，15周岁，使用暴力手段将一名6岁儿童绑架后，又故意杀死该儿童，然后打电话给该儿童的父亲，让其交付5万元赎回孩子。被害人父亲及时报案，公安机关抓获了赵某。

问题：刘某、赵某的行为是否构成犯罪？为什么？

2）单位犯罪主体

单位犯罪是指以单位的名义所实施的，违法所得归单位所有的，依法应当负刑事责任的危害社会的行为。可以作为犯罪主体的单位，包括：公司、企业、事业单位、机关、团体等法人或非法人单位。单位不同于自然人，不可能成为所有犯罪的主体，只有在法律明确规定的情形下，单位才能成为某一罪的犯罪主体。

依据我国刑法的规定，单位犯罪的，对单位判处罚金，并对其直接负责的主管人员和其他直接责任人员判处刑罚。可见，我国刑法对单位犯罪实行双罚制，即对单位判处罚金，对直接负责的主管人员和其他直接责任人员判处刑罚。

4. 犯罪主观方面

犯罪主观方面就是指行为人对自己实施的危害行为及其危害结果所持的主观心理态度。

犯罪主观方面主要包括故意和过失，合称罪过。它是一切犯罪都必须具备的主观要件。换而言之，没有主观上的故意或者过失，即使行为造成了一定的危害结果，行为人也不负刑事责任。

1）犯罪的故意

犯罪的故意是指行为人明知自己的行为会发生危害社会的结果，并且希望或者放任这种结果发生的心理态度。

　　一般把犯罪的故意分为直接故意和间接故意。犯罪的直接故意是指行为人明知自己的行为必然或者可能发生危害社会的结果，并且希望这种结果发生的心理态度。犯罪的间接故意是指行为人明知自己的行为可能发生危害社会的结果，并且放任这种结果发生的心理态度。

　　2）犯罪的过失

　　犯罪的过失是指行为人应当预见自己的行为可能发生危害社会的结果，因为疏忽大意而没有预见，以致造成该危害结果，或者已经预见发生危害结果的可能性，但轻信能够避免，以致发生这种结果的心理态度。

　　犯罪的过失一般可以区分为疏忽大意的过失与过于自信的过失两种类型。疏忽大意的过失就是指行为人应当预见自己的行为可能发生危害社会的结果，因为疏忽大意而没有预见，以致发生这种结果的心理态度。疏忽大意的过失的特点是，应当预见而没有预见。过于自信的过失是指行为人预见到自己的行为可能发生危害社会的结果，但轻信能够避免，以致发生这种结果的心理态度。过于自信的过失的特点是，应当避免而没有避免。

　　在刑法中，区分犯罪的故意与过失，对于定罪与量刑关系重大。

　　3）意外事件

　　意外事件是指行为人在客观上虽然造成了损害结果，但不是出于故意或者过失，而是由于不能预见的原因所引起的事件。

　　意外事件不是犯罪，因为行为人没有故意或者过失，也即缺少犯罪主观方面的要件。对于意外事件，行为人不负刑事责任。

 案例讨论7-3

　　（1）某医院妇产科护士甲值夜班时，一新生婴儿啼哭不止，甲为了止住其哭闹，遂将仰卧的婴儿翻身成俯卧，并将棉被盖住婴儿头部。半小时后，甲再查看时，发现该婴儿已无呼吸，该婴儿经抢救无效死亡。经医疗事故鉴定委员会鉴定，该婴儿系俯卧使口、鼻受压迫，窒息而亡。

　　（2）胡某，27岁，非常喜欢邻居家4岁的男孩小强，一日，胡某带小强到一座桥上玩，胡某提着小强的双手将其悬于桥栏处，开玩笑说要把他扔到河里去，小强边喊"害怕"边挣扎，胡某手一滑，小强掉入河中。胡某急忙去救，小强已溺水死亡。

　　（3）朱某因婚外恋产生杀害妻子李某之念。某日晨，朱某在给李某炸油饼时投放了可以致死的毒鼠强。朱某为防止其6岁儿子吃饼中毒，将其子送到幼儿园，并嘱咐其子等他来接。不料李某当日提前下班后将其子接回，并与其子一起吃油饼。朱某得知后，赶回家中，其妻、子已中毒身亡。

　　问题：分析上述3个小案例中行为人的主观心态。

7.2.3　排除社会危害性的行为

　　排除社会危害性的行为是指行为从表面上看似乎符合某种犯罪的构成要件，但在实际上不仅不具有社会危害性，反而是对社会有益的行为。

排除社会危害性的行为主要有正当防卫和紧急避险两种。

1. 正当防卫

正当防卫是指为了使国家、公共利益、本人或者他人的人身、财产和其他权利免受正在进行的不法侵害，而采取的制止不法侵害的行为。正当防卫行为给不法侵害人造成损害的，不负刑事责任。

正当防卫行为主观上没有罪过，客观上也没有造成社会危害性，反而对社会有益，因此正当防卫是国家提倡的行为，同时，进行正当防卫也是每一个公民的权利。

1）正当防卫的构成条件

（1）正当防卫的起因是不法侵害。如果没有不法侵害的产生与存在，也就不会有正当防卫。同理，对不具有社会危害性的合法行为不能进行正当防卫。

（2）正当防卫的对象是不法侵害人。正当防卫必须针对不法侵害者本人实行，而不能对没有实施不法侵害的第三者实行。因为，只有对不法侵害者本人采取一定的措施，即限制其一定的自由，或者伤害其身体，或者使其损失一定的财产，才能使其丧失侵害能力。

（3）防卫的时间是不法侵害正在进行。正当防卫的时间条件，是不法侵害处于实行阶段，也就是不法侵害已经开始，尚未结束。如果不法侵害行为已经结束，并已造成了现实的社会危害，就谈不上实施正当防卫了。

（4）正当防卫的主观条件是防卫意图。即正当防卫必须是出于保护国家、公共利益、本人或者他人的人身、财产和其他权利免受正在进行的不法侵害。

（5）正当防卫的限度是不能明显超过必要限度造成重大损害。正当防卫是有限度要求的，即不能明显超过必要限度造成重大损害。否则就是防卫过当，应当负刑事责任。

我国刑法第 20 条第 3 款规定："对正在进行行凶、杀人、抢劫、强奸、绑架以及其他严重危及人身安全的暴力犯罪，采取防卫行为，造成不法侵害人伤亡的，不属于防卫过当，不负刑事责任。"这一规定，称为无限防卫权，也称为特别防卫权、无过当防卫。

2）防卫过当

防卫过当就是指在实行正当防卫过程中，违反正当防卫的限度条件，明显超过必要限度给不法侵害人造成重大损害，因而依法应当负刑事责任的行为。

由于行为人在主观上具有保护合法权益免受不法侵害的意图，所以，刑法规定，对于防卫过当应当减轻或者免除处罚。

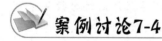 **案例讨论7-4**

2016 年 4 月 1 日，山东冠县 22 岁的于某及母亲遭到债权人纠集多人上门强讨高利贷，并非法限制他们母子 2 人人身自由数小时，在母亲和自己遭受奇耻大辱且在寻求合法保护不力的情况下，于某采取暴力反击行为，用水果刀将杜某某等 4 名催债人员捅伤。其中，杜某某因失血性休克死亡，另 2 人重伤，1 人轻伤。2017 年 2 月 17 日，山东省聊城市中级人民法院一审以故意伤害罪判处于某无期徒刑，剥夺政治权利终身，并承担相应民事赔偿责任。于某不服一审判决，上诉至山东省高级人民法院。山东省高级人民法院认为，杜某某的辱母行为严重违法、衰渎人伦，应当受到惩罚和谴责，但于某在实施防卫行为时致 1 人死亡、2 人

重伤、1 人轻伤,且其中一重伤者系于某从背后捅刺,防卫明显过当。于某及其母亲苏某某的人身自由和人格尊严应当受到法律保护,但于某的防卫行为超出法律所容忍的限度,依法也应当承担刑事责任。认定于某行为属于防卫过当,构成故意伤害罪,判处于某有期徒刑 5 年。

问题:结合本案理解正当防卫的构成条件。

2. 紧急避险

紧急避险是指在合法权益遭受正在发生的危险时,不得已采取的损害较小的合法权益,以保护较大的合法权益免遭损害的行为。

因紧急避险行为造成损害的,行为人不负刑事责任。

要构成紧急避险,须符合以下条件:第一,起因条件:紧急避险的起因是现实存在的危险;第二,时间条件:危险必须是正在发生的;第三,对象条件:紧急避险的对象是第三者的合法权益;第四,可行性条件:只能出于迫不得已;第五,主观条件:必须具有保护合法权益免遭危险损害的避险意图;第六,限度条件:紧急避险不能超过必要限度,只能是放弃较小的权益而保全较大的权益,才符合紧急避险的目的;第七,禁止条件:根据《刑法》第 21 条第 3 款的规定,紧急避险中"关于避免本人危险的规定,不适用于:职务上、业务上负有特定责任的人"。这是紧急避险的禁止条件。

7.2.4 犯罪的既遂、预备、未遂和中止

犯罪的既遂是故意犯罪的完成形态;犯罪预备、未遂和中止是犯罪的未完成形态。

1. 犯罪既遂

犯罪既遂是指行为人所故意实施的行为已经具备了某种犯罪构成的全部要件。确认犯罪是否既遂,应以行为人所实施的行为是否具备了刑法分则所规定的某一犯罪的全部构成要件为标准。

2. 犯罪预备

犯罪预备就是指行为人为实施犯罪而开始创造条件或准备工具,由于行为人意志以外的原因而未能着手实行犯罪的行为。我国《刑法》第 22 条规定了犯罪预备,"为了犯罪,准备工具、制造条件的,是犯罪预备。"

犯罪预备具有以下特征:第一,行为人已经开始实施犯罪的预备行为;第二,行为人尚未着手犯罪的实行行为;第三,未能着手犯罪的实行行为是由于犯罪分子意志以外的原因所致。依据我国刑法的规定,对于预备犯,可以比照既遂犯从轻、减轻或者免除处罚。

3. 犯罪未遂

犯罪未遂是指行为人已经着手实行具体犯罪的实行行为,由于其意志以外的原因而未能完成犯罪的行为。

犯罪未遂具有以下特征:第一,行为人已经着手实行犯罪;第二,犯罪未得逞;第三,犯罪未得逞是由于犯罪分子意志以外的原因所致。依照我国刑法的规定,对于未遂犯,可以比照既遂犯从轻或者减轻处罚。

4. 犯罪中止

犯罪中止是在犯罪过程中,行为人自动放弃犯罪或者自动有效地防止犯罪结果发生,而

未完成犯罪的一种犯罪行为。

犯罪中止具有如下特征：第一，时空性。犯罪中止必须发生在犯罪过程中。第二，自动性。行为人必须是自动地放弃犯罪。第三，彻底性。行为人必须是彻底地放弃犯罪。第四，有效性。行为人必须有效地防止犯罪结果的发生。依据我国刑法的规定，对于中止犯，没有造成损害的，应当免除处罚；造成损害的，应当减轻处罚。

 案例讨论7-5

（1）某晚，犯罪嫌疑人秦某潜入居民吴某家盗窃，吴某和孩子正在熟睡。吴某的儿子白天玩耍时将一辆玩具救护车放在了地上，秦某进入吴家时没有注意到，正好一脚踩到了玩具救护车上，玩具救护车立即发出了警报声。警报声将睡梦中的吴某惊醒，吴某问了声"谁呀？"秦某没有应声，而是立即夺门而逃。后秦某供述，因为系第一次作案，精神高度紧张，是当时的玩具声响把他给吓跑的。

（2）甲欲杀乙，将毒药投入乙的饭食中。乙服食后，甲后悔，赶紧说明情况，并将乙送到医院抢救。医院在抢救过程中发现，甲所投放的毒药是没有毒性的，乙安然无恙。

问题：对秦某及甲的行为如何定性？是犯罪未遂还是犯罪中止？

7.2.5 共同犯罪

共同犯罪是指两人以上共同犯罪。

1. 共同犯罪的构成特征

1）主体条件

共同犯罪的主体必须是两人以上。

共同犯罪的主体可以是两个以上的自然人，可以是两个以上的单位，也可以是两个以上的自然人和单位共同构成。构成共同犯罪主体的自然人，必须具有相应的刑事责任能力。

2）客观条件

共同犯罪的客观条件是各共同犯罪人具有共同的犯罪行为。

共同的犯罪行为并不意味着共同犯罪人的行为完全一致，而是指他们为了同一目的或者结果而相互分工、配合。

3）主观条件

各共同犯罪人具有共同的犯罪故意，是共同犯罪的主观条件。共同的犯罪故意，也就是说，各共同犯罪人通过意思联络，认识到他们的共同犯罪行为会发生危害社会的结果，并决意参加共同犯罪，希望或者放任这种结果的发生。

2. 共同犯罪人的种类及责任

一般来说，各共同犯罪人在共同犯罪中的地位、作用及分工是不同的。按照一定的标准，对共同犯罪人进行适当的分类，可以方便确定各共同犯罪人的刑事责任。

我国刑法把共同犯罪人分为主犯、从犯、胁从犯和教唆犯四类。

1) 主犯

主犯是指组织领导犯罪集团进行犯罪活动或者在共同犯罪中起主要作用的犯罪分子。

根据《刑法》第26条的规定,对组织、领导犯罪集团的首要分子,按照犯罪集团所犯的全部罪行处罚。对其他主犯,应当按照其所参与的或者组织、指挥的全部犯罪处罚。

2) 从犯

从犯是指在共同犯罪中起次要作用或者辅助作用的犯罪分子。根据《刑法》第27条的规定,对于从犯,应当从轻、减轻或者免除处罚。

3) 胁从犯

胁从犯是指被胁迫参加共同犯罪的犯罪分子。根据我国《刑法》第28条的规定,对于胁从犯.应当按照他的犯罪情节减轻或者免除处罚。

4) 教唆犯

教唆犯是指故意唆使他人犯罪的犯罪分子。按照我国《刑法》第29条的规定,对于教唆犯,应当按照他在共同犯罪中所起的作用处罚。教唆不满18周岁的人犯罪的,应当从重处罚。如果被教唆的人没有犯被教唆的罪,对于教唆犯,可以从轻或者减轻处罚。

 案例讨论7-6

马某建房时占了张家的地,张家便找马某讲理。马某不但不讲理,反而依仗自己人多势众,声称自己是劳改犯并动手打了张某。张某气愤异常,决心报复。某日,张某见马某的小女儿(12岁)独自一人在地里干活,认为报复的机会来了,但又怕自己伤害小孩会负责任,便叫来自己的儿子(13周岁)和侄子(14周岁),说小孩打人不犯罪,叫二人去打死马某的女儿,为自己出气。这两个小孩听了张某的怂恿各拿一把铁锨冲过去,对马某的女儿一阵乱打,将其腿部动脉血管打断,血流不止。张某得知后非常害怕,赶紧将马某的女儿送往医院,但马某的女儿终因流血过多,抢救无效死亡。

问题:此案应如何处理? 如何承担刑事责任?

7.3 刑 罚

7.3.1 刑罚的概念和目的

刑罚是刑法规定的限制或剥夺犯罪人某种权益的最严厉的法律制裁方法。

一般认为,刑罚的目的主要在于预防犯罪,具体表现为特殊预防和一般预防。

7.3.2 刑罚的种类

我国刑罚的种类分为主刑和附加刑两类。其中主刑有管制、拘役、有期徒刑、无期徒刑和死刑,附加刑有罚金、剥夺政治权利、没收财产,对犯罪的外国人可以适用驱逐出境。

主刑只能独立适用,而不可以附加适用。附加刑既可以独立适用,也可以附加适用。

1. 管制

管制是指对犯罪分子不予关押，但限制其一定自由，由公安机关予以执行的刑罚方法。管制是我国主刑中最轻的刑罚方法，它适用于罪行较轻的犯罪分子。管制的期限为 3 个月以上 2 年以下，数罪并罚最长不能超过 3 年。管制的刑期，从判决执行之日起计算，判决以前先行羁押的，羁押 1 日折抵刑期 2 日。被判处管制的犯罪分子，在劳动中应当同工同酬。管制期满，执行机关应即向本人和其所在单位或者居住地的群众宣布解除管制。

2. 拘役

拘役是短期剥夺犯罪分子的人身自由，并就近实行劳动改造的刑罚方法。拘役的期限为 1 个月以上 6 个月以下，数罪并罚最长不能超过 1 年。拘役的刑期从判决执行之日起计算；判决执行以前先行羁押的，羁押 1 日折抵刑期 1 日。被判处拘役的犯罪分子，由公安机关就近执行。在执行期间，被判处拘役的犯罪分子每月可以回家一天至两天；参加劳动的，可以酌量发给报酬。

3. 有期徒刑

有期徒刑是剥夺犯罪分子一定期限的人身自由，并强制实行劳动改造的刑罚方法。有期徒刑适用于我国刑法规定的各种犯罪，是适用范围最广的刑罚方法。有期徒刑的期限为 6 个月以上 15 年以下，数罪并罚最长不能超过 20 年。有期徒刑的刑期从判决执行之日起计算，判决执行以前先行羁押的，羁押 1 日折抵刑期 1 日。被判处有期徒刑的犯罪分子，凡有劳动能力的，都应参加劳动，接受教育和改造。

4. 无期徒刑

无期徒刑是剥夺犯罪分子的终身自由，强制实行劳动改造的刑罚方法。无期徒刑是严厉程度仅次于死刑的刑罚方法。被判处无期徒刑的犯罪分子，凡有劳动能力的，都应参加劳动，接受教育和改造。

5. 死刑

死刑是剥夺犯罪分子生命的刑罚方法。死刑是最严厉的刑罚方法，又称为生命刑。我国刑法对死刑的适用制定了严格的条件。

（1）死刑适用的一般限制，死刑只适用于罪行极其严重的犯罪分子。

（2）死刑适用的对象限制，犯罪的时候不满 18 周岁的人和审判的时候怀孕的妇女，不适用死刑。审判的时候已满 75 周岁的人，不适用死刑。但以特别残忍的手段致人死亡的除外。

（3）死刑适用的程序限制，死刑除依法由最高人民法院判决的以外，都应当报请最高人民法院核准。死刑缓期执行的，可以由高级人民法院判决或者核准。

（4）死刑执行制度的限制，对于应当判处死刑的犯罪分子，如果不是必须立即执行的，可以判处死刑同时宣告缓期二年执行。

《刑法修正案（九）》对死刑缓期执行作出新的规定："判处死刑缓期执行的，在死刑缓期执行期间，如果没有故意犯罪，二年期满以后，减为无期徒刑；如果确有重大立功表现，二年期满以后，减为二十五年有期徒刑；如果故意犯罪，情节恶劣的，报请最高人民法院核准后执行死刑；对于故意犯罪未执行死刑的，死刑缓期执行的期间重新计算，并报最高人民法院备案。"对被判处死刑缓期执行的累犯以及因故意杀人、强奸、抢劫、绑架、放火、爆炸、投放危险物质或者有组织的暴力性犯罪被判处死刑缓期执行的犯罪分子,人民法院根据犯罪情节等情况可以同时决定对其限制减刑。

6. 罚金

罚金是指人民法院判处犯罪人向国家缴纳一定数额金钱的刑罚方法。判处罚金,应当根据犯罪情节决定罚金数额。既要考虑到犯罪分子非法获利的数额大小,也要考虑到犯罪分子的实际经济负担能力。罚金在判决指定的期限内一次或者分期缴纳。期满不缴纳的,强制缴纳。对于不能全部缴纳罚金的,人民法院在任何时候发现被执行人有可以执行的财产,应当随时追缴。由于遭遇不能抗拒的灾祸等原因缴纳确实有困难的,经人民法院裁定,可以延期缴纳、酌情减少或者免除。

7. 剥夺政治权利

剥夺政治权利是剥夺犯罪分子参加国家管理与政治活动权利的刑罚方法。剥夺政治权利由公安机关执行。

我国刑法规定了三种附加剥夺政治权利的情况:第一,对于危害国家安全的犯罪分子,应当附加剥夺政治权利。第二,对于故意杀人、强奸、放火、爆炸、投毒、抢劫等严重破坏社会秩序的犯罪分子。可以附加剥夺政治权利。第三,对于被判处死刑、无期徒刑的犯罪分子,应当剥夺政治权利终身。

剥夺政治权利的期限有以下几种情况:第一,独立适用剥夺政治权利或者主刑是有期徒刑、拘役附加剥夺政治权利的,期限为 1 年以上 5 年以下;第二,判处管制附加剥夺政治权利的期限与管制的期限相同;第三,判处死刑、无期徒刑的,应当剥夺政治权利终身;第四,死刑缓期执行减为有期徒刑或者无期徒刑减为有期徒刑的时候,应当把附加剥夺政治权利的期限相应地改为 3 年以上 10 年以下。

剥夺政治权利的刑期计算与执行:判处管制附加剥夺政治权利的,剥夺政治权利的期限与管制的期限相等,同时执行。判处拘役或者有期徒刑附加剥夺政治权利的,剥夺政治权利的期限从主刑执行完毕或者假释之日起计算,在主刑执行期间,犯罪人当然不享有政治权利。

8. 没收财产

没收财产是指将犯罪分子个人所有财产的一部分或者全部无偿地收归国家所有的刑罚方法。

没收财产的范围仅限于没收犯罪分子个人所有的财产,不得没收属于犯罪分子家属所有或者应有的财产。同时,没收全部财产的时候,应当对犯罪分子个人及其扶养的家属保留必需的生活费用。

另外,没收财产以前犯罪分子所负的正当债务,需要以没收财产偿还的,经债权人请求,应当偿还。

7.3.3 刑罚的适用

1. 量刑

量刑是指人民法院依据刑事法律,在认定行为人构成犯罪的基础上,确定对犯罪人是否判处刑罚、判处何种刑罚、判处多重刑罚以及所判刑罚是否立即执行的刑事司法活动。我国刑法第 61 条规定：“对于犯罪分子决定刑罚的时候，应当根据犯罪的事实、犯罪的性质、情节和对于社会的危害程度，依照本法的有关规定判处。”据此，可以把量刑的原则概括为：以犯罪事实为根据，以刑事法律为准绳。

2. 累犯

累犯是指因犯罪受过一定的刑罚处罚，在刑罚执行完毕或者赦免以后，在法定期限内又犯一定之罪的罪犯。

我国刑法把累犯分为一般累犯和特别累犯两种。

1）一般累犯的构成条件

一般累犯是指被判处有期徒刑以上刑罚并在刑罚执行完毕或者赦免以后，在 5 年以内再犯应当判处有期徒刑以上刑罚之罪的犯罪分子。

一般累犯的构成条件是：第一，前罪和后罪都是故意犯罪；第二，前罪被判处有期徒刑以上的刑罚，后罪也应当被判处有期徒刑以上的刑罚；第三，后罪发生在前罪的刑罚执行完毕或者赦免以后 5 年内；第四，前后两罪中至少有一罪不是危害国家安全罪。

2）特别累犯的构成条件

特别累犯是指因犯危害国家安全罪、恐怖活动犯罪、黑社会性质的组织犯罪受过刑罚的处罚，在刑罚执行完毕或者赦免以后，再犯上述任一类罪的犯罪分子。

特别累犯的构成条件是：第一，前罪与后罪均为危害国家安全罪、恐怖活动犯罪、黑社会性质的组织犯罪；第二，后罪发生在前罪的刑罚执行完毕或者赦免以后。对于累犯应当从重处罚。

3. 自首

自首是指行为人犯罪以后自动投案，如实供述自己的罪行的行为，或者被采取强制措施的犯罪嫌疑人、被告人和正在服刑的罪犯，如实供述司法机关尚未掌握的本人其他罪行的行为。

我国刑法规定的自首有一般自首与特殊自首两类。

1）一般自首

一般自首是指犯罪之后自动投案，如实供述自己罪行的行为。

一般自首的成立条件如下：第一，自动投案。所谓自动投案，是指犯罪分子在犯罪以后，归案之前，自动向有关机关或者个人投案的行为。自动投案可以在犯罪被发觉前，也可以在犯罪被发觉后。一般认为，犯罪分子作案后逃跑，在通缉的情况下自动投案，也应视为自首。第二，如实供述。如实供述是指犯罪分子自动投案后，主动如实地供述自己的犯罪行为。

2）特殊自首

特殊自首是指被采取强制措施的犯罪嫌疑人、被告人和正在服刑的罪犯，如实供述司法机关尚未掌握的本人其他罪行的行为。

特殊自首的成立条件如下：第一，特殊自首的主体必须是被采取强制措施的犯罪嫌疑人、被告人和正在服刑的罪犯；第二，如实供述司法机关尚未掌握的本人其他罪行。对于自首的犯罪分子，可以从轻或者减轻处罚。其中，犯罪较轻的，可以免除处罚。

4. 立功

立功是指犯罪分子归案之后,具有有利于国家和社会的突出表现的行为。

立功有一般立功和重大立功两种。

犯罪分子有一般立功表现的,可以从轻或者减轻处罚;犯罪分子有重大立功表现的,可以减轻或者免除处罚;犯罪后自首又有重大立功表现的,应当减轻或者免除处罚。

5. 数罪并罚

数罪并罚是对一人所犯数罪进行合并处罚的制度。

1) 我国数罪并罚的基本规则

（1）重刑吸收轻刑。即判决宣告的数个主刑中最重刑为死刑或者无期徒刑的,只执行一个死刑或者无期徒刑。

（2）限制加重。判决宣告的数个主刑均为有期徒刑、拘役或管制的,应当在总和刑期以下、数刑中最高刑期以上,酌情决定执行的刑期,但是管制最高不能超过 3 年,拘役最高不能超过 1 年,有期徒刑总和刑期不满 35 年的,最高不能超过 20 年,总和刑期在 35 年以上的,最高不能超过 25 年。

（3）并科。即数罪中有判处附加刑的,仍须执行。

2) 数罪并罚规则的具体适用

（1）普通数罪的并罚。普通数罪的并罚就是指判决宣告前一人犯数罪的并罚,是数罪并罚的典型形态。前述数罪并罚的基本规则,就是普通数罪并罚的规则。

（2）发现漏罪的并罚。判决宣告以后,刑罚执行完毕以前,发现被判刑的犯罪分子在判决宣告以前还有其他罪没有判决的,应当对新发现的罪作出判决。把前后两个罪所判处的刑罚,依照前述数罪并罚的基本规则,决定执行的刑罚。已经执行的刑期,应当计算在新判决决定的刑期以内。这种刑期计算的方法称为"先并后减"。

（3）再犯新罪的并罚。判决宣告以后,刑罚执行完毕以前,被判刑的犯罪分子又犯罪的,应当对新犯的罪作出判决,把前罪没有执行完毕的刑罚和后罪所判处的刑罚,依照前述数罪并罚的基本规则,决定执行的刑罚。这种刑期的计算方法,叫"先减后并"。

6. 缓刑

我国刑法中的缓刑是指人民法院对于被判处拘役、3 年以下有期徒刑的犯罪分子,根据犯罪分子的犯罪情节和悔罪表现,认为暂缓执行原判刑罚,确实不致再危害社会的,规定一定的考验期,暂缓其刑罚的执行,如果犯罪分子在考验期内没有发生法定撤销缓刑的情形,原判刑罚就不再执行的制度。

缓刑不是刑种,而是刑罚具体运用的一项制度。我国刑法规定拘役的缓刑考验期限为原判刑期以上 1 年以下,但是不能少于 2 个月。有期徒刑的缓刑考验期限为原判刑期以上 5 年以下,但是不能少于 1 年。缓刑考验期限从判决确定之日起计算。

被宣告缓刑的犯罪分子,应当遵守下列规定:第一,遵守法律、行政法规,服从监督。第二,按照考察机关的规定报告自己的活动情况。第三,遵守考察机关关于会客的规定。第四,离开所居住的市、县或者迁居,应当报经考察机关批准。

被宣告缓刑的犯罪分子,在缓刑考验期间内,由公安机关考察,所在单位或者基层组织予以配合,如果没有发生应予撤销缓刑的事由,缓刑考验期满,原判决宣告以前还有其他罪没有判决的,应当撤销缓刑,对新犯的罪或者新发现的罪作出判决,把前罪和后罪所判处的刑罚,依照数罪并罚的原则,决定执行的刑罚;如果在缓刑考验期限内,违反法律、行政法规或者国务院、公安部门有关缓刑的监督管理规定,情节严重的,应当撤销缓刑,执行原判刑罚。

被宣告缓刑的犯罪分子,如果被判处附加刑,附加刑仍须执行。对于累犯,不适用缓刑。

7. 减刑

减刑是指对被判处管制、拘役、有期徒刑、无期徒刑的犯罪分子,根据其在刑罚执行期间的悔改或者立功表现,而适当减轻其原判刑罚的制度。

减刑的适用条件如下。

(1) 减刑只适用于被判处管制、拘役、有期徒刑、无期徒刑的犯罪分子。

(2) 减刑只能适用于在刑罚的执行过程中确有悔改或者立功表现的犯罪分子。只有当犯罪分子确有悔改或者立功表现时,才能说明其人身危险性有所减弱,对其教育改造收到了较好的效果,也才符合减刑制度的宗旨和目的。

(3) 适用减刑要有一定的限度。减刑以后实际执行的刑期不能少于下列期限:判处管制、拘役、有期徒刑的,不能少于原判刑期的二分之一;判处无期徒刑的,不能少于13年;人民法院依照《刑法》规定限制减刑的死刑缓期执行的犯罪分子,缓期执行期满后依法减为无期徒刑的,不能少于25年,缓期执行期满后依法减为25年有期徒刑的,不能少于20年。

8. 假释

假释是指被判处有期徒刑、无期徒刑的犯罪分子,在执行一定刑期后,由于其确有悔改表现,不致再危害社会,因而附条件地予以提前释放的刑罚制度。

1) 假释的条件

假释是附条件的提前释放,因此,假释必须符合一定的条件。

(1) 假释的适用对象是被判处有期徒刑、无期徒刑的犯罪分子。

(2) 被判处有期徒刑的犯罪分子,执行原判刑期二分之一以上;被判处无期徒刑的犯罪分子,实际执行13年以上,才能适用假释。

(3) 犯罪分子在刑罚执行期间认真遵守监规,接受教育改造,确有悔改表现,假释后不致再危害社会。

(4) 对累犯以及因故意杀人、强奸、抢劫、绑架、放火、爆炸、投放危险物质或者有组织的暴力性犯罪被判处10年以上有期徒刑、无期徒刑的犯罪分子,不得假释。

2) 假释的考验期限

假释的考验期限是指犯罪分子被适用假释以后,对其进行考察的一定期限。有期徒刑假释的考验期限是没有执行完毕的刑期,无期徒刑假释的考验期限是10年。

3) 假释的法律后果

(1) 被假释的犯罪分子,在假释考验期内没有犯新罪或者发现漏罪,或者违反法律、行政法规或者国务院公安部门有关假释的监督管理规定,假释考验期满,就认为原判刑罚已经执行完毕,剩余刑罚就不再执行。

(2) 被假释的犯罪分子,在假释考验期内犯新罪,应当撤销假释,依照刑法第71条规定的"先减后并"的方法实行数罪并罚。

（3）被假释的犯罪分子，在假释考验期内，发现其在判决宣告以前还有其他罪没有判决的，应当撤销假释，依照刑法第70条规定的"先并后减"的方法实行数罪并罚。

（4）被假释的犯罪分子，在假释考验期内，有违反法律、行政法规或者国务院公安部门有关假释的监督管理规定的行为，尚未构成新的犯罪的，应当撤销假释，收监执行未执行完毕的刑期。

9. 时效

时效是指经过一定的期限，对刑事犯罪不得再追诉或者对所判刑罚不得再执行的一项法律制度。

时效可分为追诉时效和行刑时效。我国刑法只规定了追诉时效。

所谓追诉时效，是指对犯罪分子依法追究刑事责任的有效期限。规定追诉时效制度，符合我国适用刑罚的目的，有利于司法机关集中打击现行的刑事犯罪活动，从而更好地维护社会秩序和社会安定团结的局面。

1）追诉时效的期限

追诉时效分为四个不同的档次。

（1）法定最高刑为不满5年有期徒刑的，追诉时效为5年。

（2）法定最高刑为5年以上不满10年有期徒刑的，追诉时效为10年。

（3）法定最高刑为10年以上有期徒刑的，追诉时效为15年。

（4）法定最高刑为无期徒刑、死刑的，追诉时效20年。如果20年以后认为必须追诉的，须报请最高人民检察院核准。

2）追诉时效的计算

追诉期限从犯罪之日起计算；犯罪行为有连续或者继续状态的，从犯罪行为终了之日起计算。

在追诉期限内又犯新罪的，前罪所经过的时效期间归于无效，前罪追诉的期限从犯后罪之日起重新计算，此为时效中断。

在人民检察院、公安机关、国家安全机关立案侦查或者在人民法院受理案件以后，犯罪分子逃避侦察或者审判的，不受追诉期限的限制。被害人在追诉期限内提出控告，人民法院、人民检察院、公安机关应当立案而不予立案的，不受追诉期限的限制，此为时效延长制度。

7.4 主要罪名

7.4.1 故意伤害罪

故意伤害罪是指故意非法损害他人身体健康的行为。

1. 故意伤害罪的犯罪构成

（1）犯罪主体。故意伤害罪的主体属于一般主体。在年龄方面，致人重伤或者伤害致人死亡的，刑事责任年龄为已满14周岁不满16周岁；致人轻伤的，则须已满16周岁才能构成本罪。

（2）犯罪主观方面。行为人具有非法损害他人身体健康的故意。犯罪的故意指行为人明知自己的行为会发生危害社会的结果，并且希望或者放任这种结果发生的主观心理态度。

（3）犯罪客观方面。行为人有非法故意损害他人身体健康的不法行为。构成本罪的伤害程度限于轻伤、重伤和伤害致死三种情况。轻伤以下的轻微伤和一般的殴打行为，不能构成本罪，由公安机关按照《治安管理处罚法》处罚。

（4）犯罪客体。侵害的是他人身体健康权利。

2. 故意伤害罪的刑罚

故意伤害他人身体的，处 3 年以下有期徒刑、拘役或者管制；故意伤害他人身体，致人重伤的，处 3 年以上 10 年以下有期徒刑；故意伤害他人身体，致人死亡或者以特别残忍的手段致人重伤造成严重残疾的，处 10 年以上有期徒刑、无期徒刑或者死刑。

7.4.2 故意杀人罪

故意杀人罪是指故意非法剥夺他人生命的行为。

1. 故意杀人罪的犯罪构成

（1）犯罪主体。本罪的主体是一般主体，但刑事责任年龄只需满 14 周岁。也即已满 14 周岁、精神及智力发育正常的人对故意杀人行为应当负刑事责任。

（2）犯罪主观方面。主观方面表现为故意。

（3）犯罪客观方面。在客观方面表现为非法剥夺他人生命的行为。

（4）侵犯的客体。客体是他人的生命权。

2. 故意杀人罪的刑罚

犯故意杀人罪的，处死刑、无期徒刑或者 10 年以上有期徒刑。情节较轻的，处 3 年以上 10 年以下有期徒刑。

7.4.3 抢劫罪

抢劫罪是指以非法占有为目的，当场使用暴力、胁迫或者其他方法强行劫取公私财物的行为。

1. 抢劫罪的犯罪构成

（1）犯罪主体。本罪的主体是一般主体，已满 14 周岁不满 16 周岁的人也应对本罪负刑事责任。

（2）犯罪主观方面。本罪的主观方面是故意，以非法占有公私财物为目的。

（3）犯罪客观方面。本罪客观方面表现为行为人当场使用暴力、胁迫或其他方法强行劫取公私财物的行为。根据《刑法》的有关规定，下列情形以抢劫罪定罪处罚：①携带凶器抢夺的；②犯盗窃、诈骗、抢劫罪，为窝藏赃物、抗拒抓捕或者毁灭证据而当场使用暴力或者以暴力相威胁的，这种情形称为转化型的抢劫罪。

（4）犯罪客体。本罪侵犯的客体是复杂客体，既侵犯了公私财产的所有权，又侵犯了被害人的人身权利。

2．抢劫罪的刑罚

犯抢劫罪的,处 3 年以上 10 年以下有期徒刑,并处罚金;有下列情形之一的,处 10 年以上有期徒刑、无期徒刑或者死刑,并处罚金或者没收财产：入户抢劫的;在公共交通工具上抢劫的;抢劫银行或者其他金融机构的;多次抢劫或者抢劫数额巨大的;抢劫致人重伤、死亡的;冒充军警人员抢劫的;持枪抢劫的;抢劫军用物资或者抢险、救灾、救济物资的。

7.4.4 盗窃罪

盗窃罪是指以非法占有为目的,秘密窃取公私财物数额较大,或者多次窃取公私财物的行为。

1．盗窃罪的犯罪构成

（1）犯罪主体。本罪的主体是一般主体,只能由自然人构成。

（2）犯罪主观方面。本罪的主观方面是故意,以非法占有公私财物为目的。

（3）犯罪客观方面。本罪客观方面表现为秘密窃取数额较大的公私财物或者多次秘密窃取公私财物的行为。"秘密窃取"是指行为人采取自认为不被人发觉的方法取走公私财物的行为。根据有关司法解释的规定,"数额较大"是指个人盗窃公私财物价值人民币 500～2000 元以上的,各省、自治区、直辖市高级人民法院可以根据本地区经济发展状况,并考虑社会治安状况,在上述数额幅度内确定本地区的执行标准。"多次窃取"是指行为人盗窃公私财物虽未达到数额较大,但是在一年内实施盗窃行为三次以上的。

下列几种行为以盗窃论处：盗窃信用卡并使用的;盗窃增值税专用发票或者可以用于骗取出口退税、抵扣税款的其他发票的。根据有关司法解释的规定,盗窃上述发票数量在25 份以上的为数额较大;以牟利为目的,盗接他人通信线路、复制他人电信码号或者明知是盗接复制的电信设备、设施而使用的。这里的"电信码号"包括电话号码、长途电话账号、移动通信码号、用户密码、电话磁卡等。

（4）犯罪客体。本罪侵犯的客体是公私财产的所有权。

2．盗窃罪的刑罚

盗窃公私财物,数额较大的,或者多次盗窃、入户盗窃、携带凶器盗窃、扒窃的,处 3 年以下有期徒刑、拘役或者管制,并处或者单处罚金;数额巨大或者有其他严重情节的,处 3 年以上 10 年以下有期徒刑,并处罚金;数额特别巨大或者有其他特别严重情节的,处 10 年以上有期徒刑或者无期徒刑,并处罚金或者没收财产。

7.4.5 诈骗罪

诈骗罪是指以非法占有为目的,用虚构事实或隐瞒真相的方法,骗取公私财物、数额较大的行为。

1．诈骗罪的犯罪构成

（1）犯罪主体。本罪的主体为一般主体。

（2）犯罪主观方面。本罪的主观方面是故意,以非法占有为目的。

（3）犯罪客观方面。本罪的客观方面表现为,用虚构事实或隐瞒真相的方法,骗取公私财物、数额较大的行为。根据有关司法解释的精神，"数额较大"是指诈骗公私财物价值2000元至4000元以上的。

（4）犯罪客体。本罪的客体是公私财产的所有权。

2. 诈骗罪的刑罚

诈骗公私财物，数额较大的，处3年以下有期徒刑、拘役或者管制，并处或者单处罚金；数额巨大或者有其他严重情节的，处3年以上10年以下有期徒刑，并处罚金；数额特别巨大或者有其他特别严重情节的，处10年以上有期徒刑或者无期徒刑，并处罚金或者没收财产。

7.4.6 贪污罪

贪污罪是指国家工作人员和受国家机关、国有公司、企业、事业单位、人民团体委托管理经营国有财产的人员，利用职务上的便利，侵吞、窃取、骗取或者以其他手段，非法占有公共财物的行为。

1. 贪污罪的犯罪构成

（1）犯罪主体。本罪的主体是特殊主体，即国家工作人员和受国家机关、国有公司、企业、事业单位或者人民团体委托，管理、经营国有财产的人员。与前述所列人员勾结，伙同贪污的，以共犯论处。

（2）犯罪主观方面。本罪的主观方面是故意。

（3）犯罪客观方面。本罪在客观方面表现为行为人利用职务上的便利，侵吞、窃取、骗取或者以其他手段，非法占有公共财物的行为。所谓"利用职务上的便利"，是指利用职务上主管、管理、经手公共财物的权力及方便条件。而且，《刑法修正案（九）》取消了贪污罪立案数额标准的规定。

（4）犯罪客体。本罪侵犯的客体是复杂客体，即公共财产的所有权和国家的廉政制度。

2. 贪污罪的刑罚

对犯贪污罪的，根据情节轻重，分别依照下列规定处罚。

（1）贪污数额较大或者有其他较重情节的，处3年以下有期徒刑或者拘役，并处罚金。

（2）贪污数额巨大或者有其他严重情节的，处3年以上10年以下有期徒刑，并处罚金或者没收财产。

（3）贪污数额特别巨大或者有其他特别严重情节的，处10年以上有期徒刑或者无期徒刑，并处罚金或者没收财产；数额特别巨大，并使国家和人民利益遭受特别重大损失的，处无期徒刑或者死刑，并处没收财产。

对多次贪污未经处理的，按照累计贪污数额处罚。

犯贪污罪，在提起公诉前如实供述自己罪行、真诚悔罪、积极退赃，避免、减少损害结果的发生，有上述第（1）种规定情形的，可以从轻、减轻或者免除处罚；有上述第（2）种、第（3）种规定情形的，可以从轻处罚。

犯贪污罪，有第（3）种规定情形被判处死刑缓期执行的，人民法院根据犯罪情节等情况可以同时决定在其死刑缓期执行2年期满依法减为无期徒刑后，终身监禁，不得减刑、假释。

案例讨论7-7

甲因盗窃罪被判刑 3 年,刑满释放后第 3 年,他找到老同学乙,乙系某国有公司出纳。甲叫乙利用管理国有财产的便利条件,窃取单位公共财产 5 万元,乙同意。一天晚上 9 点甲和乙一起到乙的办公室,乙将其保管的保险柜打开,并将其保管的公共财产 5 万元交给甲,然后,二人一起平分了这 5 万元。

问题:甲、乙的行为构成什么罪?

7.4.7 受贿罪

受贿罪是指国家工作人员,利用职务上的便利,索取他人财物,或者非法收受他人财物并为他人谋取利益的行为。

1. 受贿罪的犯罪构成

(1) 犯罪主体。受贿罪的主体是国家工作人员。

(2) 犯罪主观方面。受贿罪在主观方面是由故意构成,只有行为人是出于故意所实施的受贿犯罪行为才构成受贿罪,过失行为不构成受贿罪。

(3) 犯罪客观方面。本罪在客观方面表现为行为人具有利用职务上的便利,向他人索取财物,或者收受他人财物并为他人谋取利益的行为。国家工作人员在经济往来中,违反国家规定,收受各种名义的回扣、手续费,归个人所有的,以受贿论处。

(4) 犯罪客体。本罪侵犯的客体是复杂客体。其中,主要客体是国家机关、国有公司、企事业单位、人民团体的正常管理活动,次要客体是国家工作人员职务行为的廉洁性。

2. 受贿罪的刑罚

对犯受贿罪的,根据受贿所得数额及情节,依照刑法对贪污罪的规定处罚。索贿的从重处罚。

7.4.8 交通肇事罪

交通肇事罪是指违反交通运输管理法规,发生重大事故,致人重伤、死亡或者使公私财产遭受重大损失的行为。

1. 交通肇事罪的犯罪构成

(1) 犯罪主体。本罪的主体是一般主体,实践中主要是从事交通运输活动的人员。

(2) 犯罪主观方面。本罪主观方面是过失。这里的过失是指行为人对危害结果的心理态度,而对其违反交通运输管理法规行为本身则可能是故意。

(3) 犯罪客观方面。客观方面表现为违反交通运输管理法规,发生重大事故,致人重伤、死亡或者致使公私财产遭受重大损失的行为。

(4) 犯罪客体。侵犯的客体是交通运输安全。

2. 交通肇事罪的刑罚

关于交通肇事罪的处罚,我国刑法典规定了三个档次的法定刑:情节一般的,处 3 年以下有期徒刑或者拘役；交通运输肇事后逃逸或者有其他特别恶劣情节的，处 3 年以上 7 年以下有期徒刑；因逃逸致人死亡的，处 7 年以上有期徒刑。

知识练习与技能训练

一、概念与知识

1. 基本概念

刑法的溯及力　犯罪构成　危害行为　刑事责任能力　刑事责任年龄　单位犯罪
意外事件　正当防卫　紧急避险　共同犯罪　刑事责任　刑罚　累犯　自首
数罪并罚　缓刑　减刑　假释　追溯时效

2. 问答题

（1）犯罪的特征有哪些？

（2）我国《刑法》规定的基本原则是什么？

（3）犯罪构成的要件有哪些？

（4）简述间接故意与直接故意的区别。

（5）犯罪未遂、犯罪中止有什么区别？

（6）正当防卫、紧急避险的成立条件有哪些？

（7）累犯的构成要件包括哪些？

二、分析与应用

1. 案例分析题

甲，31 岁，2016 年因犯诈骗罪被判处有期徒刑，2019 年 7 月刑满释放。乙，女，29 岁，2019 年因犯诈骗罪被判处 2 年 6 个月有期徒刑，同时宣告缓刑 3 年。2020 年 1 月，甲、乙二人经预谋潜入丙家实施盗窃，当甲、乙二人欲携带所盗巨额财物离开丙家时，恰遇丙返回家中，甲、乙二人对丙实施暴力致其轻伤后，逃离现场。数日后甲、乙被抓获。

问题：

（1）甲、乙二人共同构成何种犯罪？

（2）对甲、乙所犯之罪量刑时，应适用何种量刑制度？

2. 实训题

汽车司机张某驾驶"130"载货汽车违章超速行驶，将一在非机动车道内骑自行车载人的刘某、李某撞倒，致刘某当场死亡、李某重伤，张立即停车将被害人李某抬到自己开的车上驶向医院抢救；途中张突然停车，将伤者扔在偏僻地段驾车逃窜，致其死亡。

实训要求：司机张某驾车违章肇事撞人的行为和将伤者扔掉致其死亡的行为，在主观方面是否相同？分析行为人主观方面对定罪量刑的影响。

第8章

诉 讼 法

 **学习目标**

1. 掌握诉讼及诉讼法的概念。
2. 掌握诉讼法的基本原则。
3. 掌握行政诉讼法、民事诉讼法和刑事诉讼法的基本制度。
4. 掌握行政诉讼、民事诉讼和刑事诉讼的特有原则。
5. 掌握行政诉讼、民事诉讼和刑事诉讼的审判程序。

 引导案例

被告人张某故意杀人(中止)案由某县人民检察院向县人民法院提起公诉,经开庭审理,县法院的办案人员认为本案定性存在问题,遂向市中级人民法院请示。市中级人民法院经审查后认为本案被告人张某的行为应构成暴力干涉婚姻自由罪,不构成故意杀人(中止)罪,并给予答复。接市中级人民法院的答复后,县法院通知了县检察院。鉴于暴力干涉婚姻自由系自诉案件,县检察院遂撤回起诉,并通知被害人,告诉其可直接向县法院起诉。后被害人向县法院提起自诉,县法院受理后予以立案。

本案件涉及的问题不是本案的定罪量刑,而是本案所引发的若干程序问题。本案件中涉及案件的定罪量刑能否向上级法院请示? 本案能否由县检察院撤回起诉或由县法院驳回起诉、县法院应否受理本案被害人的自诉、人民法院能否变更指控罪名等问题。

通过本案例,我们应该充分认识到诉讼法的重要性,程序公正是实体权利的重要保障,因此,我们不仅要重视实体法,一样要重视程序法。

8.1 诉讼法概述

8.1.1 诉讼与诉讼法的概念

诉讼是指国家司法机关在案件当事人和其他诉讼参与人的参与下,以事实为根据,以法律为准绳,办理刑事、民事、行政案件所进行的一种活动。

诉讼法又称为程序法,是指国家制定的,关于诉讼活动的法律规范的总称。诉讼法有狭义和广义之分。狭义的诉讼法仅指关于诉讼的专门法典,即《中华人民共和国刑事诉讼法》(以下简称《刑事诉讼法》)、《中华人民共和国民事诉讼法》(以下简称《民事诉讼法》)和《中华人民共和国行政诉讼法》(以下简称《行政诉讼法》)三大诉讼法典。其中,《刑事诉讼法》于1979年7月1日第五届全国人民代表大会第二次会议通过,该法分别于1996年、2012年、2018年进行了三次修正。《民事诉讼法》于1991年4月9日第七届全国人民代表大会第四次会议通过,该法分别于2007年、2012年、2017年进行了三次修正。《行政诉讼法》于1989年4月4日第七届全国人民代表大会第二次会议通过,该法分别于2014年、2017年进行了两次修正。广义的诉讼法除三大诉讼法典之外,还包括宪法和其他法律中关于诉讼的规范,以及其他关于诉讼的规范性文件,如人民法院组织法、人民检察院组织法、最高人民法院关于诉讼活动的批复、指示和审判程序的总结等。

8.1.2　我国诉讼法的基本原则

诉讼法的基本原则是指在整个诉讼过程中起指导作用,司法机关和当事人、诉讼参与人都必须遵守的活动准则。我国诉讼法的基本原则也即是刑事诉讼法、民事诉讼法和行政诉讼法共有的原则,具体如下。

1. 人民法院独立行使审判权原则

人民法院独立行使审判权是宪法规定的一项基本原则。依据是我国《民事诉讼法》第6条、《刑事诉讼法》第5条、《行政诉讼法》第3条所规定的人民法院独立行使审判权原则。人民法院独立行使审判权原则的内容具体包括以下三点。

(1) 人民法院对民事、行政、刑事案件审判,不受行政机关、社会团体和个人干涉。

(2) 人民法院独立审判,是指人民法院作为一个整体行使审判权,并不是审判员独立审判,也不是合议庭独立审判。

(3) 人民法院独立审判,必须依照法律规定(包括依照实体法与程序法),不能独立于法律之外自由裁决。

2. 以事实为根据,以法律为准绳原则

我国《刑事诉讼法》第6条中规定,公、检、法机关进行刑事诉讼,必须以事实为根据,以法律为准绳。《民事诉讼法》第7条规定:"人民法院审理民事案件,必须以事实为根据,以法律为准绳。"《行政诉讼法》第4条同样规定了这一原则。以事实为根据,就是处理案件只能以客观事实作为依据,不能以主观的想象、推测或者想当然为依据。以法律为准绳,就是在查清案件事实的基础上,以国家的法律为标准,对案件作出正确的处理。

3. 适用法律平等原则

公民在适用法律上一律平等的原则,是我国宪法规定的"公民在法律面前人人平等"原则在法的适用中的具体运用和体现,也是"以事实为根据,以法律为准绳"原则的必然引申。我国刑事诉讼法、民事诉讼法、行政诉讼法等法律中都特别用专条规定了适用法律平等原则。

4. 诉讼以本民族语言文字进行原则

在少数民族聚居或者多民族共同居住的地区,人民法院应当用当地民族通用的语言、文字进行审理和发布法律文书。人民法院应当对不通晓当地民族通用语言、文字的诉讼参与人提供翻译。这既是民族平等原则的体现,也是实现民族平等的重要法律保障。

5. 人民检察院对诉讼实行监督原则

人民检察院对民事审判活动实行法律监督,对于保障人民法院审判权的正确行使,保证民事诉讼活动的合法性,维护社会主义法制的统一,具有重要意义。

8.1.3 诉讼的基本制度

1. 管辖制度

管辖是上下级人民法院及同级人民法院之间受理第一审案件的权限划分。刑事诉讼中的管辖,还包括公检法机关在刑事案件受理范围上的权限划分。

2. 公开审判制度

公开审判制度是指人民法院审判案件,一律公开进行。但是,有关国家秘密、个人隐私的案件则不公开审理。不公开审理的案件,宣判时必须公开。

3. 合议制度

合议制度是指人民法院对案件的审理,由审判员或审判员与陪审员依照法定人数和组织形式组成合议庭进行。

4. 回避制度

回避制度是指为了保证案件的公正审理,而要求与案件有一定的利害关系的审判人员或其他有关人员,不得参与本案的审理活动或诉讼活动的审判制度。

5. 两审终审制

两审终审制是指一个案件经过两级人民法院审判即告终结的制度。只有在特殊情况下,才实行一审终审制,包括:①最高人民法院审理的案件全部实行一审终审;②民事诉讼中,基层人民法院和它派出的法庭审理事实清楚、权利义务关系明确、争议不大的简单的民事案件,标的额为各省、自治区、直辖市上年度就业人员年平均工资30%以下的,实行一审终审。

6. 证据制度

证据制度是指法律规定或确认的关于诉讼中的证据、证据种类、证明对象、证明责任、证明要求,以及如何收集、审查、判断证据的制度。

8.2 民事诉讼法

民事诉讼是指人民法院在当事人和其他诉讼参与人的参加下,审理和解决民事案件的活动。民事诉讼法是调整人民法院、当事人及其他诉讼参与人在民事诉讼中的权利义务关系的法律规范的总称。

8.2.1 民事诉讼法的特有原则

1. 当事人诉讼权利平等原则

我国《民事诉讼法》规定：民事诉讼当事人有平等的诉讼权利。人民法院审理民事案件，应当保障和便利当事人行使诉讼权利，对当事人在适用法律上一律平等。法律规定的上述原则，包含以下两方面的内容：第一，双方当事人的诉讼地位完全平等。诉讼地位平等，也就是诉讼权利和义务平等。第二，双方当事人有平等地行使诉讼权利的手段，同时，人民法院平等地保障双方当事人行使诉讼权利。

2. 辩论原则

辩论原则是当事人行使辩论权的保证，其含义一般表述为：当事人双方在人民法院的主持下，在诉讼过程中，有权就案件事实、争议的问题以及适用的法律提出自己的主张和证据，互相进行辩驳和论证，以查明事实，分清是非，维护自己合法权益的原则。辩论权的行使贯穿于诉讼过程的始终，既包括法庭辩论阶段当事人的口头辩论，也包括通过起诉状、答辩状等形式进行的书面辩论；内容不仅涉及诉讼的实体争议，如证据的三性、事实的认定以及法律的适用问题，也包括诉讼的程序问题，如申请回避、管辖异议等。简而言之，辩论原则是当事人提出事实和证据主张、论证自身实体权利的程序权利。《民事诉讼法》第 12 条规定："人民法院审理民事案件时，当事人有权进行辩论。"该条文是我国民事诉讼法对当事人辩论权的原则性规定，也是辩论原则的法律依据。

3. 处分原则

民事诉讼当事人在诉讼过程中可依法处分自己的民事权利。我国《民事诉讼法》第 13 条规定："当事人有权在法律规定的范围内处分自己的民事权利和诉讼权利。"

4. 调解原则

调解是解决民事案件的方式之一，在民事诉讼整个过程中，人民法院都可以主持调解。人民法院主持调解，应当遵循自愿和合法的原则，即调解的进行，应当是在双方当事人愿意调解的基础上，调解程序应当合法，调解的协议也应合法。若调解未能达成协议，人民法院应及时判决，不应久调不决。我国《民事诉讼法》规定：人民法院审理民事案件，应当根据自愿和合法的原则进行调解；调解不成的，应当及时判决。

8.2.2 民事诉讼的管辖

管辖是指各级人民法院和同级人民法院之间受理第一审民事案件的分工和权限。根据《民事诉讼法》的规定，管辖可以分为级别管辖、地域管辖、专属管辖和协议管辖四种情况。

1. 级别管辖

级别管辖是指各级人民法院之间受理第一审民事案件的分工和权限。关于级别管辖的具体规定如下。

（1）基层人民法院管辖第一审民事案件，但《民事诉讼法》另有规定的除外。

（2）中级人民法院管辖下列第一审民事案件：重大涉外案件；在本辖区有重大影响的案

件;最高人民法院确定由中级人民法院管辖的案件。

(3) 高级人民法院管辖在本辖区有重大影响的第一审民事案件。

(4) 最高人民法院管辖下列第一审民事案件:在全国有重大影响的案件;认为应当由本院审理的案件。

2. 地域管辖

地域管辖是指同级人民法院之间受理第一审民事案件的分工和权限。根据《民事诉讼法》的规定,地域管辖分为一般地域管辖、特殊地域管辖。

1) 一般地域管辖

一般地域管辖是指以当事人所在地为根据确定管辖法院。一般地域管辖的原则是"原告就被告",由被告住所地人民法院管辖。被告是公民的,其住所地为户籍所在地;住所地与经常居住地不一致的,由经常居住地人民法院管辖。同一诉讼的几个被告住所地、经常居住地在两个以上人民法院辖区的,各该人民法院都有管辖权。被告是法人或者其他组织的,其住所地为主要办事机构所在地。

除了一般案件应该由被告所在地人民法院管辖,某些案件则由原告住所地人民法院管辖。根据《民事诉讼法》第 22 条的规定,下列民事诉讼,由原告住所地人民法院管辖;原告住所地与经常居住地不一致的,由原告经常居住地人民法院管辖:①对不在中华人民共和国领域内居住的人提起的有关身份关系的诉讼;②对下落不明或者宣告失踪的人提起的有关身份关系的诉讼;③对被采取强制性教育措施的人提起的诉讼;④对被监禁的人提起的诉讼。

2) 特殊地域管辖

特殊地域管辖是指以诉讼标的所在地、法律事实所在地、被告住所地与法院之间的关系所确定的管辖。特殊地域管辖包括以下情形:因合同纠纷提起的诉讼,由被告住所地或者合同履行地人民法院管辖;因保险合同纠纷提起的诉讼,由被告住所地或者保险标的物所在地人民法院管辖;因票据纠纷提起的诉讼,由票据支付地或者被告住所地人民法院管辖;因公司设立、确认股东资格、分配利润、解散等纠纷提起的诉讼,由公司住所地人民法院管辖;因铁路、公路、水上、航空运输和联合运输合同纠纷提起的诉讼,由运输始发地、目的地或者被告住所地人民法院管辖;因侵权行为提起的诉讼,由侵权行为地或者被告住所地人民法院管辖;因铁路、公路、水上和航空事故请求损害赔偿提起的诉讼,由事故发生地或者车辆、船舶最先到达地、航空器最先降落地或者被告住所地人民法院管辖;因船舶碰撞或者其他海事损害事故请求损害赔偿提起的诉讼,由碰撞发生地、碰撞船舶最先到达地、加害船舶被扣留地或者被告住所地人民法院管辖;因海难救助费用提起的诉讼,由救助地或者被救助船舶最先到达地人民法院管辖;因共同海损提起的诉讼,由船舶最先到达地、共同海损理算地或者航程终止地的人民法院管辖。

3. 专属管辖

专属管辖是指某些特定类型的案件只能由特定的人民法院行使管辖权,其他法院无管辖权,当事人也不得协议变更管辖法院。下列案件为专属管辖:①因不动产纠纷提起的诉讼,由不动产所在地人民法院管辖;②因港口作业中发生纠纷提起的诉讼,由港口所在地人民法院管辖;③因继承遗产纠纷提起的诉讼,由被继承人死亡时住所地或者主要遗产所在地人民法院管辖。

4. 协议管辖

协议管辖又称合意管辖或约定管辖，是指当事人在纠纷发生前或纠纷发生后，以书面形式协商确定管辖法院。《民事诉讼法》第34条规定："合同或者其他财产权益纠纷的当事人可以书面协议选择被告住所地、合同履行地、合同签订地、原告住所地、标的物所在地等与争议有实际联系的地点的人民法院管辖，但不得违反本法对级别管辖和专属管辖的规定。"

 案例讨论8-1

上海甲区的欣欣公司与北京乙区的华维公司签订化工原材料买卖合同。合同约定：交货地为北京丙区。合同签订后，欣欣公司书面传真告知华维公司货在上海丁区，希望在丁区交货。华维公司同意，双方在丁区交货。后因化工原材料存在质量问题，华维公司决定起诉。

问题：哪个法院有管辖权？

8.2.3 民事诉讼参与人

民事诉讼参与人是指以自己的名义参加民事诉讼活动，并受人民法院裁判约束的人。

1. 当事人

当事人是指因民事权益发生纠纷，以自己的名义进行诉讼，与案件审理的结果有法律上的利害关系，并受法院裁判约束的人。具体如下。

（1）原告。原告是指为维护自己的经济权益，以自己的名义向人民法院提起诉讼的公民、法人或其他组织。

（2）被告。被告是指与原告发生经济权益争议，被原告指控，并被人民法院通知应诉的公民、法人或其他组织。

（3）共同诉讼人。共同诉讼人是指当事人一方或双方为两人以上（含两人），诉讼标的是共同的，或者诉讼标的是同一种类、人民法院认为可以合并审理并经当事人同意，一同在人民法院进行诉讼的人。两人以上共同起诉的，称为共同原告，两人以上共同应诉的，称为共同被告。

（4）第三人。民事诉讼中的第三人是指在已经开始的诉讼中，对他人之间的诉讼标的，具有全部的或部分的独立请求权，或者虽然不具有独立请求权，但案件的处理结果与其有法律上的利害关系的人。其中，有独立请求权的第三人与本诉的原被告双方独立，处于原告的地位，享有原告的诉讼权利，承担原告的诉讼义务；无独立请求权的第三人则依附或支持某一方当事人而参加诉讼，在诉讼中享有一定的权利，人民法院判决其承担民事责任的，享有上诉权，以及在二审程序中承认和变更诉讼请求、进行和解、请求执行等权利。

2. 诉讼代理人

诉讼代理人是为被代理人利益，以被代理人名义进行诉讼的人。诉讼代理人又分为法定诉讼代理人和委托诉讼代理人。

法定诉讼代理人是根据法律规定代理无诉讼行为能力的当事人实施诉讼行为的人。法定诉讼代理人的范围与监护人的范围是一致的,如未成年人的父母为其法定诉讼代理人,精神病人以其父母、配偶、成年子女为其法定诉讼代理人。

委托诉讼代理人是指受当事人的委托,以当事人的名义代为诉讼的人。当事人、法定代理人可以委托一至二人作为诉讼代理人,律师、当事人的近亲属、有关的社会团体或者所在单位推荐的人、经人民法院许可的其他公民,都可以被委托为诉讼代理人。委托诉讼代理人必须在委托授权范围内实施诉讼行为。

 案例讨论8-2

胜利小学学生周民(10 岁),曾在某省小学生围棋比赛中获得瓷质奖杯一个。2020 年,胜利小学为筹办校庆,校领导委托周民的班主任张静到周民家借其奖杯用于校庆展览。在展出过程中,来宾王东与柳莺因为争相观看奖杯,不慎在交接时将奖杯摔碎。事后,周民之父周强多次找胜利小学校长宋林及班主任张静索赔,但都遭到了拒绝。无奈,周强准备向法院起诉,但周强不知道自己能否作为原告起诉,也不了解应将谁列为被告。

问题:本案中各诉讼参与人的地位如何确定?

8.2.4 证据与举证责任

1. 证据

证据是指能够证明案件真实情况的一切事实。证据主要包括以下形式:书证、物证、视听资料、证人证言、当事人陈述、鉴定结论、勘验笔录。

2. 举证责任

举证责任又称证明责任,是指当事人对自己提出的主张,有提出证据并加以证明的责任。如果当事人未能尽到上述责任,则有可能承担对其主张不利的法律后果。民事诉讼中实行的是"谁主张,谁举证"的原则。当然,当事人及其诉讼代理人因客观原因不能自行收集的证据,或者人民法院认为审理案件需要的证据,人民法院应当调查收集。

8.2.5 民事诉讼程序

民事诉讼程序包括第一审程序、第二审程序、审判监督程序、执行程序。

1. 第一审程序

第一审程序包括普通程序和简易程序。适用普通程序审理的案件,由 3 名以上的审判员或审判员与陪审员共同组成合议庭审理。适用简易程序的案件,由审判员一人独任审理。第一审普通程序是民事诉讼审判的基础程序,一般包括以下阶段。

1) 起诉和受理

起诉是指当事人就经济纠纷向人民法院提起诉讼,请求人民法院依照法定程序进行审判的行为。起诉必须符合下列条件:①原告是与本案有直接利害关系的公民、法人和其他组织;②有明确的被告;③有具体的诉讼请求和事实、理由;④属于人民法院受理民事诉讼的范围和受诉人民法院管辖。

起诉时原告应当向人民法院递交起诉状，并按照被告人数提出副本。人民法院经审查，认为符合起诉条件的，应当在7日内立案，并通知当事人；认为不符合起诉条件的，应当在7日内裁定不予受理；原告对裁定不服的，可以提起上诉。

2）审理前的准备

人民法院应当在立案之日起5日内将起诉状副本发送被告，被告在收到之日起15日内提出答辩状。被告提出答辩状的，人民法院应当在收到之日起5日内将答辩状副本发送原告。被告不提出答辩状的，不影响人民法院审理。

人民法院对决定受理的案件，应当在受理案件通知书和应诉通知书中向当事人告知有关的诉讼权利。合议庭组成人员确定后，应当在3日内告知当事人。

3）开庭审理

开庭审理是指人民法院在当事人和其他诉讼参与人的参加下，依照法定的形式和程序，在法庭上对案件进行全面审理并作出裁判的诉讼活动。人民法院审理民事案件，应当在开庭3日前通知当事人和其他诉讼参与人。公开审理的，应当公告当事人姓名、案由和开庭的时间、地点。

（1）宣布开庭。开庭审理前，书记员应当查明当事人和其他诉讼参与人是否到庭，宣布法庭纪律。原告经传票传唤，无正当理由拒不到庭的，或者未经法庭许可中途退庭的，可以按撤诉处理；被告反诉的，可以缺席判决。被告经传票传唤，无正当理由拒不到庭的，或者未经法庭许可中途退庭的，可以缺席判决。开庭审理时，由审判长核对当事人，宣布案由，宣布审判人员、书记员名单，告知当事人有关的诉讼权利义务，询问当事人是否提出回避申请。

（2）法庭调查。根据《民事诉讼法》的规定，法庭调查依照以下顺序进行：①当事人陈述；②告知证人的权利义务，证人作证，宣读未到庭的证人证言；③出示书证、物证和视听资料；④宣读鉴定结论；⑤宣读勘验笔录。

法庭调查阶段，当事人可以提出新的证据。原告有权增加诉讼请求，被告有权提出反诉，第三人提出与本案有关的诉讼请求，人民法院可以合并审理。

（3）法庭辩论。法庭辩论是指当事人及其诉讼代理人就案件事实和适用法律向法庭陈述自己的意见和理由。法庭辩论按照下列顺序进行：原告及其诉讼代理人发言；被告及其诉讼代理人答辩；第三人及其诉讼代理人发言或者答辩；互相辩论。

法庭辩论终结，由审判长按照原告、被告、第三人的先后顺序征询各方最后意见。

（4）评议和宣判。法庭辩论终结后，当事人不同意调解，或者调解无效的，开庭审理应进入评议宣判阶段。合议庭评议案件，实行少数服从多数的原则。宣判必须公开进行，宣告判决有当庭宣判和定期宣判两种形式。当庭公开宣判的，宣判完毕即发给当事人判决书。定期宣判的，应在10日内向有关人员发送判决书。

人民法院适用普通程序审理的案件，应当在立案之日起6个月内审结。有特殊情况需要延长的，由本院院长批准，可以延长6个月；还需要延长的，报请上级人民法院批准。

2. 第二审程序

第二审程序是指当事人不服地方各级人民法院的第一审裁判，在法定期限内向上一级人民法院提起上诉，上级法院审理上诉案件适用的程序。因此，第二审程序又称为上诉审程序。人民法院审理民事案件,实行两审终审制,故第二审程序也称终审程序。当事人不服一审判决的,上诉期为 15 日;不服第一审裁定的,上诉期为 10 日。

1) 第二审程序的提起与受理

上诉应当递交上诉状。上诉状的内容,应当包括当事人的姓名、法人的名称及其法定代表人的姓名或者其他组织的名称及其主要负责人的姓名;原审人民法院名称、案件的编号和案由;上诉的请求和理由。

上诉状应当通过原审人民法院提出,并按照对方当事人或者代表人的人数提出副本。当事人直接向第二审人民法院上诉的,第二审人民法院应当在 5 日内将上诉状移交原审人民法院。原审人民法院收到上诉状,应当在 5 日内将上诉状副本送达对方当事人,对方当事人在收到之日起 15 日内提出答辩状。人民法院应当在收到答辩状之日起 5 日内将副本送达上诉人。对方当事人不提出答辩状的,不影响人民法院审理。原审人民法院收到上诉状、答辩状,应当在 5 日内连同全部案卷和证据,报送第二审人民法院。第二审人民法院接到原审法院移送的上诉状及其案件材料后,经审查认为上诉符合条件的,应当立案审理。

2) 上诉案件的审理与裁判

对上诉案件,第二审人民法院应当组成合议庭,开庭审理。审理的过程与第一审程序基本相同。

经过审理,第二审法院应根据不同情况,分别作出以下裁判:①原判决认定事实清楚,适用法律正确的,判决驳回上诉,维持原判决;②原判决适用法律错误的,依法改判;③原判决认定事实错误,或者原判决认定事实不清,证据不足,裁定撤销原判决,发回原审人民法院重审,或者查清事实后改判;④原判决违反法定程序,可能影响案件正确判决的,裁定撤销原判决,发回原审人民法院重审。当事人对重审案件的判决、裁定,可以上诉。

第二审人民法院的判决、裁定,是终审的判决、裁定,当事人不得再行上诉。

人民法院审理对判决的上诉案件,应当在第二审立案之日起 3 个月内审结。有特殊情况需要延长的,由本院院长批准。人民法院审理对裁定的上诉案件,应当在第二审立案之日起 30 日内作出终审裁定,对裁定的上诉案件的审结期限,不能延长。

3. 审判监督程序

审判监督程序也称再审程序,是指人民法院对已经发生效力的判决、裁定及调解书,发现确有错误依法重新审理案件的程序。

1) 再审程序的提起

各级人民法院院长对本院已经发生法律效力的判决、裁定,发现确有错误,认为需要再审的,应当提交审判委员会讨论决定。

最高人民法院对地方各级人民法院已经发生法律效力的判决、裁定,上级人民法院对下级人民法院已经发生法律效力的判决、裁定,发现确有错误的,有权提审或者指令下级人民法院再审。

当事人对已经发生法律效力的判决、裁定,认为有错误的,可以向上一级人民法院申请再审,但不停止判决、裁定的执行。当事人的申请符合下列情形之一的,人民法院应当再审:①有新的证据,足以推翻原判决、裁定的;②原判决、裁定认定的基本事实缺乏证据证明的;③原判决、裁定认定事实的主要证据是伪造的;④原判决、裁定认定事实的主要证据未经质证的；⑤对审理案件需要的证据，当事人因客观原因不能自行收集，书面申请人民法院调查收集，人民法院未调查收集的；⑥原判决、裁定适用法律确有错误的；⑦违反法律规定，管辖错误的；⑧审判组织的组成不合法或者依法应当回避的审判人员没有回避的；⑨无诉讼行为能力人未经法定代理人代为诉讼或者应当参加诉讼的当事人，因不能归责于本人或者其诉讼代理人的事由，未参加诉讼的；⑩违反法律规定，剥夺当事人辩论权利的；⑪未经传票传唤，缺席判决的；⑫原判决、裁定遗漏或者超出诉讼请求的；⑬据以作出原判决、裁定的法律文书被撤销或者变更的。

对违反法定程序可能影响案件正确判决、裁定的情形，或者审判人员在审理该案件时有贪污受贿、徇私舞弊，枉法裁判行为的，人民法院应当再审。

当事人对已经发生法律效力的调解书，提出证据证明调解违反自愿原则或者调解协议的内容违反法律的，可以申请再审。经人民法院审查属实的，应当再审。

当事人申请再审，应当在判决、裁定发生法律效力后 2 年内提出；2 年后据以作出原判决、裁定的法律文书被撤销或者变更，以及发现审判人员在审理该案件时有贪污受贿、徇私舞弊、枉法裁判行为的，自知道或者应当知道之日起 3 个月内提出。

最高人民检察院对各级人民法院已经发生法律效力的判决、裁定，上级人民检察院对下级人民法院已经发生法律效力的判决、裁定，发现有上述13种规定情形之一的，应当提出抗诉。

地方各级人民检察院对同级人民法院已经发生法律效力的判决、裁定，发现有上述 13 种规定情形之一的，应当提请上级人民检察院向同级人民法院提出抗诉。

人民检察院提出抗诉的案件，接受抗诉的人民法院应当自收到抗诉书之日起 30 日内作出再审的裁定；有上述 13 种规定中第①项至第⑤项规定情形之一的，可以交下一级人民法院再审。

2）再审案件的审判

根据《民事诉讼法》第 186 条的规定，人民法院按照审判监督程序再审的案件，发生法律效力的判决、裁定是由第一审法院作出的，按照第一审程序审理，所作的判决、裁定，当事人可以上诉；发生法律效力的判决、裁定是由第二审法院作出的，按照第二审程序审理，所作的判决、裁定，是发生法律效力的判决、裁定；上级人民法院按照审判监督程序提审的，按照第二审程序审理，所作的判决、裁定是发生法律效力的判决、裁定。

4. 执行程序

发生法律效力的民事判决、裁定，以及刑事判决、裁定中的财产部分，由第一审人民法院或者与第一审人民法院同级的被执行的财产所在地人民法院执行。

法律规定由人民法院执行的其他法律文书，由被执行人住所地或者被执行的财产所在地人民法院执行。

人民法院自收到申请执行书之日起超过 6 个月未执行的，申请执行人可以向上一级人民法院申请执行。上一级人民法院经审查，可以责令原人民法院在一定期限内执行，也可以决定由本院执行或者指令其他人民法院执行。

人民法院可以采取的强制执行措施主要有：冻结、划拨被执行人的银行存款；扣留、提取被执行人应当履行义务部分的收入；查封、扣押、冻结、拍卖、变卖被执行人应当履行义务部分的财产;强制被执行人交付财务或者票证;强制被执行人迁出房屋或退出土地;强制被执行人执行法律文书指定的行为等。

8.3　行政诉讼法

8.3.1　行政诉讼的特有原则

1. 选择复议原则

选择复议原则是指在法律、法规没有明确规定必须经过复议的情况下,相对方对行政处理决定不服时,既可以先向上一级行政机关或法律规定的特定机关申请,对复议决定不服,再向人民法院起诉,也可以不经复议直接向人民法院起诉。简而言之,在我国,复议不是进行行政诉讼的必经程序,是否经过复议,由相对方自己选择。

2. 审查具体行政行为合法性原则

抽象行政行为和具体行政行为都有可能对公民、法人或者其他组织的合法权益构成侵害,但根据《行政诉讼法》第 2 条的规定,公民、法人或者其他组织只能在认为具体行政行为侵犯了自己的合法权益时,才可以向人民法院起诉,如果是认为抽象行政行为的规定影响、妨碍或者侵犯自己的合法权益,则不能向人民法院起诉。

3. 具体行政行为不因诉讼而停止执行原则

《行政诉讼法》第 44 条规定:"诉讼期间,不停止具体行政行为的执行。"行政诉讼法同时也考虑到在某些特殊情况下,具体行政行为应当停止执行,否则将可能造成不必要的损失。《行政诉讼法》第 44 条规定,在以下 3 种情形下,具体行政行为要停止执行:第一,被告认为需要停止执行的;第二,原告申请停止执行,人民法院认为该具体行政行为的执行将会造成难以弥补的损失,并且停止执行不损害社会公共利益,裁定停止执行的;第三,法律、法规规定停止执行的。此外,在诉讼过程中,行政机关申请人民法院强制执行被诉具体行政行为的,人民法院不予执行。

4. 不适用调解原则

不适用调解原则是指人民法院审理行政案件,既不能把调解作为诉讼过程中的一个必经阶段,也不能把调解作为结案的一种方式。但是,《行政诉讼法》第 67 条规定:"赔偿诉讼可以适用调解。"这是因为赔偿诉讼无非涉及两个问题:一是是否造成了损害;二是损害的程度如何。相应地,法院审理这种行政侵权赔偿案件也解决两个问题:一是是否赔偿;二是赔偿的数额。而这两个问题均不涉及行政机关的法定职权,仅在于对损害事实的认定及相应的赔偿。因此,双方可以通过协商,本着互谅互让的原则,解决行政赔偿责任问题。

5. 司法变更权有限原则

司法变更权是指人民法院对被诉具体行政行为经过审理后改变该具体行政行为的权力。司法变更权涉及司法权与行政权的关系问题。《行政诉讼法》既考虑到最大限度地保护相对方合法权益的需要及保障司法权有效性,又考虑到法定的权力分配关系,规定"行政处罚显失公正的,可以判决变更"。因此,人民法院的司法变更权仅限于在行政处罚显失公正的情形下才可以行使。

8.3.2　行政诉讼的受案范围

行政诉讼受案范围是指人民法院受理行政诉讼案件的范围,是行政诉讼区别于其他诉讼的一个重要标志。

1. 行政诉讼的具体受案范围

《行政诉讼法》第12条规定,人民法院受理公民、法人或者其他组织提起的下列诉讼。

(1) 对行政拘留、暂扣或者吊销许可证和执照、责令停产停业、没收违法所得、没收非法财物、罚款、警告等行政处罚不服的。

(2) 对限制人身自由或者对财产的查封、扣押、冻结等行政强制措施和行政强制执行不服的。

(3) 申请行政许可,行政机关拒绝或者在法定期限内不予答复,或者对行政机关作出的有关行政许可的其他决定不服的。

(4) 对行政机关作出的关于确认土地、矿藏、水流、森林、山岭、草原、荒地、滩涂、海域等自然资源的所有权或者使用权的决定不服的。

(5) 对征收、征用决定及其补偿决定不服的。

(6) 申请行政机关履行保护人身权、财产权等合法权益的法定职责,行政机关拒绝履行或者不予答复的。

(7) 认为行政机关侵犯其经营自主权或者农村土地承包经营权、农村土地经营权的。

(8) 认为行政机关滥用行政权力排除或者限制竞争的。

(9) 认为行政机关违法集资、摊派费用或者违法要求履行其他义务的。

(10) 认为行政机关没有依法支付抚恤金、最低生活保障待遇或者社会保险待遇的。

(11) 认为行政机关不依法履行、未按照约定履行或者违法变更、解除政府特许经营协议、土地房屋征收补偿协议等协议的。

(12) 认为行政机关侵犯其他人身权、财产权等合法权益的。

2. 不属于行政诉讼受案范围的情形

人民法院不受理公民、法人或者其他组织对下列事项提起的诉讼。

(1) 国防、外交等国家行为。

(2) 行政法规、规章或者行政机关制定、发布的具有普遍约束力的决定、命令。

(3) 行政机关对行政机关工作人员的奖惩、任免等决定。

(4) 法律规定由行政机关最终裁决的行政行为。

 案例讨论8-3

某行政机关科长王某,出国考察返回大陆在某海关例行检查时,被某海关查获黄色光盘若干,被某海关依法处以罚款200元,并没收全部光盘,后其所在单位给予王某记过处分。王某对以上处理均不服,准备提起行政诉讼。

问题：

(1) 王某能否提起行政诉讼？为什么？

(2) 如果能提起行政诉讼，本案被告是谁？由哪个人民法院管辖？为什么？

8.3.3 行政诉讼的管辖

行政诉讼管辖是指人民法院之间受理第一审行政案件的职权分工。是确定各级人民法院之间以及同级人民法院之间的权限划分。行政诉讼管辖主要分为级别管辖、地域管辖、共同管辖和裁定管辖。

1. 级别管辖

级别管辖是指各级人民法院之间受理第一审行政案件的分工和权限。基层人民法院管辖第一审行政案件。中级人民法院管辖下列第一审行政案件：①对国务院部门或者县级以上地方人民政府所做的行政行为提起诉讼的案件；②海关处理的案件；③本辖区内重大、复杂的案件；④其他法律规定由中级人民法院管辖的案件。高级人民法院管辖本辖区内重大、复杂的第一审行政案件。最高人民法院管辖全国范围内重大、复杂的第一审行政案件。

2. 地域管辖

地域管辖是指同级人民法院之间受理第一审行政案件的分工和权限。根据《行政诉讼法》的规定，地域管辖分为一般地域管辖、特殊地域管辖。

1）一般地域管辖

一般地域管辖是指以当事人所在地为根据确定管辖法院。一般地域管辖采取了"原告就被告"原则。《行政诉讼法》第 18 条规定：行政案件由最初作出行政行为的行政机关所在地人民法院管辖。经复议的案件，也可以由复议机关所在地人民法院管辖。

2）特殊地域管辖

行政诉讼中的特殊地域管辖具体包括以下两种：①因对限制人身自由的行政强制措施不服提起的诉讼，由被告所在地或者原告所在地人民法院管辖。②因不动产提起的行政诉讼，由不动产所在地人民法院管辖。

3. 共同管辖

共同管辖是指两个以上法院同时对一个案件均有管辖权。《行政诉讼法》第 21 条规定：两个以上人民法院都有管辖权的案件，原告可以选择其中一个人民法院提起诉讼。原告向两个以上有管辖权的人民法院提起诉讼的，由最先立案的人民法院管辖。

4. 裁定管辖

裁定管辖是指在特殊情况下，由法院以移送、指定等行为确定的管辖，具体包括移送管辖、指定管辖和管辖权转移三种。

(1) 移送管辖。《行政诉讼法》第 22 条规定：人民法院发现受理的案件不属于本院管辖的，应当移送有管辖权的人民法院，受移送的人民法院应当受理。受移送的人民法院认为受移送的案件按照规定不属于本院管辖的，应当报请上级人民法院指定管辖，不得再自行移送。

(2) 指定管辖。《行政诉讼法》第 23 条规定：有管辖权的人民法院由于特殊原因不能行使管辖权的,由上级人民法院指定管辖。人民法院对管辖权发生争议,由争议双方协商解决。协商不成的,报它们的共同上级人民法院指定管辖。

（3）管辖权转移。《行政诉讼法》第 24 条规定:上级人民法院有权审理下级人民法院管辖的第一审行政案件。下级人民法院对其管辖的第一审行政案件,认为需要由上级人民法院审理或者指定管辖的,可以报请上级人民法院决定。

8.3.4　行政诉讼参加人

1. 行政诉讼参加人的概念

行政诉讼参加人是指依法参加行政诉讼活动,享有诉讼权利、承担诉讼义务的当事人和与当事人诉讼地位相似的诉讼代理人,包括原告、被告、共同诉讼人、第三人和诉讼代理人。

2. 行政诉讼参加人的分类

1）行政诉讼原告

行政诉讼原告是指认为行政机关的具体行政行为侵犯其合法权益,或与具体行政行为有法律上的利害关系,而依法以自己的名义向人民法院起诉的公民、法人和其他组织。原告具有以下法律特征:第一,认为具体行政行为侵犯其合法权益,或与具体行政行为有法律上的利害关系。第二,以自己的名义向人民法院起诉。第三,受人民法院裁判的拘束。

根据《行政诉讼法》第 25 条的规定,行政行为的相对人以及其他与行政行为有利害关系的公民、法人或者其他组织,有权提起诉讼。有权提起诉讼的公民死亡,其近亲属可以提起诉讼。有权提起诉讼的法人或者其他组织终止,承受其权利的法人或者其他组织可以提起诉讼。

2）行政诉讼被告

行政诉讼被告是指被原告起诉指控侵犯其行政法上的合法权益和与之发生行政争议,而由人民法院通知应诉的行政机关或法律、法规授权的组织。被告具有以下特征:第一,被告只能是行使行政管理权、作出具体行政行为的行政机关或法律法规授权的组织。这既是行政诉讼的特征,也是被告的首要特征。第二,其作出的具体行政行为被原告指控侵害合法权益。第三,以自己的名义应诉,并受人民法院裁判拘束。

《行政诉讼法》关于被告的规定如下:①公民、法人或者其他组织直接向人民法院提起诉讼的,作出行政行为的行政机关是被告。②经复议的案件,复议机关决定维持原行政行为的,作出原行政行为的行政机关和复议机关是共同被告;复议机关改变原行政行为的,复议机关是被告。③复议机关在法定期限内未作出复议决定,公民、法人或者其他组织起诉原行政行为的,作出原行政行为的行政机关是被告;起诉复议机关不作为的,复议机关是被告。④两个以上行政机关作出同一行政行为的,共同作出行政行为的行政机关是共同被告。⑤行政机关委托的组织所作的行政行为,委托的行政机关是被告。⑥行政机关被撤销或者职权变更的,继续行使其职权的行政机关是被告。

 案例讨论8-4

原告刘某和其邻居李某因琐事争吵起来,继而互相扭打,二人都有轻微伤,但李某受伤稍重。县公安局在得到李某报案后,偏听偏信,即对刘某处以行政拘留15天的处罚,刘某不服,向市公安局(其所在地是东城区)申请复议。经复议,市公安局作出了将拘留15天改为拘留5天的复议裁决,刘某仍不服,准备向法院提起诉讼。

问题:如果刘某提起诉讼,应以谁为被告?应向哪个地方的法院起诉?为什么?

3. 第三人

第三人是指与提起诉讼的具体行政行为有利害关系的其他公民、法人或者其他组织。第三人的特征:第一,与提起诉讼的具体行政行为有利害关系;第二,相对于原告、被告而言,是与被诉具体行政行为有利害关系的其他公民、法人或者其他组织;第三,在诉讼期间参加诉讼;第四,申请参加诉讼或者由人民法院通知参加诉讼。

8.3.5 行政诉讼证据

1. 行政诉讼证据的概念、特点和分类

行政诉讼证据是指在行政诉讼中用以证明案件事实情况的一切材料和事实。

由行政诉讼性质决定,其证据制度具有如下特点:第一,行政诉讼证据所要证明的最终事实是被诉具体行政行为是否合法。人民法院在审查被诉具体行政行为是否合法时,主要审查两方面的内容:一是被诉具体行政行为合法性的事实依据;二是被诉具体行政行为合法性的法律依据。相应地,当事人所提供证据的证明对象包括事实依据和法律依据两个方面。第二,行政诉讼中的被告必须自始至终地承担证明被诉具体行政行为合法的法定举证责任。第三,行政诉讼中的被告在诉讼过程中不得自行向原告和证人收集证据,作为被告的诉讼代理人的律师,同样不得自行向原告和证人收集证据。第四,人民法院在行政诉讼中有收集证据的权利,而无收集证据的义务,其主要任务是审查判断证据。当证据不足时,人民法院有权要求当事人补证。

行政诉讼证据的种类包括书证、物证、视听资料、证人证言、当事人的陈述、鉴定意见、勘验笔录和现场笔录。

2. 行政诉讼的举证责任

行政诉讼中,由作出具体行政行为的行政机关(即被告)对自己的行为合法性承担举证责任,即"被告举证"。但原告应当对行政行为存在及自己与所诉行政行为存在法律上的利害关系举证,如果是行政赔偿诉讼,原告还应对具体行政行为造成自己损害以及因此遭受财产损失的数额承担举证责任。

行政诉讼证据来源于三个方面:一是被告举证;二是原告举证;三是人民法院依职权收集和保全证据。由于被告负有法定举证责任,因此,被告举证是行政诉讼证据的主要来源。

 案例讨论8-5

苏某系某市制药厂的职工,受该厂委托去基本限价区内收购当地农民采挖的麻黄草,收购后苏某雇了个体运输户陈某的汽车,将麻黄草运往所属的制药厂。在运输途中,被该县草原监理所工作人员发现,经检查,苏某、陈某并未持有采药许可证及调运、货运的合法批准手续,该县草原监理所遂对苏某作出没收麻黄草并处以麻黄草价款两倍的罚款处罚。在执法过程中,该监理所工作人员认为苏某态度不好,对其进行了殴打。苏某不服,提起行政诉讼,要求撤销该行政处罚决定,确认该监理所工作人员的行为违法并对其所造成的人身伤害给予赔偿。

问题:本案中的举证责任应如何分配?

8.3.6 行政诉讼程序

1. 审判程序

1) 第一审程序

第一审程序是人民法院依照法定管辖权限,对案件进行的初次审理。

(1) 起诉和受理。起诉是指公民、法人或者其他组织认为自己的合法权益受到行政机关具体行政行为的侵害,而向人民法院提出诉讼请求,要求人民法院通过行使审判权,依法保护自己合法权益的诉讼行为。起诉是原告行使起诉权的单方诉讼行为。起诉的条件有:第一,原告是认为具体行政行为侵犯其合法权益的公民、法人或者其他组织。第二,有明确的被告。原告在起诉时,必须指明哪一个行政机关或组织是被告。第三,有具体的诉讼请求和事实根据。第四,属于人民法院受案范围和受诉人民法院管辖。第五,法律、法规明确规定在起诉前必须先向行政机关申请复议的,应经过行政复议或者复议机关逾期不作复议决定后才能起诉。第六,必须在法定起诉期限内起诉。

(2) 开庭审理。法庭审理过程一般按下列顺序进行:按原告、被告、第三人的顺序陈述行政争议;举证、质证;辩论;当事人最后陈述;评议和宣判等。

人民法院经过审理,根据不同情况,分别作出以下判决:第一,具体行政行为证据确凿,适用法律、法规正确,符合法定程序的,判决维持。第二,具体行政行为有下列情形之一的,判决撤销或者部分撤销,并可以判决被告重新作出具体行政行为:主要证据不足的;适用法律、法规错误的;违反法定程序的;超越职权的;滥用职权的。第三,被告不履行或者拖延履行法定职责的,判决其在一定期限内履行。第四,行政处罚显失公正的,可以判决变更。

人民法院宣告判决,应一律公开进行。宣判时,应告知当事人享有的上诉权利以及上诉期限和上诉法院。对于一审行政案件,法院应当在立案之日起3个月内作出判决。有特殊情况需要延长的,由高级人民法院批准;高级人民法院审理的一审案件需要延长的,由最高人民法院批准。

2) 第二审程序

行政诉讼的第二审程序与民事诉讼的第二审程序基本相同。

对于二审行政案件,法院应当在收到上诉状之日起2个月内作出终审判决。有特殊情况需要延长的,由高级人民法院批准;高级人民法院审理的二审案件需要延长的,由最高人民法院批准。

3) 审判监督程序

行政诉讼中的审判监督程序与民事诉讼中的基本相同,在此不再赘述。

2. 执行程序

与民事诉讼的执行不同,行政案件的执行有申请执行和移送执行两种方式。

1）申请执行

公民、法人或者其他组织拒绝履行判决、裁定和行政赔偿调解书的，被告行政机关可以提出执行申请；行政机关拒绝履行判决、裁定和行政赔偿调解书的，作为原告或者第三人的公民、法人和其他组织可以提出执行申请；行政管理相对人拒绝履行行政机关作出的具体行政行为，又不起诉且法律、法规规定可以申请人民法院强制执行的，作出具体行政行为的行政机关可以向人民法院提出执行申请。

执行申请必须在法定期限内提出：其一，当事人向第一审人民法院申请执行生效判决、裁定的期限为3个月。申请执行的期限从法律文书规定期限的最后一日起计算。法律文书中没有规定履行期间的，从该法律文书生效之日起计算；逾期申请的，不予执行，但有正当理由的除外。其二，行政机关申请人民法院强制执行其具体行政行为的，由执行庭负责审查和执行。申请执行的期限是自起诉期限届满之日起3个月。逾期申请的，人民法院不予受理。被执行的款、物交申请执行的行政机关，人民法院依法收取执行费用。

对发生法律效力的人民法院的行政判决、裁定或者行政赔偿调解书，一方拒绝履行的，对方当事人可依法向人民法院申请强制执行。

行政机关申请执行，必须向人民法院提交申请执行书以及作为执行根据的法律文书和其他必须提交的材料。

2）移送执行

移送执行是指人民法院的审判人员依职权主动将发生法律效力的法律文书交付执行人员予以执行的诉讼行为。

案件是否需要移送执行，由该案的审判人员根据法律规定，结合案件的实际情况而定。一般来说，下列生效法律文书可以采用移送执行的方式：一是人民法院作出的执行内容涉及国家利益和社会利益的判决；二是人民法院作出的先行给付和诉讼保全的裁定；三是人民法院作出的有执行内容的决定。

8.4　刑事诉讼法

8.4.1　刑事诉讼法的特有原则

1. 专门机关与群众相结合原则

《刑事诉讼法》第6条规定："人民法院、人民检察院和公安机关进行刑事诉讼，必须依靠群众……"这一原则要求专门机关在刑事诉讼中正确处理专门工作与依靠群众的关系。

2. 公检法分工负责、互相配合、互相制约原则

《刑事诉讼法》第7条规定："人民法院、人民检察院和公安机关进行刑事诉讼，应当分工负责，互相配合，互相制约，以保证准确有效地执行法律。"这项原则是解决刑事诉讼中专门机关之间相互关系的基本准则，它包含三个方面的内容。

（1）分工负责，是指人民法院、人民检察院和公安机关根据法律赋予的职权，各司其职、各尽其责，不能越俎代庖，也不能超越自身职责权限范围。

（2）互相配合，是指公检法机关在分工负责的基础上，须相互支持、相互协作，共同完成刑事诉讼的任务，而不能各行其是甚至互相扯皮。

（3）互相制约，是指公检法三机关之间相互监督，保证各自职权的正常行使，防止和减少工作中的失误，及时发现和纠正违法现象。没有制约的权力是腐败的根源，因此可以说"互相制约"是贯彻"分工负责、互相配合、互相制约"这一原则的关键。司法职权的制衡是现代法制为保障诉讼公正而设置的，它有利于各机关诉讼职能的充分发挥。

3. 未经依法判决不得确定有罪原则

《刑事诉讼法》第12条规定："未经人民法院依法判决，对任何人都不得确定有罪。"本原则吸收了西方国家"无罪推定"精神的内核，是我国刑事诉讼的一大进步。这一原则包含以下内容。

（1）确定被告人有罪的权力由人民法院统一行使。定罪权是刑事审判权的核心，人民法院作为我国唯一的审判机关，代表国家统一行使刑事审判权。

（2）人民法院判决任何人有罪，必须依法判决。即必须依照法定程序，组成合议庭公开审理（除法律有特别规定），并保障被告人的合法诉讼权利，依据刑法作出判决并公开宣判等。

（3）未经依法判决，人民法院也不得确定任何人有罪。

4. 保障诉讼参与人依法享有诉讼权利原则

《刑事诉讼法》第14条第1款规定："人民法院、人民检察院和公安机关应当保障诉讼参与人依法享有的诉讼权利。"刑事诉讼中的诉讼参与人包括：当事人、法定代理人、诉讼代理人、辩护人、证人、鉴定人和翻译人员等。依法保障公民的诉讼权利，是司法文明的标志。这一原则的含义如下。

（1）诉讼权利是一种法定权利，应当受到法律保护。

（2）公检法机关有义务尊重和保护公民的诉讼权利，并且有责任采取措施排除他们在诉讼过程中遇到的各种障碍。

（3）诉讼参与人有权用法律手段维护自己的诉讼权利，对于审判人员、检察人员和侦查人员侵犯公民诉讼权利和人身侮辱的行为，诉讼参与人有权提出控告。

8.4.2 辩护与代理

1. 辩护和辩护权的概念

辩护是指刑事诉讼中犯罪嫌疑人、被告人和辩护人针对指控进行反驳、申辩和辩解，以证明犯罪嫌疑人、被告人无罪、罪轻，或者应当减轻、免除其刑事责任。辩护权是犯罪嫌疑人、被告人享有的基本权利。我国刑事诉讼法规定有权为自己进行辩护，也有权委托他人为其辩护。

2. 辩护的种类

我国的刑事辩护有自行辩护、委托辩护和指定辩护三种。

自行辩护是指犯罪嫌疑人、被告人针对指控自己进行反驳、申辩和辩解的行为。在整个诉讼阶段，犯罪嫌疑人、被告人都可为自己辩护，这也是目前使用最为广泛的辩护方式。

委托辩护是指犯罪嫌疑人、被告人依法委托律师或者其他公民协助其进行辩护。犯罪嫌疑人自被侦查机关第一次讯问或者采取强制措施之日起,有权委托辩护人;在侦查期间,只能委托律师作为辩护人。被告人有权随时委托辩护人。侦查机关在第一次讯问犯罪嫌疑人或者对犯罪嫌疑人采取强制措施的时候,应当告知犯罪嫌疑人有权委托辩护人。人民检察院自收到移送审查起诉的案件材料之日起 3 日以内,应当告知犯罪嫌疑人有权委托辩护人。人民法院自受理案件之日起 3 日以内,应当告知被告人有权委托辩护人。犯罪嫌疑人、被告人在押期间要求委托辩护人的,人民法院、人民检察院和公安机关应当及时转达其要求。犯罪嫌疑人、被告人在押的,也可以由其监护人、近亲属代为委托辩护人。

指定辩护是指人民法院为被告人指定辩护人以协助其行使辩护权。犯罪嫌疑人、被告人因经济困难或者其他原因没有委托辩护人的,本人及其近亲属可以向法律援助机构提出申请。对符合法律援助条件的,法律援助机构应当指派律师为其提供辩护。犯罪嫌疑人、被告人是盲、聋、哑人,或者是尚未完全丧失辨认或者控制自己行为能力的精神病人,没有委托辩护人的,人民法院、人民检察院和公安机关应当通知法律援助机构指派律师为其提供辩护。犯罪嫌疑人、被告人可能被判处无期徒刑、死刑,没有委托辩护人的,人民法院、人民检察院和公安机关应当通知法律援助机构指派律师为其提供辩护。

 案例讨论8-6

被告人郑某,男,30 岁,农民。被告人郑某因故意伤害致人重伤并导致抢救无效死亡。由于郑某犯罪手段特别残忍,在当地民愤极大。某市中级人民法院受理了这起案件,为了加大办案效果,决定在发案地进行大型的公开审判。被告人郑某认为自己的罪行十分严重,而且证据确凿,辩护也不能免于一死,因而未委托辩护人为自己辩护。市中级人民法院认为,这种大型的公开审判,都应当有辩护人,否则诉讼程序就不健全,会影响公开审判的效果。然而尽管审判人员再三地向被告人郑某解释说明我国的辩护制度,郑某却仍坚持不委托辩护人,也不同意法院为他指定辩护人。该中级人民法院执意为被告人指定了辩护人。在开庭审理时,被告人郑某又当庭提出不要辩护人为他辩护,但是审判长却引用刑事诉讼法的有关规定,当庭裁定驳回被告人的这一请求,决定辩护人继续为被告人进行辩护。

问题:

(1) 市中级人民法院为郑某指定辩护人的做法是否正确?

(2) 审判长以裁定驳回郑某不要辩护人为其辩护的请求是否有法律依据?

3. 辩护人的范围

根据《刑事诉讼法》第 32 条的规定,犯罪嫌疑人、被告人可以委托 1~2 人为其辩护。刑事诉讼的辩护人可以是:律师;人民团体或者犯罪嫌疑人、被告人所在单位推荐的人;犯罪嫌疑人、被告人的监护人、亲友。正在被执行刑罚或者依法被剥夺、限制人身自由的人,不得担任辩护人。

4. 辩护律师的权利

律师作为辩护人的,主要享有下列权利。

(1) 阅卷权。辩护律师自人民检察院对案件审查起诉之日起,可以查阅、摘抄、复制本案的案卷材料。其他辩护人经人民法院、人民检察院许可,也可以查阅、摘抄、复制上述材料。

（2）会见通信权。《刑事诉讼法》第 39 条规定，辩护律师可以同在押的犯罪嫌疑人、被告人会见和通信。其他辩护人经人民法院、人民检察院许可，也可以同在押的犯罪嫌疑人、被告人会见和通信。辩护律师持律师执业证书、律师事务所证明和委托书或者法律援助公函要求会见在押的犯罪嫌疑人、被告人的，看守所应当及时安排会见，至迟不得超过 48 小时。危害国家安全犯罪、恐怖活动犯罪案件，在侦查期间辩护律师会见在押的犯罪嫌疑人，应当经侦查机关许可。上述案件，侦查机关应当事先通知看守所。辩护律师会见在押的犯罪嫌疑人、被告人，可以了解案件有关情况，提供法律咨询等；自案件移送审查起诉之日起，可以向犯罪嫌疑人、被告人核实有关证据。辩护律师会见犯罪嫌疑人、被告人时不被监听。

（3）调查取证权。辩护律师经证人或者其他有关单位和个人同意，可以向他们收集与本案有关的材料，也可以申请人民检察院、人民法院收集、调取证据，或者申请人民法院通知证人出庭作证。

辩护律师经人民检察院或者人民法院许可，并且经被害人或者其近亲属、被害人提供的证人同意，可以向他们收集与本案有关的材料。

（4）参加法庭调查和法庭辩论权。

（5）经被告人同意提出上诉的权利。

（6）对被采取强制措施超过法定期限的犯罪嫌疑人、被告人，有要求公安司法机关解除强制措施的权利。

（7）拒绝辩护权。

5. 刑事代理

刑事诉讼中的代理是指代理人接受公诉案件的被害人（及其法定代理人或近亲属）、自诉案件的自诉人（及其法定代理人或近亲属）、附带民事诉讼的当事人（及其法定代理人或近亲属）的委托，以被代理人的名义参加诉讼，由被代理人承担行为后果的一项法律制度。

公诉案件中，被害人（及其法定代理人或近亲属）自案件移送审查起诉之日起，有权委托诉讼代理人；自诉案件的自诉人有权随时委托诉讼代理人。人民检察院和人民法院负有告知有关当事人有权委托诉讼代理人的义务。

诉讼代理人的范围与辩护人是一致的，即律师，人民团体或犯罪嫌疑人、被告人所在单位推荐的人，犯罪嫌疑人、被告人的监护人、亲友可以被委托为诉讼代理人。诉讼代理人必须在代理权限内进行代理活动。

8.4.3　强制措施

刑事诉讼中的强制措施是指司法机关依法对犯罪嫌疑人、被告人或者现行犯、重大嫌疑分子所采取的限制或剥夺其人身自由的各种强制方法。

1. 拘传

拘传是司法机关对未被逮捕、拘留的犯罪嫌疑人、被告人，依法强制其到案接受讯问的一种强制方法，是强制措施中最轻的一种。拘传持续的时间最长不得超过 12 小时。

2. 取保候审

取保候审是指公检法机关依法责令犯罪嫌疑人、被告人提供保证人或者交纳保证金并出具保证书,保证不逃避或妨碍侦查、起诉、审判,并随传随到的一种强制措施,取保候审适用于罪行比较轻微、不够逮捕条件,或罪该逮捕但采用取保候审方法足以防止其发生社会危险性的犯罪嫌疑人、被告人。取保候审最长不得超过 12 个月,在此期间不中断对案件的侦查、起诉和审理。

3. 监视居住

监视居住是指公检法机关为了防止犯罪嫌疑人、被告人逃避侦查、起诉和审判,限定其活动区域和住所,限制其行动自由的一种强制力方法。监视居住的最长期限不得超过 6 个月。

4. 拘留

拘留是指公安机关对于现行犯或者重大嫌疑分子,在遇有法定的紧急情况下,依法采取的临时剥夺其人身自由的一种强制措施。一般案件的拘留期限最长不超过 14 日,对于流窜作案、多次作案、结伙作案的重大嫌疑分子的拘留期限最长不超过 37 日。拘留犯罪嫌疑人,应当经县级以上公安机关负责人批准,签发拘留证。公安机关对于被拘留的人,应当在拘留后的 24 小时以内进行讯问。在发现不应当拘留的时候,必须立即释放,发给释放证明。对需要逮捕而证据还不充足的,可以取保候审或者监视居住。

5. 逮捕

逮捕是指人民法院、人民检察院和公安机关,为防止犯罪嫌疑人、被告人逃避或妨碍侦查、起诉和审判进行,防止其继续发生社会危险性,依法采取的暂时剥夺其人身自由,予以羁押的强制措施。逮捕犯罪嫌疑人、被告人,必须经过人民检察院批准或者人民法院决定,由公安机关执行。

公安机关对人民检察院不批准逮捕的决定,认为有错误的时候,可以要求复议,但是必须将被拘留的人立即释放。如果意见不被接受,可以向上一级人民检察院提请复核。上级人民检察院应当立即复核,作出是否变更的决定,通知下级人民检察院和公安机关执行。

此外,扭送也被视为一种特殊的强制措施。扭送,是指公民将当场抓获的现行犯罪分子强制送交公安机关、人民检察院和人民法院处理的行为。对于有下列情形之一的人,任何公民都可以立即将其扭送至公安机关、人民检察院或者人民法院处理:正在实行犯罪或者在犯罪后即时被发觉的;通缉在案的;越狱逃跑的;正在被追捕的。

案例讨论8-7

某市和平区北京路派出所,2020 年 2 月 1 日晚接到被害人报案,称其在北京路上遭遇歹徒抢劫。公安干警紧急出动,根据被害人指认,将犯罪嫌疑人刘某抓获。当夜,派出所所长签发了拘留证,48 小时后,侦查人员对刘某进行了讯问。2 月 6 日,公安机关提请人民检察院对刘某批准逮捕。人民检察院在 7 日之内作出了不批准逮捕的决定,公安机关认为人民检察院的决定有错误,于是向上一级人民检察院提请复核,并将刘某继续关押。

问题:本案诉讼程序中有哪些错误之处?

8.4.4 刑事诉讼程序

刑事诉讼程序一般分为立案、侦查、提起公诉、审判和执行五个阶段。自诉案件在立案后即可进入审判阶段，不需要经过侦查和提起公诉。

1. 立案

立案是指公安机关、人民检察院或人民法院对于自己发现和接受的报案、控告、举报及自首的材料进行审查，判明有无犯罪事实和应否追究刑事责任，并决定是否作为刑事案件进行侦查或审判的诉讼活动。立案是我国刑事诉讼中的独立诉讼阶段。其基本任务是查明是否发生了犯罪事实、对已发生的犯罪事实是否需要作为刑事案件进行追究。只有公安机关、人民检察院、人民法院才有立案的权力和职责，其他任何单位和个人都无权立案。

2. 侦查

侦查是指公安机关、人民检察院在办理案件过程中，依照法律进行的专门调查工作和有关的强制性措施。侦查作为立案后和提起公诉前的必经程序，是提起公诉和审判的前提和基础。侦查是同犯罪行为作斗争的重要手段，是预防犯罪和进行社会治安综合治理的有力措施。

侦查是一个独立的诉讼程序，它具有下列特征。

（1）侦查权只能由侦查机关和部门行使。有权进行侦查的机关和部门是：公安机关、人民检察院、国家安全机关、军队保卫部门和监狱。人民法院是国家审判机关，它依法行使审判权时所进行的勘验、检查、扣押等活动，是为了审查核实证据，不具有侦查的性质。

（2）侦查活动具有法定的内容和方式，即专门调查工作和有关的强制性措施。所谓专门调查工作，是指侦查机关为收集证据、查明案件事实所进行的专门性调查活动，具体包括讯问犯罪嫌疑人、讯问证人、勘验、检查、扣押物证书证、鉴定和通缉等。所谓有关的强制性措施，是指侦查机关为保障专门调查工作的顺利进行而采取的法定强制措施和有关的强制手段和方法。

（3）侦查活动必须依法进行。侦查机关和侦查人员的侦查活动，必须依照法定程序和方式进行。

3. 提起公诉

刑事起诉是指人民检察院或自诉人向人民法院控诉被告人犯罪，要求对被告人进行审判的诉讼活动。我国的刑事起诉分为公诉和自诉两种。公诉是指人民检察院代表国家向人民法院控诉被告人犯罪，要求对被告人进行审判的诉讼活动。自诉是指被害人及其法定代理人、近亲属为了维护被害人的合法权益，而向人民法院控诉被告人犯罪，要求对被告人进行审判的诉讼活动。在这两种刑事起诉中，我国实行的是以公诉为主、自诉为辅的起诉制度。

4. 审判

我国刑事诉讼法对第一审程序、第二审程序、死刑复核程序、审判监督程序分别作了规定。

第一审程序是指人民法院对人民检察院提起公诉或自诉人自诉的刑事案件，进行初次审判的程序。我国人民法院审判刑事案件实行两审终审制,所以人民法院行使审判权,首先应当按照第一审程序进行。

人民法院审理公诉案件,应当在受理后两个月以内宣判,至迟不得超过三个月。对于可能判处死刑的案件或者附带民事诉讼的案件,以及有《刑法》第 156 条规定情形之一的(即交通十分不便的边远地区的重大复杂案件;重大的犯罪集团案件;流窜作案的重大复杂案件;犯罪涉及面广,取证困难的重大复杂案件),经上一级人民法院批准,可以延长三个月;因特殊情况还需要延长的,报请最高人民法院批准。

第二审程序是指当事人不服地方各级人民法院的第一审裁判,在法定期限内向上一级人民法院提起上诉,上级法院审理上诉案件适用的程序。第二审人民法院受理上诉、抗诉案件,应当在二个月以内审结。对于可能判处死刑的案件或者附带民事诉讼的案件,以及有《刑法》第 156 条规定情形之一的,经省、自治区、直辖市高级人民法院批准或者决定,可以延长两个月;因特殊情况还需要延长的,报请最高人民法院批准。最高人民法院受理上诉、抗诉案件的审理期限,由最高人民法院决定。

死刑复核程序是指对人民法院判处死刑的案件进行审查核准的一种特殊程序。死刑复核程序的任务是,通过人民法院的层层报请复核,对死刑判决或裁定在认定事实和适用法律上是否正确进行全面审查,最后由有核准权的人民法院对死刑判决或裁定作出是否核准的决定。这一程序有利于保证死刑案件的办案质量,防止错判死刑、错杀无辜,有利于严格控制死刑的适用。

审判监督程序又称再审程序,是指人民法院、人民检察院对于已经发生法律效力的判决和裁定,发现在认定事实或适用法律上确有错误,依法提出并由人民法院重新审判的程序。人民法院按照审判监督程序重新审判的案件,应当在作出提审、再审决定之日起三个月以内审结,需要延长期限的,不得超过六个月。

5. 执行

刑事诉讼中的执行是指人民法院、人民检察院、公安机关和刑罚执行机关,为了实现已经发生法律效力的判决和裁定所确定的内容而进行的活动。执行程序是刑事诉讼的最后一个程序,也是刑罚权得以实现的关键程序。判处有期徒刑、无期徒刑、死刑缓期二年执行刑罚的执行机关是监狱,判处管制、拘役、剥夺政治权利、缓刑、假释、监外执行等刑罚的执行机关是公安机关,人民法院负责罚金、没收财产、死刑的执行。

知识练习与技能训练

一、概念与知识

1. 基本概念

两审终审制　民事诉讼　管辖　证据　行政诉讼　刑事诉讼　公诉　辩护

2. 问答题

(1)我国诉讼法的基本原则有哪些?

(2)诉讼的基本制度有哪些?

（3）民事诉讼的管辖权如何划分？

（4）民事诉讼程序包括哪几个阶段？

（5）辩护人的范围包括哪些？辩护律师有哪些权利？

（6）刑事诉讼中的强制措施有哪些？

（7）刑事诉讼程序包括哪几个阶段？

二、分析与应用

1. 案例分析题

案例1

退休工人刘某去电影院看电影，散场时因出口拥挤被人挤倒摔伤，因此住院治疗共花医疗费600元。刘某向法院起诉，要求法院为他寻找被告赔偿损失，但刘某说不出是谁挤倒他的。

问题：法院是否受理刘某的起诉？为什么？

案例2

A县农民李某因犯盗窃罪被法院判处有期徒刑1年，刑满释放后，想在B县开办一家饭店，各项准备工作就绪后，当他向B县工商局申请营业执照时，B县工商局认为此人过去有劣迹，虽然刑满释放，尚需要继续教育，因而经请示市工商局同意后，明确拒绝为其颁发营业执照。李某不服，欲向人民法院提起行政诉讼。

问题：

（1）李某对工商局的上述行为能否提起行政诉讼？为什么？如果能提起行政诉讼，本案的被告是谁？

（2）本案应由何级何地人民法院管辖？

案例3

张某、王某、李某诈骗一案，县人民法院经过审理，以诈骗罪判处张某有期徒刑8年，王某有期徒刑5年，李某有期徒刑2年缓刑2年。一审宣判后，张某向中级人民法院提出上诉，王某、李某表示不上诉。于是一审法院将判决书送达给三被告的次日，将被告王某、李某交付执行，张某由市中级人民法院进行二审。二审法院经过审理认为一审适用法律不当，裁定撤销原判，将案件发回一审法院重审。一审法院由原合议庭成员对案件重新审理后，改判张某有期徒刑5年，并宣布改判后的判决为终审判决，被告人不得上诉。

问题：根据刑事诉讼法规定，指出此案处理上存在哪些诉讼程序上的错误，说明理由。

2. 实训题

举办一次模拟法庭。

实训要求： 能够撰写民事起诉状、答辩状等常用诉讼文书，熟悉民事诉讼、刑事诉讼的审判程序。

参 考 文 献

[1] 张文显.法理学[M].北京：高等教育出版社,2011.

[2] 范军.法律基础与实务[M].上海：上海三联书店,2004.

[3] 徐晓松.公司法[M].北京：中国政法大学出版社,2014.

[4] 焦洪昌.宪法学[M].北京：北京大学出版社,2009.

[5] 杨立新.民法[M].北京：中国人民大学出版社,2011.

[6] 王玲.经济法概论[M].北京：清华大学出版社,2014.

[7] 贾俊铃.劳动和社会保障法[M].北京：中国劳动社会保障出版社,2005.

[8] 巫昌祯.婚姻法与继承法[M].北京：中国政法大学出版社,2007.

[9] 张明楷.刑法学[M].北京：法律出版社,2007.

[10] 应松年.行政法与行政诉讼法[M].北京：法律出版社,2005.

[11] 张卫平.民事诉讼法教程[M].北京：法律出版社,2008.